Carolina Koretzky

O despertar

Dormir, sonhar, acordar talvez

Prefácio: Serge Cottet
Tradução: Yolanda Vilela

autêntica

COLEÇÃO
Psicanálise
no Século XXI

SÉRIE
Clinâmen

Copyright desta edição © 2023 Autêntica Editora
Copyright © 2012 Carolina Koretzky

Título original: *Le réveil: Une élucidation psychanalytique*

A primeira edição deste livro foi publicada em francês pelas Presses Universitaires de Rennes na coleção Clinique psychanalytique et psychopathologie (2012). Todos os direitos reservados. A tradução para o português do texto revisado é publicada com o consentimento da Presses Universitaires de Rennes, detentora dos direitos autorais da obra original.

Todos os direitos desta edição reservados pela Autêntica Editora Ltda. Nenhuma parte desta publicação poderá ser reproduzida, seja por meios mecânicos, eletrônicos, seja via cópia xerográfica, sem a autorização prévia da Editora.

EDITOR DA COLEÇÃO PSICANÁLISE NO SÉCULO XXI *Gilson Iannini*	CAPA E PROJETO GRÁFICO *Diogo Droschi*
COORDENADOR DA SÉRIE CLINÂMEN *Jésus Santiago*	REVISÃO *Aline Sobreira*
EDITORAS RESPONSÁVEIS *Rejane Dias* *Cecília Martins*	DIAGRAMAÇÃO *Guilherme Fagundes*

Dados Internacionais de Catalogação na Publicação (CIP)
(Câmara Brasileira do Livro, SP, Brasil)

Koretzky, Carolina
  O despertar : dormir, sonhar, acordar talvez / Carolina Koretzky ; prefácio de Serge Cottet ; tradução de Yolanda Vilela . -- Belo Horizonte, MG : Autêntica, 2023. -- (Psicanálise no Século XXI ; 2)

  Bibliografia.
  ISBN 978-65-5928-217-3

  1. Freud, Sigmund, 1856 -1939 2. Psicanálise 3. Sonhos - Aspectos psicológicos I. Cottet, Serge. II. Vilela, Yolanda. III. Título IV. Série.

22-122297   CDD-150.195

Índices para catálogo sistemático:
1. Psicanálise   150.195

Aline Graziele Benitez - Bibliotecária - CRB-1/3129

Belo Horizonte
Rua Carlos Turner, 420
Silveira . 31140-520
Belo Horizonte . MG
Tel.: (55 31) 3465 4500

São Paulo
Av. Paulista, 2.073, Conjunto Nacional
Horsa I . Sala 309 . Bela Vista
01311-940 . São Paulo . SP
Tel.: (55 11) 3034 4468

www.grupoautentica.com.br
SAC: atendimentoleitor@grupoautentica.com.br

A coleção Psicanálise no Século XXI

A coleção Psicanálise no Século XXI quer mostrar que a psicanálise pode se renovar a partir de perguntas que a contemporaneidade nos coloca, assim como sustentar a fecundidade da clínica e da teoria psicanalítica para pensar o tempo presente.

A série Clinâmen

"Aquilo que herdastes de teus ancestrais, conquista-o para fazê-lo teu." Sigmund Freud costumava descrever a tarefa clínica da psicanálise citando esses versos do *Fausto* de Goethe. Não somos indivíduos livres e autônomos, gestores de nossa existência, escultores de nossa subjetividade, como se fôssemos feitos de uma matéria lisa e maleável, pronta para ser modelada ou esculpida, sem resistência, sem opacidade, conforme nossas fantasias, ideias e arbítrio. Ao mesmo tempo, a determinação inconsciente de nossa posição subjetiva, assim como os circuitos pulsionais que fixam modos preferenciais de gozar, também não esgotam completa e suficientemente nosso destino e o que fazemos dele. Repetimos sim, sem cessar, mas podemos repetir de outras maneiras. Ao contrário do sonho, que se esvai com o tempo, o sintoma é duradouro. A psicanálise é esse trabalho de invenção que incide sobre o osso duro do sintoma. A tarefa clínica da psicanálise converte-se, antes de tudo, numa ética concernente ao *saber ler*. Saber ler aquilo que está escrito em nossa história como circuito de repetição e, notadamente, saber fazer com nossos sintomas. É o que a clínica psicanalítica nos ensina.

Declinar significa mudar a direção de um corpo, de um acontecimento; desviar-se. Basta uma leve inclinação no início do movimento para obtermos uma mudança significativa de rota. Para lidar com o problema do determinismo no pensamento materialista, os gregos desenvolveram o conceito de "clinâmen". Se o universo é composto de átomos em movimento, caindo em linha retas e paralelas em direção ao vazio; se todos os acontecimentos da natureza são determinados por uma ordem que nos escapa, como pensar a liberdade, a invenção? Como pensar a transformação do *ser falante* nas esferas subjetiva, ética e política, se o universo é regido por leis inexoráveis? Epicuro propôs uma ideia simples e revolucionária, singela e contundente. Sem negar o determinismo, ele sugeriu que a liberdade é um desvio da fatalidade. Desde então, apreendemos o real não apenas como impossível, mas também como contingente. É como se pudéssemos dobrar a reta inflexível da fatalidade: declinar é criar uma tangência, uma obliquidade naquilo que foi feito de nós.

O século XX não estava pronto para a psicanálise. Mas a psicanálise está pronta para o século XXI. É isso que os títulos desta coleção pretendem mostrar.

11 **Prefácio à edição brasileira**

15 **Prefácio**
Serge Cottet

21 **Introdução**
21 O onírico e sua relação com a realidade na civilização
27 O despertar em psicanálise

PRIMEIRA PARTE
33 **A DOUTRINA DO REAL NO SONHO
NA OBRA DE FREUD**

35 **Primeira doutrina do sonho**
36 Teoria freudiana da função do sonho
43 Sobre a realização de desejo
46 O desejo de dormir

51 **Os limites incertos entre o sonho e a vigília**
51 Os *stimuli* sensoriais e a "representância"
52 A fantasia e o sonho diurno
55 Sonho e pesadelo na psicose
56 *Freud: sonho e psicose*
59 *Os limites difusos entre sonho e delírio:
Schreber, Nerval, o "Homem dos Lobos"*

**71 A problemática do despertar onírico.
A doutrina do real no sonho**

71 Os sonhos de angústia: um obstáculo aparente
72   *Os sonhos de angústia no campo do desprazer*
74   *Os sonhos de angústia e a interrupção do sono*

78 Os sonhos traumáticos: um obstáculo definitivo
78   *Contexto histórico*
82   *Sonhos traumáticos: suas especificidades*
85   *O profundo remanejamento da teoria dos sonhos*

SEGUNDA PARTE
**87 MODALIDADES LACANIANAS DO DESPERTAR NA
EXPERIÊNCIA CLÍNICA**

**89 Despertar e lampejo:
surgimento do sujeito do inconsciente**

89 Isso sonha, isso rateia, isso ri:
o inconsciente é o que rateia
91 Isso sonha: isso pensa
95 "O sono da razão" e *"Wo Es war, soll Ich werden"*
98   *O despertar e o lampejo*

**101 Despertar e identificação:
a desidentificação como iluminação**

101 O sonho: uma via para a saída das sombras
104 Definição e função do despertar: um operador do
aparelho psíquico
106   *Sonho e demanda: dois exemplos clínicos*
111 Do despertar no sonho ao despertar
pelo analista: da satisfação à articulação

112	*Despertar pela desidentificação simbólica: somos canibais*
114	*A desidentificação*

Despertar e angústia

117	O pesadelo e o gozo do Outro: o enigma
119	*O enigma: três perspectivas*
123	*A angústia: do desejo ao real*

Despertar e trauma

129	Do "*knock*" ao "*knocked*": da percepção à tradução
130	As duas condições do despertar: o sonho do filho que queima
131	*A via do encontro: o limite paterno*
133	*A via da separação: o objeto perdido*
137	Da fantasia ao trauma
137	*A realidade é aquilo em que nos apoiamos para continuar a sonhar*
140	*Distinção entre trauma e fantasia*
146	*Despertar selvagem e despertar analítico*
150	Ultrapassamento do ponto de angústia
152	*"O mingau do amor"*
154	*A interpretação-pesadelo*
157	*O sonho da injeção de Irma*

Despertar e fora–do–sentido: sonhos concentracionários e pós–concentracionários

165	Os sonhos concentracionários
165	*Preservar o sono: "sonhos-projeto" e "sonhos de redenção"*

169   *Sonhos de Tântalo*
172   *Os sonhos de relato: o Outro se vai*

179   Os sonhos pós-concentracionários

185   **Últimas teses sobre o despertar**

185   Redefinição do real
189   As duas teses sobre o despertar

192   A psicanálise que começa
192   *Do despertar como revelação do inconsciente*
198   *"Não se deve despertar os cães adormecidos"*

202   A psicanálise que dura
205   *O sinthoma: rumo a uma clínica sem revelação*
210   *Não se desperta jamais*

216   Prática e perspectiva: um impossível

223   A interpretação: uma prática contra a natureza

224   *Interpretação selvagem e interpretação ponderada*

228   *A sessão curta*

235   **Conclusão: Lacan e o desejo de despertar**

241   **Referências**

Prefácio à edição Brasileira

É com grande prazer e forte emoção que redijo estas linhas que acompanham a edição brasileira do livro *O despertar: uma elucidação psicanalítica*.

Esse livro foi publicado integralmente em francês, em 2012; em 2019, foi traduzido e editado numa versão reduzida, em espanhol. A atual versão em português não é o reflexo de nenhuma das anteriores, ela é única, tendo sido especialmente concebida e preparada para os leitores brasileiros.

É preciso acrescentar que, após a publicação deste livro, um fato histórico importantíssimo aconteceu e ficará para sempre gravado em nossas memórias: a pandemia de covid-19 que teve início em março de 2020. Todos nós constatamos os efeitos psíquicos de uma tal irrupção do real. Muitas vezes é nos sonhos que percebemos o esforço de elaboração do aparelho psíquico diante de um fora do sentido ameaçador. Essa irrupção constituiu o desvelamento de um furo: enquanto dormíamos um sono profundo, todos embalados numa total confiança no discurso científico, de repente, tudo começa a desmoronar. Não há saber no real, um afeto de angústia invade nossas casas, *Unheimlich*, é a consequência de um impossível de se localizar: não há versão estabelecida, mas somente rumores que chegam. No início da pandemia, o tempo parou, o inapreensível de um vírus fazia de cada um de nós um inimigo potencial à nossa revelia, a ignorância sobre a duração desse combate e sobre o que nos aconteceria permanecia em suspenso.

Agradeço ao prof. Gilson Iannini e à sua equipe de pesquisadores por ter empreendido, durante a pandemia, um grande trabalho acerca dos sonhos. Trabalho que resultou na publicação pela Autêntica do livro *Sonhos confinados: o que sonham os brasileiros em tempos de pandemia*. Outros pesquisadores e escritores tiveram esta mesma inquietude: como nossos sonhos nos permitem fazer frente à irrupção de um real? Que função teria o sono, o sonho e o despertar diante do horror? O sonho não é simplesmente uma quimera, o sonho é um relato que faz eco ao intratável que ele busca tratar, é uma narrativa em que as imagens e as palavras são tecidas em torno de um impossível. O discurso cientificista não gosta que se faça os sonhos falarem. Esse discurso reduz o sonho a uma mera experiência de consciência modificada, isso quando não o considera uma descarga cerebral. Durmamos bem! Descarreguemos esse lixo insensato a fim de sermos bem eficazes no dia seguinte. Na lógica da produção e do consumo, o sonho não tem lugar. Só posso me alegrar ao saber que essa equipe de pesquisadores abriu, para alguns sujeitos, um espaço em que as imagens, às vezes angustiantes, ganhavam dignidade, valiam a pena serem ditas.

Antes da pandemia, eu quis responder a essas questões. Dediquei uma parte da minha pesquisa à leitura dos sonhos dos deportados dos campos de concentração para que seus testemunhos pudessem me esclarecer sobre a função da ficção em contextos extremos.

Essa pandemia não poderá jamais ser dissociada do contexto político. O leitor brasileiro sabe, melhor que ninguém, que a pandemia não foi unicamente um vírus que circulava no corpo; ela foi também o lugar onde se revelou a pulsão de morte em ato. Espero que o leitor encontre neste livro novas pistas para reflexão. Pois devemos, cada um de nós, permanecer despertos em torno desta tarefa impossível: nunca se deixar adormecer pelo poder hipnótico dos discursos.

Sobre as dedicatórias, Borges[1] disse se tratar de um ato mágico, a maneira mais sensível e agradável de pronunciar um nome. Vou, portanto, dizer os nomes: inicialmente, meus melhores agradecimentos, novamente, ao prof. Gilson Iannini, que conheci por ocasião de um convite de Márcia Rosa para intervir no Labtrans UFMG, durante um importante colóquio sobre "A biopolítica: o novo normal e as (des)humanidades". Depois desse momento, e em diversos contextos, não cessamos de dialogar acerca do tema apaixonante que anima este livro e que Gilson desejou traduzir para que o público lusófono pudesse ter acesso à sua leitura. Desejo muitíssimo que meus caros futuros leitores encontrem aqui menos um saber fechado do que um lugar de questionamentos, pois somente a incompletude pode ser o motor de um saber vivo. Agradeço vivamente à Yolanda Vilela por seu trabalho impecável de tradução para essa língua deliciosa.

Não a qualifico de "deliciosa" por acaso. Hélène Cixous[2] gostava de usar o neologismo "lingualeite". O português embalou-me em minha primeira infância, ele entrou juntamente com o primeiro leite, não pela minha boca, mas pelos meus ouvidos, graças a um pai violonista apaixonado pela Bossa Nova. Sim, existe uma língua-leite, uma língua que percorre o nosso corpo, que nos faz dançar e inexplicavelmente nos enche de uma estranha felicidade, e isso antes mesmo de conhecer a sua ortografia, a sua gramática e a sua sintaxe. Estranha coincidência que essa língua acolha hoje a minha escrita, neste momento em que acabo de dar adeus àquele que a cantava para mim.

Carolina Koretzky
Paris, setembro de 2022.

---

[1] BORGES, J. L. (1981). *La Cifra*. Buenos Aires: Sudamericana, 2016.

[2] CIXOUS, H. *Le rire de la méduse et autres ironies*. Paris: Galilée, 1975.

Prefácio

Serge Cottet

É raro que um trabalho universitário sobre a psicanálise, de altíssimo nível de erudição, possa se articular tão bem com os problemas cruciais da prática, e que as questões atuais relativas às finalidades da psicanálise sejam elaboradas com tanta justeza e gravidade. É o caso do trabalho de Carolina Koretzky, que trata de uma questão que havia ficado latente na história da psicanálise e que concerne a nada menos que a relação do sujeito com o real, na análise. Longe dos exercícios retóricos aos quais, às vezes, prestam-se essas noções difíceis, é com uma linguagem muito clara que Carolina Koretzky se dedica a esta questão: a análise é uma terapêutica ou um despertar? Seria melhor despertarmos ou, como se diz, não despertar o cão adormecido? – expressão utilizada frequentemente para desaconselhar a análise àqueles para quem se decidiu que "isso não é para eles".

Em 1924, Ferenczi opunha a psicanálise como ciência que desperta a uma ciência que adormece, e ironizava os adversários da psicanálise que preferiam oferecer à humanidade angustiada "um pouquinho de felicidade a qualquer preço, inclusive o entorpecimento".[3]

---

[3] FERENCZI, S. Science qui endort, science qui éveille. *In: Psychanalyse III: Œuvres complètes, 1919-1926.* Paris: Payot, 1974. p. 245-247. p. 246.

Abolir o recalque, ir contra os semblantes, ver a realidade de frente, não seria essa a própria visada da psicanálise? Parece evidente que os fins da análise confrontem o sujeito com "a coisa" que ele evita ou recalca. O preço a ser pago são os sintomas embaraçosos. Diremos do neurótico que ele sonha a sua vida ou que ele fantasia. Quanto à psicose, Freud observa que o doente sobrepõe um mundo fantástico ao mundo real. Poderíamos, portanto, pensar que a posição realista da psicanálise, assim como a sua ética, opõe-se a essa tendência fundamental que é o desejo de dormir, em todos os sentidos da palavra. Este é o axioma inicial de Lacan: "o homem com o analista desperta".[4]

A diversidade dos contextos em que o termo "despertar" é empregado o confirma, ao revelar a sua fecundidade; ele expõe que o verdadeiro eixo da clínica é menos orientado pelo sentido do que pelo real. E é essencialmente isso que o sonho demonstra; certamente, o que garante o desejo de dormir é uma montagem significante. "É apenas um sonho", diz o sonhador para si mesmo, mas isso até certo limite: a angústia adverte o sujeito, no pesadelo, de que ele não pode ir muito mais além.

O binário sonho (imaginário)/despertar (real) não tem, portanto, a estrutura de uma oposição entre o interno e o externo. No sonho, o desejo de dormir certamente prevalece sobre qualquer outro desejo. Mas, paradoxalmente, é no sonho que se desperta. Essa torção topológica permite afirmar que há real no sonho. O pesadelo vai deslocar o centro de gravidade do sonho e dar à angústia um papel cada vez mais eminente na constituição da realidade. Contrariamente à versão romântica, nem tudo no sonho é um sonho. Os sonhos traumáticos e suas repetições vão revelar a verdadeira função da angústia: no último Freud, ela é sinal de um perigo pulsional tratado exatamente como um perigo real que excede os limites do sonhador; em Lacan, é sinal de um

---

[4] LACAN, J. *O seminário, livro 8: A transferência* [1960-1961]. Rio de Janeiro: Zahar, 1992. p. 363.

real que não engana, presença de um objeto um pouco suspeito, difícil de ser subjetivado. Lembramos a fecundidade da análise do pesadelo, que Lacan lamentava ter sido tão pouco considerado pelos analistas; com este livro há, portanto, reparação.

Localizar no próprio sonho a instância do despertar é confirmar o seu valor paradigmático e afirmar o partido que se pode tirar disso para redefinir o inconsciente como real.

Tomar o sonho nessa perspectiva, a saber, pelo que o interrompe, dá uma nova orientação a todos os fenômenos de continuidade que a clínica localiza: lapsos, atos falhos, sintomas, passagens ao ato, versões diversas de um encontro faltoso entre o significante e o real.

Isso explica o valor exemplar do termo "despertar" na experiência analítica, que conota, igualmente, as surpresas da interpretação, a iluminação, a surpresa de um significante novo, a queda de uma identificação; versões do lampejo que vem provocar uma efração na monotonia do discurso. Nessa perspectiva, pelas escansões que produz, a análise mimetiza as surpresas do inconsciente, ao mesmo tempo como saber novo, mas também como furo, hiância impossível de ser decifrada. Esse último ponto vai fazer pivotar a função atribuída até então ao sonho.

De fato, tem-se aí um novo paradoxo, pois esse retorno à realidade não passa de um falso despertar. No final do livro, há uma reviravolta na pesquisa de Carolina Koretzky. Ela repercute uma guinada semelhante na doutrina lacaniana do real nos anos 1970 como limite ao simbólico, até mesmo sem lei. Uma finalidade da análise, até então indiscutível, é relançada: o despertar é, ele próprio, um ideal impossível de ser atingido. Um novo axioma perturba esse programa: "só se desperta para continuar a sonhar". Essa proposição extrai as consequências de uma distinção radical entre o conceito de real e o campo da realidade. Trata-se do real do gozo pulsional, que sonhamos poder ser apreendido pelo sentido, pela cadeia significante etc., mas que contém uma obscuridade intransponível.

Carolina Koretzky considera as diferentes versões do despertar impossível presentes na obra de Lacan nos anos 1970; as fórmulas peremptórias, tais como "o homem não desperta jamais" ou "a ideia de um despertar é propriamente falando impensável" (1977), "não há despertar em hipótese alguma" (1979), são longamente comentadas. O resultado é que o desejo de despertar deve ser interrogado pelas mesmas razões que o desejo de dormir.

Essa segunda tese sobre o despertar impossível não exclui a primeira. Admitamos que o sujeito tenha perfeitamente os dois pés na realidade, que ele seja sustentado unicamente pela sua fantasia. Enganamo-nos ao opor princípio de prazer e princípio de realidade, eles são a mesma coisa. O aparelho psíquico, segundo Freud, é burlado pelos processos primários (o inconsciente) que sempre patinam sobre as mesmas marcas, fazendo, finalmente, obstrução à satisfação desejada pelo princípio de prazer; nem por isso o princípio de realidade dá acesso ao real, ele é apenas um desvio para se obter satisfação em um investimento de objeto fantasmático. Assim, segundo Lacan, a fantasia é o princípio de realidade para cada um, o que não significa que se está melhor acordado; isso é o que faz com que "passemos nosso tempo a sonhar, a pensar, a fantasiar, em suma, a viver na produção do sentido, do belo, ou, para ser freudiano, do desejo"; o sintagma contemporâneo em forma de encantação "dar sentido" prova justamente que ele contradiz esse pouco de realidade à qual nossa estúpida existência é confrontada.

Ao contrário dessa acepção comum, Carolina Koretzky dá o exemplo de sonhos que se esforçam em contradizer o desejo de dormir; a referência que ela faz aos relatos de deportados dos campos de concentração é surpreendente e constitui um ponto umbilical de seu trabalho; é um aporte fundamental para a teoria do real no sonho.

Apoiando-se na obra de Charlotte Delbo, ela faz surgir o quiasma impensável revelado por essa antiga deportada: "quando eu estava lá, eu sonhava que tinha voltado para casa, agora que voltei para casa, sonho que estou lá".[5]

Os sonhos nos campos de concentração são, em sua maioria, sonhos de redenção, de projetos; eles desmentem, de certa forma, o pesadelo da realidade; ao passo que os sonhos no período de liberdade restituem o horror de antes. É o pesadelo da volta ao campo e o despertar de angústia provocados pela voz do Kapo, a mesma voz que acordava os prisioneiros. O deportado encontrava sua redenção no embuste do sonho, que conseguia transfigurar o horror em ficção, ao passo que sonhos de retorno não deixam mais o sujeito dormir tranquilo; eles convocam um destinatário; aquele mesmo que poderia não acreditar nisso e recusar a se deixar acordar; é a ele que o sonho se endereça; ele não tem, para lhe designar esse real, senão um artifício de linguagem ao modo de Magritte: "isto não é um sonho".

Na clínica, aliás, não é a realidade que desperta, visto que ela é muito conforme à fantasia, o que desperta são as palavras. Vejam o sonho da criança que queima, em Freud. Enquanto a realidade deveria despertar o pai (o caixão que queima), ela leva este último a dar prosseguimento ao seu sonho, a integrá-lo em sua ficção. Segundo Freud, a transfiguração do acidente satisfaz o desejo de ver a criança ainda viva. Mas o pai não deixa de continuar sonhando que o filho se endereça a ele com estas palavras terríveis: "Pai, não vês que estou queimando?". Este é o ponto nodal do sonho: a falta do pai. Não poderíamos, portanto, reduzir o desejo do sonho ao desejo do pai de que a criança ainda esteja viva. É Freud quem salva o pai ao permanecer no plano da satisfação do desejo. Lacan, ao contrário, revela o lugar de um encontro faltoso entre pai e filho, de um núcleo impenetrável ao simbólico, de um impossível de ser subjetivado. Esse é, aliás, um ponto crucial para Lacan no que diz respeito ao Édipo freudiano. Lacan formula

---

[5] DELBO, C. *Mesure de nos jours: Auschwitz et après III*. Paris: Minuit, 1971. p. 201.

que isso poderia ser um sonho de Freud: "Disse que o que Freud elucubrou [...] é um sonho de Freud, porque o analista deveria, a meu ver, se desprender um pouquinho do plano do sonho".[6]

É assim que o livro chega a colocar em questão o próprio sonho do analista: o desejo do analista seria o de provocar uma revelação? De chegar à última palavra? A incompatibilidade entre saber e gozo, a opacidade que enoda o gozo ao real faz oposição a isso; é a parte obscura do gozo onde o simbólico não se inscreve, onde a linguagem faz furo. O ideal de uma travessia da fantasia é refutado pelo horror do confronto com o pedaço de real de onde ele provém: o objeto *a* que o neurótico só pode olhar pela pontinha do binóculo.

Perguntamo-nos, então, como conciliar uma orientação do tratamento pelo real e o deciframento do inconsciente, que é uma orientação pelo sentido. Por um lado, acabamos com a ficção da verdade; sabemos que na aspiração ao despertar absoluto há algo da morte. Por outro lado, "sentir-se melhor" não exclui a imbecilidade, advertia Lacan. A alternativa seria: sono ou revelação?

A saída para essa antinomia é o *sinthoma* lacaniano, ao mesmo tempo limite ao saber e modo repetitivo de gozo. O sujeito, advertido no final da análise quanto a uma parte de incurabilidade, está, contudo, suficientemente desperto para não sucumbir ao sono de Endimião. A clínica do final de análise permite, assim, reformular as condições de um despertar que não seria apenas um lampejo furtivo.

A própria autora admite os desvios pelos quais passou antes de renunciar ao seu ideal de absoluto devido aos próprios requisitos nos quais esbarra a sua elucidação. Que ela tenha podido testemunhar disso graças à sua experiência pessoal contribui para dar a este livro fundamental a força de uma performance.

---

[6] LACAN, J. *O seminário, livro 17: O avesso da psicanálise* [1969-1970]. Rio de Janeiro: Zahar, 1992. p. 120.

Introdução

O onírico e sua relação com a realidade na civilização

"Alice sonha com o Rei Vermelho, que está sonhando com ela, quando alguém a adverte de que, se o Rei acordar, ela se apagará como uma vela, porque ela não passa de um sonho do Rei com o qual ela mesma está sonhando."[7] O despertar, ou seja, o que opera um corte entre o mundo onírico e a realidade dos fatos, constitui uma preocupação que, desde a Antiguidade, o homem não cessa de interrogar. Ao longo dos séculos, a filosofia, a religião, a literatura e, mais recentemente, o cinema questionaram aquilo que do sonho passa para a realidade e vice-versa.

Como em *Do outro lado do espelho*[8] ou no célebre sonho da borboleta de Chuang-Tzu, diversos campos do saber abordaram a relação entre o sonho e a realidade. Alguns o fizeram a partir da

---

[7] BORGES, J. L. Lewis Carroll. *In*: *Livre de préfaces, suivi de: Essais d'autobiographie*. Paris: Gallimard, 1980. p. 60. (Folio).

[8] Na segunda parte de *Alice no país das maravilhas*, as aventuras se passam do outro lado do espelho; ao despertar, Alice se pergunta: "Vejamos, Kitty, pensemos um pouco numa coisa: quem sonhou tudo isso? Essa é uma questão muito importante [...] Você está vendo, Kitty, só pode ser o Rei Vermelho, ou eu. Claro, ele fazia parte do meu sonho..., mas, por outro lado, eu fazia parte do sonho dele! Foi o Rei Vermelho que sonhou, Kitty?" (CARROLL, L. *De l'autre côté du miroir*. Paris: Gallimard, 1994. p. 342. (Folio Classique)).

sua indistinção: o momento do despertar não é, de forma alguma, uma garantia da saída do mundo do sonho. Se, quando sonhamos, tomamos os acontecimentos mais absurdos e incongruentes pela realidade, o que garante que, ao despertar, não estejamos ainda num sonho? E se não passássemos do sonho de alguém? A vida considerada como sonho foi tema de numerosas reflexões, e a psicanálise também se posicionou nesse sentido.

Questão central na literatura barroca, a vida como sonho foi explorada tanto por Shakespeare como por seu contemporâneo Pedro Calderón de la Barca. O primeiro fazia Próspero dizer, em *A tempestade*, a frase que se tornou célebre: "Somos feitos da matéria do sonho/Nossa pequena vida/está envolta no sono",[9] e o segundo fazia Sigismond dizer: "O que é a vida? Um delírio. O que é, então, a vida. Uma ilusão, uma sombra, uma ficção; o maior bem é pouca coisa, pois toda vida não é senão sonho/, e os sonhos nada mais são do que sonhos".[10] O sonho é portanto um renascimento que se obtém a partir do momento em que se é desencantado de uma ilusão. Se a vida é um sonho, despertar é, portanto, sair desse sonho e ver a vida de frente, em sua verdadeira inconsistência efêmera.

A vida como sonho é também uma referência filosófica, pois é Descartes quem, em sua reflexão metafísica, é levado a interrogar a distinção entre o sonho e a vigília.[11] Em *Meditações metafísicas*, após ter procedido ao exercício da dúvida natural, Descartes exagera a dúvida (hiperbólica), chegando a aplicá-la à distinção entre o sonho e a vigília. Assistimos, em Descartes, a um movimento de pensamento que busca se livrar das evidências

---

[9] SHAKESPEARE, W. *La Tempête*, acte IV, scène I. Paris: Gallimard, 1997. p. 297. (Folio Théâtre).

[10] CALDERÓN DE LA BARCA, P. *La Vie est un songe*. Paris: Flammarion, 1992.

[11] Faremos mais adiante um desenvolvimento detalhado da relação entre o sonho e a vigília em Descartes.

e dos embaraços devidos aos falsos saberes que haviam contaminado o pensamento medieval. O conjunto das suas questões metafísicas está condicionado pela preocupação em chegar a uma certeza completa, um ponto firme e sólido que resista à dúvida e a interrompa.

Uma das referências incontornáveis sobre o despertar, a realidade, o sonho e a ilusão é religiosa. Sidarta Gautama, o chamado Buda, *o Desperto*, teria vivido no século VI a.C. Foi somente 300 anos após sua morte que seus textos, ricos em lendas, começaram a ser conhecidos. O budismo é uma via individual que tem como objetivo *o despertar*, que se alcança pela extinção do desejo, do ódio e da ilusão. O Buda propõe que se desperte do pesadelo do sofrimento e do ciclo cármico. Para examinar a saída dessa cadeia interminável, o pensamento budista é levado a considerar que a realidade não passa de uma ilusão (*mâyâ*). O homem que chega a despertar para o caráter alucinatório da realidade atinge o *nirvânâ* (a iluminação). O *nirvânâ* designa o fim da ignorância, ele é comparável à extinção de uma chama e designa, igualmente, uma paz interior que resulta do desapego, fim último da prática budista, *o Despertar*.

A dúvida no budismo não é comparável à dúvida cartesiana. Seguindo Descartes, decreta-se que esta vigília seja talvez outro sono no pequeno espaço de tempo em que se decide fazer metafísica. Em Descartes, decide-se que tudo não passa de ilusão num exercício da vontade. Ao passo que a dúvida no budismo é uma descoberta ao final de uma vida de renúncias, dúvida que é, portanto, universal, radical, mas não provisória. De certo modo, a sabedoria budista quer acabar com a dúvida absoluta, pois a meditação da existência culmina na certeza de que tudo é ilusão. É notável a que ponto a concepção do despertar no budismo é, talvez, a que mais se afasta da psicanálise. Para esta última, o despertar se situa na dimensão de uma ruptura instantânea e evanescente, e não na dimensão de um objetivo final em que o sujeito encontraria, finalmente, uma morada.

A relação entre os sonhos e a realidade também foi considerada do ponto de vista profético. Um importante número de escritos antigos dá testemunho da função profética que tomava o sonho pela realidade. Presente de Virgílio a Homero, a premunição ocupa um lugar capital nos grandes sonhos proféticos da Bíblia, como no sonho do faraó e na interpretação de José. O momento de despertar está longe de funcionar como um limite que vem separar duas cenas radicalmente distintas. É possível constatar, por exemplo, que, em certos povos, as campanhas militares para a conquista territorial eram acompanhadas de intérpretes de sonhos. Após um sonho e sua interpretação, Alexandre, o Grande, ordenou a investida contra a cidade de Tiro. Diferentemente das teorias científicas que fazem do sonho um processo somático que fecha todas as portas ao problema do inconsciente e da interpretação, as opiniões profanas atribuíram ao sonho uma significação velada, ao qual propuseram e aplicaram um método.[12]

Na verdade, é a concepção científica que vai claramente separar os sonhos da realidade. Aristóteles se afasta da visão profética dos sonhos em *Da adivinhação no sono*[13] ao mostrar que, nos sonhos, desvelam-se as preocupações daquele que

---

[12] Disso resultaram dois métodos. O primeiro considerava o conteúdo do sonho como um todo que devia ser substituído por um conteúdo inteligível, porém análogo: o exemplo príncipes é a interpretação de José ao faraó. O segundo corresponde ao "método da cifra", em que uma chave estabelecida previamente ajuda a transpor cada elemento do sonho para uma significação conhecida. Artemidoro de Éfeso (dito de Daldis ou Daldiano), escritor e oniromante nascido em Éfeso, no século II a.C., introduz uma variante desse método. Ele o torna menos mecânico, uma vez que considera as particularidades e as circunstâncias da vida do sonhador. Embora compartilhem com a psicanálise a compreensão do sonho como um ato psíquico, esses dois métodos, como veremos, não coincidem com o método próprio à psicanálise.

[13] ARISTOTE. *La Vérité des songes: de la divination dans le sommeil*. Paris: Payot; Rivages, 1995.

dorme e que certas semelhanças de predições se devem a um conhecimento íntimo da pessoa sonhada, muito mais do que a uma mensagem divina. Platão, em *Timeu*,[14] concilia a adivinhação no sono com a fisiologia. Mas foi somente no final do século XVIII e ao longo do século XIX que o sono, o sonho e o despertar se tornam um objeto para a ciência, fora de toda abordagem religiosa e sobrenatural.[15] Lembremos rapidamente que a concepção medieval dos sonhos, herdeira das tradições filosófica e religiosa, era aquela de uma correlação, através do sonho, do sujeito com as potências do além. Toda a preocupação residia, portanto, na distinção entre os sonhos "verdadeiros" (origem divina) e os sonhos falsos (origem diabólica). Foi igualmente durante esse período que a Igreja, no intuito de cristianização, fez do pesadelo uma visita de origem diabólica.

A questão "quem dorme e quem sonha?" está no cerne das interrogações científicas. Para Cabanis, médico fisiologista e fervoroso defensor da corrente materialista, há, durante o sono, um corte nítido entre o cérebro e o mundo externo. No sono, o cérebro amplifica as sensações internas do corpo, e o sonho é o resultado disso. No mesmo período, surge uma corrente espiritualista, representada por Théodore Jouffroy, que, contrariamente a Cabanis, insiste numa continuidade entre sonho e sono. O eu [*moi*] está presente e permanece idêntico a si mesmo durante o sono, e o sonho se explica pela atividade do eu. O desenvolvimento de teorias sobre o sonho e o sono é acompanhado da criação dos "laboratórios íntimos"[16] e da escrita de diários de sonhos.

---

[14] PLATON. *Timée*. Paris: Flammarion, 1995. p. 185-186.

[15] Cf. CARROY, J.; OHAYON, A.; PLAS, R. *Histoire de la psychologie en France au XIX-XXe siècles*. Paris: La Découverte, 2006. p. 48-52.

[16] A primeira metade do século XIX se caracteriza pela criação de pequenos laboratórios onde aquele que vai dormir pede aos que estão à sua volta para que façam barulho ou introduzam odores a fim de experimentar

No final do século XIX, o sonho e sua interrupção adquirem uma estrutura temporal. O representante mais importante é Alfred Maury, professor do Collège de France, autor a quem Freud se refere várias vezes. Ao despertar os sujeitos durante o sono, Maury observa que a atividade onírica não é permanente ao longo do sono. O sonho acontece, portanto, de maneira episódica, mais particularmente durante o sono leve, ou seja, durante o adormecimento (imagens hipnagógicas), a partir de um estímulo externo (um barulho), interno (um incômodo, uma dor) ou logo antes do despertar (imagens hipnopômpicas). Segundo Michel Jouvet,[17] Maury seria o precursor da neurobiologia moderna.

A interpretação de sonhos (1900), de Freud, insere-se, assim, num interesse compartilhado pelo sonho e pelo sono no interior de uma comunidade e de uma tradição científica em que, no extremo oposto da Antiguidade, os sonhos se tornaram uma simples manifestação psíquica de excitações somáticas. Num racionalismo extremo, autores como Maury ou Wundt não veem no sonho senão o contraexemplo do tipo de raciocínio esperado na vida de vigília. Nesse sentido, o sonho é somente a demonstração de uma decomposição das associações e de uma supressão de todo sentido crítico, sendo, assim, desprovido de sentido. Para esses autores, sonha-se porque o sono foi perturbado por uma fonte de estimulação que acomete o psiquismo.

Outro grupo de autores se dedica ao estudo das particularidades psicológicas do sonho. Dois autores chamam a atenção de Freud: Fechner e Schleiermacher. Em Fechner, Freud valoriza a ideia de que o sonho não possa ser explicado por uma degradação da vida anímica consciente nem por uma retirada

---

de que maneira esses estímulos servem como ponto de partida para o sonho (CARROY; OHAYON; PLAS. *Histoire de la psychologie en France au XIX-XXe siècles*, p. 48-52).

[17] JOUVET, M. *Le Sommeil et le rêve*. Paris: Odile Jacob, 1992. p. 41.

da atenção dispensada ao mundo externo. Ele enfatiza que a cena de ação dos sonhos "é diferente da cena da vida ideacional de vigília",[18] o que confere ao estado psíquico durante o sonho uma modificação não deficitária. Ainda que o autor não vá muito mais longe nessa explicação, para Freud, a ideia de uma separação entre esses dois tipos de funcionamento psíquico permanece essencial. Em Schleiermacher, Freud valoriza a ideia de que a atividade de pensamento se realize nos conceitos, contrariamente à atividade em imagens própria ao sonho. As diferentes teorizações sobre o funcionamento do sonho e da vida de vigília mostram o pouco crédito que os autores concediam a uma "lógica outra" no sonho. Para esses autores, as associações que o sonho produz são arbitrárias e desprovidas de um princípio. O que falta, portanto, é o crédito que Freud dá ao sonho, crédito que atribui um sentido conforme uma lógica outra, diferente dessa da vida desperta, apesar do seu caráter absurdo. "Loucura embora, tem lá o seu método",[19] diz Freud citando Polônio: se o sonho é provido de um sentido velado e de uma lógica própria, é possível, então, considerar um método de deciframento.

O despertar em psicanálise

O laço entre o sonho, a realidade e o instante de despertar foi igualmente interrogado pela psicanálise. Lembremos que, desde a *Traumdeutung*, o estudo do sonho leva Freud a encontrar o fenômeno do despertar concernente aos sonhos de angústia. Mais tarde, a confrontação com os sonhos traumáticos

---

[18] G. T. Fechner, citado por Freud em *A interpretação de sonhos (I)*. Rio de Janeiro: Imago, 1969. p. 50. (Edição Standard Brasileira das Obras Psicológicas Completas de Sigmund Freud, IV).

[19] SHAKESPEARE, W. *Hamlet*, ato II, cena II. Porto Alegre: L&PM, 1988. p. 68.

dos antigos combatentes da Grande Guerra recolocará definitivamente em questão a teoria geral do sonho como realização de desejo.

O despertar, termo usado comumente na linguagem dos psicanalistas, nem sempre foi objeto de uma observação minuciosa e sistematizada. Contudo, o estudo desse termo torna possível um olhar novo sobre certos conceitos maiores da prática psicanalítica: a interpretação, a identificação, o aparecimento do sujeito do inconsciente, o trauma e também o final de análise. O despertar em psicanálise é, assim, objeto de uma diversidade de usos. O instante do despertar se refere, em psicanálise, ao aparecimento surpreendente e instantâneo das manifestações do inconsciente. Mas não só isso: o sonho está também ligado aos fenômenos de irrupção de angústia e de encontro traumático.

Desperta-se para continuar a dormir, tese que percorre uma grande parte do ensino de Lacan, não deixa de ser freudiana. Vários conceitos oriundos da doutrina freudiana do sonho mostram uma penetração do sonho na realidade, e vice-versa. O texto "Formulações sobre os dois princípios do curso dos acontecimentos psíquicos"[20] conduz-nos ao cerne da tese lacaniana sobre o despertar. Freud demonstra nesse texto que o sujeito se volta para a realidade devido a uma falha no princípio de prazer. O princípio de realidade só opera a partir de uma falta no plano da satisfação, e a substituição do prazer pela realidade não passa de um desvio comandado por uma exigência de satisfação. A fórmula "despertar para continuar sonhando" equivale a dizer que "a realidade não passa de uma continuação da fantasia por

---

[20] FREUD, S. Formulações sobre os dois princípios do curso dos acontecimentos psíquicos [1911]. *In*: *O caso Schreber, artigos sobre técnica e outros trabalhos (1911-1913)*. Rio de Janeiro: Imago, 1969. p. 277-290. (Edição Standard Brasileira das Obras Psicológicas Completas de Sigmund Freud, XII).

outros meios",[21] o que equivale igualmente a dizer que o princípio de realidade é a continuação do princípio de prazer por outros meios. Nessa perspectiva, a fantasia e a realidade externa são uma coisa só em relação a uma prolongação do gozo.[22]

Essa continuação do prazer na realidade torna caduca toda oposição entre atividade fantasmática, devaneios, ilusões, sonho e realidade externa. Tudo isso é uma mesma coisa em relação a uma continuação do gozo. Esse texto, juntamente a "A perda da realidade na neurose e na psicose", permanece absolutamente essencial. Neste último, Freud afirma que "a neurose não recusa (*verleugnet*) a realidade, apenas não quer saber nada sobre ela".[23] No momento em que Freud interroga o tipo de relação que o psíquico estabelece com a realidade, ele encontra o problema do evitamento. O sujeito mantém com a realidade uma relação de evitamento[24]: "na neurose uma parte da realidade é evitada por uma espécie de fuga".[25] O neurótico procura substituir a realidade indesejável por uma realidade mais conforme ao desejo, e é o mundo fantasmático que vem fazer esse revezamento.

Para Freud, o fenômeno de interrupção do sono foi fundamental, uma vez que trouxe um problema clínico e epistemológico. Epistemológico, pois os sonhos de angústia e os

---

[21] MILLER, J.-A. Cause et consentement. *In*: *L'Orientation lacanienne*. Cours du Département de Psychanalyse, Université de Paris VIII, 1987-1988. Inédit. Lição de 25 de maio de 1988.

[22] Nesse texto, Freud utiliza o termo "prazer", que não é equivalente ao termo "gozo". É o prazer marcado por uma amputação que, segundo Miller, justifica traduzi-lo aqui por "gozo".

[23] FREUD, S. A perda da realidade na neurose e na psicose [1924]. *In*: *Neurose, psicose, perversão*. Belo Horizonte: Autêntica, 2016. p. 279-284. p. 282. (Obras Incompletas de Sigmund Freud).

[24] Cf. MILLER. Cause et consentement. Lição de 18 de maio de 1988.

[25] FREUD. A perda da realidade na neurose e na psicose, p. 281.

sonhos traumáticos desempenharam um papel de obstáculo à generalização teórica que enunciava que "todo sonho é uma realização de desejo". Clínico, porque o despertar faz surgir o grande paradoxo do sonho: o sonho, suposto ser o guardião do sono, é também o que provoca o despertar. Que desejo, então, seria realizado nesse caso? O que se torna o "desejo de dormir", que Lacan designava como sendo "o maior enigma"[26] do sonho? E que vínculo estabelece Freud entre o sonho e o despertar? Se é o sonho que desperta, e não a realidade externa, há, para Freud, um real *no* sonho. Propomo-nos seguir seus rastros.

Mas haveria na obra de Freud uma utilização do conceito de "despertar" aplicado à interpretação ou ao final da análise? Está claro que esse é o caso para Lacan, que, durante seu ensino, utilizou esse termo e seus opostos (sonho, desejo de dormir, sono, adormecimento) para dar conta de componentes fundamentais da experiência analítica.

Contudo, essa variedade de usos, figuras e aporias do sonho é sustentada por duas grandes teses. A primeira, "não se desperta senão para continuar sonhando na realidade", supõe como modelo o processo de despertar no sonho noturno: quando a angústia irrompe, ela interrompe a representação alucinatória do desejo. Assim, o sujeito desperta para voltar novamente a sonhar, na medida em que esse termo define o próprio princípio de realidade. "Sonhar ou dormir na realidade" é sinônimo da ideia de que o sujeito sonha a sua vida, que a vida é um sonho no qual o sujeito perpetua o seu desejo. Essa é, portanto, uma tese freudiana.

A novidade da leitura lacaniana não consiste em dizer que sonhamos a nossa vida, tema caro à literatura barroca, mas que o sujeito *quer* dar continuidade ao seu sonho e em hipótese alguma despertar. O homem não *quer* despertar, a prova disso é que no momento em que, no sonho, ele se aproxima

---

[26] LACAN. *O seminário, livro 17: O avesso da psicanálise*, p. 54.

demasiadamente de uma verdade insuportável, ele desperta. Mas é um despertar para a realidade que o ajuda, justamente, a evitar o despertar para a sua própria verdade. O sujeito quer a homeostase adormecedora do princípio de prazer: ele dorme e sonha para mantê-la, e desperta para conservá-la.

A partir dos anos 1970, Lacan enuncia uma nova tese: "não se desperta jamais". Esse enunciado radical diz respeito ao final de análise. Entre 1967 e 1976, a perspectiva do final de análise muda. Num primeiro momento, o final constitui uma recusa do ser que ignora a causa do seu desejo, o que tem, como efeito, um renascimento subjetivo. Em 1976, os termos "lampejo", "travessia" e "renascimento" não definem mais o final de análise. Nesse meio-tempo, o termo *sinthoma* foi forjado a fim de incluir os restos sintomáticos na antiga conceitualização do sintoma. Levar em conta um modo de gozo constante, bem como o novo arranjo com esse resto indecifrável, pede uma outra lógica, diferente daquela do franqueamento. "Não despertamos" quando se trata de encontrar um acordo com o incurável. "Não se desperta jamais" deve também ser ouvido como: o inconsciente "transferencial" não desperta jamais. Ele é um sonho da verdade, uma atribuição de sentido a um encontro aleatório, o que não deixa de ter consequências: um tratamento assim orientado faz surgir o encontro contingente no lugar do destino já escrito.

Convido vocês, caros leitores, a explorar os caminhos abertos por esse conceito na clínica psicanalítica orientada por Freud e Lacan.

PRIMEIRA PARTE

A doutrina do real no sonho na obra de Freud

Primeira doutrina do sonho

*Há uma concordância geral no sentido de que
a interpretação de sonhos é a pedra fundamental da
obra psicanalítica e que suas descobertas constituem a
mais importante contribuição da psicanálise à psicologia.*
S. Freud. *O interesse científico da psicanálise*, 1913.

Para que serve sonhar? Para que serve dormir? Que vínculo une sonhar e dormir? Qual é a função do sonho? O que se satisfaz no sonho? Quais são os motores e os perturbadores do sonho e do sono? Um breve percurso pela doutrina freudiana do sonho nos parece ser uma tarefa necessária, pois o interesse de Freud pelos sonhos o levou diretamente à problemática do despertar onírico. Na obra de Freud, a investigação sobre os sonhos teve lugar privilegiado desde o início da psicanálise, pesquisa que o preocupou até o fim da sua vida. Que uma doutrina do sonho seja estabelecida é importante na medida em que ela se revela fundamental para a demonstração do inconsciente, cuja principal via de acesso é o sonho. Esse início, marcado pelo estabelecimento de uma teoria, não impediu Freud de voltar e remanejar esses postulados sobre o sonho segundo os encontros que resultaram da sua confrontação com a prática cotidiana. O problema dos sonhos que despertam participa igualmente da guinada fundamental na obra de Freud: a descoberta de um além do princípio de prazer.

Teoria freudiana da função do sonho

As antigas tentativas de resolver o problema do sonho levavam em conta apenas o conteúdo do sonho tal como ele era explicitado pelo sonhador, o que se chama, desde Freud, conteúdo manifesto. A novidade introduzida por Freud reside na separação entre um conteúdo de sonho e um novo material psíquico obtido pela prática da livre associação: um conteúdo latente. A solução para o enigma do sonho é dada a partir desse último material. O processo chamado "trabalho do sonho" ou "elaboração do sonho" é aquele que transforma o conteúdo latente em conteúdo manifesto. Por outro lado, o termo "trabalho de interpretação" busca descobrir os pensamentos inconscientes do sonho. Desse modo, "esse trabalho interpretativo procura decifrar a elaboração onírica",[27] trabalho que vai, portanto, do conteúdo manifesto (sonho que se conta) ao conteúdo latente.

O sonho vai explorar os resultados obtidos da análise do sintoma histérico: o sonho é um fenômeno constituído como uma mensagem cifrada e estruturada como uma linguagem. O sonho não é um desenho, nem uma pura imagem, nem uma representação analógica, mas um *rébus*. Ou seja, uma formação feita de pedaços, tendo diferentes valores, visando à constituição de um fragmento de discurso, um enunciado.

Freud demonstra que se trata de um processo de transformação essencialmente *linguageiro*: "os pensamentos oníricos e o conteúdo onírico nos são apresentados como duas versões do mesmo assunto em duas *linguagens* diferentes. [...] O conteúdo onírico parece uma transcrição dos pensamentos oníricos em outro *modo de expressão*, cujos caracteres e leis sintáticas é

---

[27] FREUD, S. *Conferências introdutórias sobre psicanálise (Partes I e II) (1915-1916)*. Rio de Janeiro: Imago, 1969. p. 204. (Edição Standard Brasileira das Obras Psicológicas Completas de Sigmund Freud, XV).

nossa tarefa descobrir".[28] O trabalho do sonho é, portanto, um trabalho de remanejamento da *materialidade da linguagem* que produz uma nova forma de expressão. Essa nova forma tem a característica de ser *representada em imagens*. Mas as imagens do sonho somente têm valor na medida em que são uma escrita em imagens ("roteiro pictográfico").[29] Que as imagens do sonho tenham valor de signo ("relação simbólica")[30] constitui o passo essencial da tese freudiana e a afasta definitivamente dos outros métodos de interpretação utilizados até então. Ao se esforçar em "substituir cada elemento separado por uma sílaba ou palavra"[31] e ao estabelecer relações entre esses elementos da linguagem, Freud encontra no caos das imagens a "frase poética da maior beleza e significado".[32]

O trabalho do sonho opera uma transformação linguageira em imagens chamada *tomada em consideração de representabilidade*. Comparado por Freud ao trabalho do poeta, o sonho apresenta formas linguísticas, porém "representadas simbolicamente por meio de símiles e metáforas".[33] Trata-se do mecanismo que torna visíveis pensamentos, marcas fundamentais do sonho em que o pensamento se enuncia em termos de imagens.

Freud fornece a chave mais importante para a compreensão do sonho a partir de uma separação em duas operações, "a produção dos pensamentos oníricos e sua transformação no

---

[28] FREUD. *A interpretação de sonhos (I)*, p. 295. Grifo nosso.

[29] FREUD. *A interpretação de sonhos (I)*, p. 296.

[30] FREUD. *A interpretação de sonhos (I)*, p. 296.

[31] FREUD. *A interpretação de sonhos (I)*, p. 296.

[32] FREUD. *A interpretação de sonhos (I)*, p. 296.

[33] FREUD, S. Sobre os sonhos [1901]. *In: A interpretação de sonhos (II) e Sobre os sonhos (1900-1901)*. Rio de Janeiro: Imago, 1969. p. 667-725. p. 698. (Edição Standard Brasileira das Obras Psicológicas Completas de Sigmund Freud, V).

conteúdo do sonho".[34] Por ser fundamental, essa distinção pode cair numa confusão, a que consiste em imaginar que o conteúdo latente seja, na realidade, um "sonho latente", expressão, aliás, que Freud nunca utilizou. Esse desvio leva a pensar que haveria um sonho mais verdadeiro ou mais justo por trás de um pretenso "sonho manifesto". Numa nota acrescentada em 1925,[35] Freud lembra que a confusão entre esses dois registros levou os leitores a verem a essência do sonho no conteúdo latente, e não no *trabalho do sonho*. Os pensamentos do sonho nunca são sacralizados por Freud, ele o diz com todas as letras: trata-se de uma forma particular do nosso pensar, forma que se tornou possível pelas condições específicas do estado de sono. Pelo contrário, o trabalho do sonho se restringe a um processo de transformação. A frase que se tornou célebre: o trabalho do sonho "não pensa, não calcula, nem julga; restringe-se a dar às coisas uma outra forma"[36] resume com precisão a tarefa em jogo: o trabalho do sonho não cria fantasias, não julga, não traz conclusão alguma; ele apenas desloca, remaneja, condensa, permite visualizar, montar fachadas, e, como bem indica a palavra, ele trabalha.

Para Freud, a essência do sonho está no trabalho do sonho. O sonho não é, portanto, o equivalente do inconsciente, mas a sua via de acesso, via de acesso ao seu funcionamento, na medida em que é estruturado como uma linguagem.[37]

---

[34] FREUD, S. *A interpretação de sonhos (II)* [1900]. In: *A interpretação de sonhos (II) e Sobre os sonhos (1900-1901)*. Rio de Janeiro: Imago, 1969. p. 361-793. p. 554. (Edição Standard Brasileira das Obras Psicológicas Completas de Sigmund Freud, V).

[35] FREUD. *A interpretação de sonhos (II)*, p. 541.

[36] FREUD. *A interpretação de sonhos (II)*, p. 541.

[37] É a leitura de *A interpretação de sonhos* que interessa a Lacan durante o período do seu primeiro ensino, pois, "na análise do sonho, Freud não pretende dar-nos outra coisa senão as leis do inconsciente em sua extensão mais geral. Uma das razões pelas quais o sonho foi mais propício a isso está em que, justamente, como nos diz Freud, ele não é menos revelador

Tomemos como exemplo prínceps o sonho do *tio de barba amarela*. O conteúdo manifesto desse sonho é breve. Para todos os sonhos, Freud observa a redução do relato do sonho comparado à extensão dos pensamentos latentes que lhe são associados. Esse sonho é contado em duas partes, inicialmente há um pensamento "meu amigo R. era meu tio; eu tinha por ele um grande sentimento de afeição"; e, em seguida, temos uma imagem: "vi seu rosto diante de mim, algo mudado. Era como se tivesse sido repuxado no sentido do comprimento. Uma barba amarela que o circundava se destacava de maneira especialmente nítida".[38]

Freud nos mostra que o trabalho de associação que busca os pensamentos inconscientes não se efetua jamais sob uma forma global, mas por um *corte do texto do sonho*. Três elementos são isolados do conjunto do relato: 1) R. é meu tio; 2) barba amarela; 3) a ternura.

Sob o título de "Preâmbulo", Freud explicita um conjunto de circunstâncias materiais e afetivas: os restos diurnos. Trata-se de um material extraído da vida de vigília e que não chega a ser completamente desinvestido de energia psíquica durante o sono. Freud chama de pré-consciente esse reservatório de representações que não estão presentes na consciência desperta, mas que são acessíveis em caso de necessidade. Na formação efetiva do sonho, Freud dá aos restos diurnos o mesmo lugar que às sensações atuais durante o sono. Os pensamentos do dia representados no sonho não são, para Freud, o verdadeiro motor do sonho – que é sempre um desejo infantil, recalcado e interdito –, mas, antes, inquietudes que por uma via qualquer chegam a se ligar a um desejo infantil. Durante o sono, esses restos diurnos que lutam para se exprimir e se impor à consciência abrem

---

dessas leis no sujeito normal do que no neurótico" (LACAN, J. A instância da letra no inconsciente ou a razão desde Freud [1957]. *In: Escritos*. Rio de Janeiro: Zahar, 1998. p. 496-533. p. 518).

[38] FREUD. *A interpretação de sonhos (I)*, p. 147.

caminho ao utilizarem o percurso de excitação proveniente do sistema *Ics*. Freud compara esses restos diurnos ao papel de um empreendedor, aquele que tem a ideia, mas que nada pode fazer sem o capital (as despesas). O capitalista é o desejo proveniente do inconsciente que se encarrega da despesa psíquica.

No "Preâmbulo" ao sonho do tio, Freud relata duas cenas. Inicialmente, ele fica sabendo que dois professores propuseram seu nome para uma nomeação ao cargo de professor *extraordinarius*.[39] Diante dessa notícia agradabilíssima, Freud diz nada esperar desse acontecimento. Muitos de seus colegas, que têm méritos tão louváveis quanto os seus, esperam em vão essa nomeação por parte do ministro. A segunda cena relatada é uma conversa com o amigo R. Esse amigo, candidato havia muito tempo ao título de professor, comunica a Freud suas dificuldades para fazer avançar esse projeto. Ele lhe conta que por ocasião da sua última passagem pelo ministério havia perguntado abertamente se eram motivos religiosos que atrasavam ou impediam a sua nomeação. Seu interlocutor dá a entender que sim. Esse relato remete Freud à sua resignação, visto que ele compartilha com esse amigo as mesmas considerações religiosas. O sonho acontece, portanto, no dia seguinte da visita do amigo R.

1) *R. é meu tio*. O significante "tio" remete, em suas associações, ao seu tio Joseph. Na história familiar, esse tio havia cometido uma fraude econômica e sido preso. Aparece, então, um primeiro significante para designar o tio Joseph: "simplório". Dessa forma, Freud procede a uma primeira substituição significante: R. é meu tio; meu tio é um simplório, R. é simplório.

---

[39] Tomamos conhecimento desse acontecimento graças à correspondência com Fließ. Freud escreve a Fließ que os colegas Nothnagel e Krafft-Ebing propuseram a sua nomeação ao grau de professor. Eles deviam, em seguida, enviar a proposta ao ministro. Cf. FREUD, S. Lettre 58 du 8 février 1897. *In*: *La Naissance de la psychanalyse*. Paris: PUF, 1956. p. 168-170. p. 168.

2) *A barba amarela.* A formação mista como o rosto barbudo se confunde com aquele do colega R. se produz por contração em uma unidade.[40] A imagem do sonho é, por um lado, usada na identificação: a tristeza causada pela história do tio deixou o pai de Freud de cabelos brancos. Ele observa, além do mais, que a bela barba negra de R. havia ficado grisalha com o tempo. Observando ao mesmo tempo o seu próprio envelhecimento, Freud se identifica com seu pai e com R. através desse traço. Mas a imagem mista tem o objetivo de produzir uma semelhança moral a partir de uma semelhança física. A imagem do sonho reforça, assim, o traço significante que une as duas personagens: simplório. Contudo, outros dois significantes assinalam as diferenças: o tio Joseph é um *criminoso*, mas R. é *irreprochável.* Freud se pergunta, então, qual outro laço os aproximaria. Uma lembrança se impõe por meio de uma associação: N., um colega que espera o título de professor, fala para Freud de um problema judicial lhe concernindo, e que seria, a seu ver, a causa da sua não nomeação. Freud retém a frase de N.: você ainda tem chance de ser nomeado, pois você é *"irreprochável".*

A escolha inconsciente do tio Joseph permite a representação de dois colegas reunidos pelos significantes: "simplório", para R., e "criminoso", para N. O pensamento latente é, portanto, o seguinte: "se R. não é nomeado, é porque ele é simplório, e se N. não é nomeado, é porque ele é um criminoso, então, como não sou simplório nem criminoso, ainda tenho chance de ser nomeado professor".

Notemos que é o "eu" [*je*] do sonhador que desaparece no conteúdo manifesto do sonho. O modo enunciativo "se ou se ao menos", próprio da modalidade opcional, encontra-se substituído por um indicativo; Freud conclui que um *"um pensamento expresso no optativo foi substituído por uma representação*

---

[40] FREUD. *A interpretação de sonhos (I)*, p. 340-341.

no tempo presente".[41] Sem a modalidade optativa, o sonho mostra o desejo como já realizado.

3) *A ternura.* O terceiro elemento é um afeto: uma grande *ternura* que parece mentirosa e exagerada é concebida por Freud como um véu que vem, justamente, mascarar a verdadeira interpretação do sonho. A ação da *censura* fornece a explicação: se os pensamentos do sonho exprimem uma injúria em relação ao seu amigo R., a extrema ternura sentida no nível manifesto está a serviço da deformação. Essa deformação é um meio de dissimulação para que um desejo inconsciente burle a barreira da censura sem dificuldade. A ternura no sonho do tio Joseph é um exemplo claro da *transformação no contrário*, uma das modalidades do trabalho do sonho.

A imagem da barba amarela é fruto de uma condensação. Sob esse nome, Freud reúne um conjunto de mecanismos presentes no trabalho do sonho. A condensação se efetua por sobredeterminação. A constatação de Freud é de que as palavras constitutivas do relato do sonho são pontos nodais de convergência de um acúmulo de pensamentos. Essas palavras ou imagens são escolhidas por permitirem um agrupamento dos pensamentos. Pode se tratar de uma condensação visual (o significante "tio" condensa dois significantes, "simplório" e "criminoso") ou de uma condensação verbal, como nas neoformações produzidas quando as palavras são tratadas como coisas ("*Autodidasker*").

Contudo, para Freud, a essência do trabalho do sonho reside no mecanismo de *deslocamento*. O deslocamento consiste em transferir valores e intensidades psíquicas de cada um dos elementos do sonho. Isso tem como consequência o fato de que certos elementos no conteúdo manifesto sejam colocados em primeiro plano; por outro lado, eles aparecem como inessenciais e desprovidos de valor nos pensamentos latentes. Inversamente, elementos secundários do conteúdo manifesto acabam sendo a

---

[41] FREUD. Sobre os sonhos, p. 686.

chave principal nos pensamentos latentes. Trata-se precisamente de um descentramento.

No fundo, o conjunto dos mecanismos em jogo no trabalho do sonho são meios de deformação para que um desejo possa abrir passagem através da barra da censura. As mudanças de valor, as omissões, os agrupamentos não passam de efeitos da ação da censura.

A *censura* constitui, portanto, a causa principal da deformação dos sonhos. Freud dá como exemplo o caso de um escritor político que vivia sob um regime totalitário. Se no momento de se expressar o autor disser verdades desagradáveis, o poder impedirá a publicação. Temendo então a censura, será preciso que o autor disfarce seu pensamento, modificando a forma de expressão: falar por alusões ou esconder um pensamento chocante por trás de um disfarce de aparência anódina. Se nos sonhos a realização de desejo for irreconhecível, é porque uma defesa contra esse desejo está necessariamente presente no sonho. Duas instâncias psíquicas participam da formação do sonho: uma é constituída pelo desejo, que busca a sua expressão, a outra exerce uma censura que culmina numa deformação do desejo inicial. É, portanto, a segunda instância que se encarrega da admissão na consciência. Todo material proveniente da primeira instância não poderia se esquivar das modificações impostas pela segunda. É na ternura sentida no sonho do tio que Freud vê a passagem e a ação da segunda instância. Um desejo do primeiro sistema leva o sonhador a tratar R. como simplório; diante dessa injúria, o segundo sistema não permite o acesso à consciência, a não ser eliminando os valores dos afetos.

Sobre a realização de desejo

"O sonho é uma realização (disfarçada) de um desejo (suprimido ou reprimido)"[42] é a tese maior de A *interpretação*

---

[42] FREUD. *A interpretação de sonhos (I)*, p. 170.

de sonhos que integra o mecanismo da censura. A essa definição vem se acrescentar, em 1911, o desejo infantil, "um desejo que é representado num sonho deve ser um desejo infantil".[43] Uma vez terminada a interpretação do *sonho da injeção de Irma*, Freud resume o desejo próprio a esse sonho: "não ser culpado pela doença de Irma". Nada é oculto ou profundo nessas frases, sobretudo se levarmos em conta o fato de que o fracasso do tratamento de Irma perturba Freud noite e dia. No nível do significado do sonho encontramos um pensamento totalmente normal, de tal forma que poderíamos articulá-lo na sintaxe da nossa linguagem comum. Nada de inconsciente, portanto, no desejo encontrado nos pensamentos latentes do sonho, mas sim *votos* [*voeux*]. Esse pensamento normal (pré-consciente/consciente) é forçado a sair da consciência, atraído pelo inconsciente, ou seja, submetido às leis do processo primário e traduzido para a linguagem do inconsciente. Ele não é atraído pelo inconsciente e recalcado devido unicamente ao seu caráter desagradável para a consciência, mas porque ele entra em curto-circuito com outro desejo já recalcado. Esse desejo não pode ser reduzido a um curso normal de pensamento, porque ele é constitutivamente recalcado, ou seja, ele não tem original na linguagem da comunicação cotidiana.

Há, portanto, uma estrutura tripla em todo sonho: texto manifesto do sonho, conteúdo latente e desejo inconsciente articulado no sonho. Esse desejo se conecta ao sonho, ele está na articulação e na formação mesma do sonho. Ele não é mais profundo nem mais oculto que os pensamentos latentes. Ele aciona e trata os mecanismos do significante: o lugar do desejo inconsciente está, portanto, na própria forma do sonho, na própria matéria do sonho, no trabalho do sonho. Podemos ler, em Freud, essas duas conceitualizações do desejo quando

---

[43] FREUD. *A interpretação de sonhos (II)*, p. 589.

ele anuncia que "o sonho representava um estado de coisas específico, como eu devo ter desejado que fosse. Assim, seu *conteúdo* foi a realização de um desejo, e seu *motivo* foi um desejo".[44] Em se tratando do desejo, no cerne de todo sonho, deve-se distinguir, por um lado, um *conteúdo*, a realização de um desejo, e, por outro, um *motivo*, que é também um desejo.[45]

No *sonho do tio da barba amarela*, o desejo que aí se realiza se resume na fórmula "ser nomeado professor", é o desejo de que seja assim. Ele está certamente disfarçado, visto que nada no conteúdo manifesto do sonho remete inicialmente a tal desejo. Outros desejos, recalcados e interditos à consciência, mobilizam-se para que "ser nomeado professor" possa se satisfazer: que R. seja um simplório e N., um criminoso.

Em suma, um sonho é apenas uma aspiração dita por metáfora. Os pensamentos do sonho não passam de votos,[46] o que os faz se aproximarem dos devaneios diurnos. Mas, graças à descoberta da função do trabalho do sonho, para a psicanálise, contar um sonho não equivale a enunciar um voto, pois no espaço do sonho alguma coisa vem se acrescentar: *há criação de um novo sentido*. Esse efeito de sentido não é o desejo-álibi, por exemplo, "não ser responsável", mas é um desejo que deve ser situado no nível daquilo que *causa* um sonho: um desejo indestrutível, um desejo que não diz do que ele é desejo. Esse efeito que nada enuncia, que é *sem qualidade*, constitui o que Freud chama de desejo

---

[44] FREUD. *A interpretação de sonhos (I)*, p. 127. Grifo nosso.

[45] Cf. CASTEL, P.-H. *Introduction à l'interprétation du rêve de Freud*. Paris: PUF, 1998.

[46] "É significativo que, em Freud, o desejo só se produza pelo nome de *Wunsch*. *Wunsch, wish* é o anseio. Só existe anseio se enunciado. O desejo só se faz presente na demanda" (LACAN, J. Da psicanálise em suas relações com a realidade [1967]. *In: Outros escritos*. Rio de Janeiro: 2003. p. 350-358. p. 356).

indestrutível. Ele responde igualmente à questão do sujeito, que poderia se definir por um "eu sou desejo".

O desejo de dormir

Na definição do sonho acrescentada em 1925 em *A interpretação de sonhos*, Freud caracteriza os sonhos como não sendo "nada mais que uma forma particular de pensamento, tornada possível pelas condições do estado de sono".[47] Essa definição não deixa nenhuma dúvida sobre a importância fundamental do sono como condição de possibilidade na formação do sonho.

O sonho sempre foi uma preocupação para Freud. Em suas cartas a Fließ, ele diz: "Existe um *único desejo* que o sonho procura sempre realizar, desejo que pode, contudo, assumir várias formas e que é o de dormir! Sonhamos para não sermos obrigados a despertar, porque queremos dormir! *Tant de bruit!...*".[48] Essa formulação permite estender a definição dos "sonhos de conveniência" ao conjunto dos sonhos, "todos os sonhos são, num sentido, sonhos de conveniência",[49] pois todo sonho tenta evitar o despertar e realizar o desejo de dormir.

Na carta do dia 4 de março de 1895, Freud conta para Fließ o sonho do sobrinho de Breuer: o Dr. Kaufmann, perturbado durante o sono por uma batida na porta dada pela faxineira, teve um sonho em que, por um desdobramento de sua pessoa, ele já se encontrava em seu local de trabalho. Ele sonha que está deitado no hospital, e na cabeceira da cama há uma inscrição que traz o seu nome, em que ele lê "Rudolf Kaufmann"; o pensamento que aparece no sonho é: visto que Rudolf Kaufmann já está no

---

[47] FREUD. *A interpretação de sonhos (II)*, p. 541.

[48] FREUD, S. *La Naissance de la psychanalyse.* 7e éd. Paris: PUF, 1996. p. 251.

[49] FREUD. *A interpretação de sonhos (I)*, p. 248.

hospital, eu não preciso ir; e ele volta a dormir. A acomodação do sonho em favor da continuação do sono é resumida pela fórmula que se tornou célebre: "os sonhos são os guardiães do sono, e não seus elementos perturbadores".[50]

Freud faz do desejo de dormir uma função do eu [*moi*] que, juntamente à censura, constituem as duas contribuições do eu ao sonhar.[51] Em 1915, o sono é definido como uma "retração narcísica das posições da libido para a própria pessoa",[52] de acordo com o desejo de dormir. A oposição entre pulsões sexuais e pulsões do eu não é mais válida, pois o eu é suscetível, como todo objeto, de ser investido de energia sexual. Conforme o modelo dos vasos comunicantes, a libido circula doravante entre o eu e o objeto. O sono mostra um empobrecimento do investimento do mundo objetal externo, que perde todo interesse em benefício de uma concentração sobre o eu. Essa retirada narcísica própria ao estado de sono noturno suspende parcialmente o trabalho de manutenção das inibições. Esse relaxamento noturno permite que pensamentos denegados e recusados encontrem a ocasião de se exprimir.

Em "Complemento metapsicológico à teoria dos sonhos", o desejo de dormir aparece em primeiro plano. Toda a psicologia do sonho responde a uma condição maior: o estado de sono, portanto, "isso pode ter êxito apenas parcial, pois a parte reprimida do sistema *Ics* não acompanha o desejo de dormir".[53]

---

[50] FREUD. *A interpretação de sonhos (I)*, p. 248.

[51] A partir de 1915, é no ideal do eu – instância que observa o eu atual e o mensura ao ideal – que Freud reconhece o censor do sonho. Cf. FREUD, S. *Introdução ao narcisismo, ensaios de metapsicologia e outros textos (1914-1916)*. São Paulo: Companhia das Letras, 2010. (Obras Completas, 12).

[52] FREUD. *Introdução ao narcisismo, ensaios de metapsicologia e outros textos (1914-1916)*, p. 26.

[53] FREUD, S. Complemento metapsicológico à teoria dos sonhos (1917 [1915]). *In*: *Introdução ao narcisismo, ensaios de metapsicologia e outros*

O trabalho do sonho é, portanto, uma atividade destinada a preservar o sono. É a função eminentemente *utilitarista* do sonho, que Freud destaca em 1925: "há apenas uma função que pode ser atribuída ao sonho, e ela consiste em guardar da interrupção do sono. Um sonho pode ser descrito como uma fantasia a trabalhar em prol da manutenção do sono",[54] o sonho deve prevenir as perturbações do sono.

O sonho é, certamente, uma aspiração dita por metáfora, em que há produção de um novo sentido, e, nessa perspectiva, o sonho busca produzir algo mais. Mas a inclusão do desejo de dormir como condição de elaboração do sonho faz pensar que o sonho não passa de um meio de "eliminação"[55] das excitações que perturbam o sono, e é no cerne dessa atividade que ele acaba produzindo um novo sentido.

Serge Cottet[56] indica com muita pertinência que o papel de motor do desejo de dormir na formação do sonho contribuiu certamente para uma primeira dessacralização do sonho. Poderíamos pensar que o inconsciente se eclipsa com a ajuda do sono, quando, na realidade, "é para não despertar o inconsciente que o sujeito sonha".[57] No fundo, o desejo do sonho somente se realiza com a condição de satisfazer o desejo de dormir, e isso

---

textos (1914-1916). São Paulo: Companhia das Letras, 2010. p. 151-169. p. 156. (Obras Completas, 12).

[54] FREUD, S. Algumas notas adicionais sobre a interpretação de sonhos como um todo [1925]. *In*: *O ego e o id e outros trabalhos (1923-1925)*. Rio de Janeiro: Imago, 1969. p. 155-167. p. 159. (Edição Standard Brasileira das Obras Psicológicas Completas de Sigmund Freud, XIX).

[55] FREUD, S. A censura dos sonhos. Conferência IX. *In*: *Conferências introdutórias sobre psicanálise (Partes I e II) (1915-1916)*. Rio de Janeiro: Imago, 1969. p. 165-178. p. 165. (Edição Standard Brasileira das Obras Psicológicas Completas de Sigmund Freud, XV).

[56] COTTET, S. Les Limites de l'interprétation du rêve chez Freud. *La Cause Freudienne*, Paris, n. 32, p. 125-130, 1996.

[57] COTTET. Les Limites de l'interprétation du rêve chez Freud, p. 127.

graças ao adormecimento da pulsão, cada sonho bem-sucedido é uma realização do desejo de dormir.

No último texto em que trata da questão do sonho, Freud faz do sonho um compromisso com dupla função[58]: 1) conforme ao eu, ele elimina os estímulos que podem perturbar o sono, ele serve ao desejo de dormir; 2) graças ao eu que dorme, a pulsão recalcada pode encontrar uma satisfação por meio de uma realização alucinatória do desejo inconsciente. Esse processo é subordinado à censura, que sempre exerce a sua ação. Essa dupla função do sonho pode se resumir quando fazemos corresponder o compromisso entre o desejo inconsciente e o desejo de dormir ao compromisso existente entre o desejo e a censura.[59]

Uma vez estabelecidas as bases do sonhar e do dormir, podemos interrogar a relação entre o sonho, a vigília e o instante do despertar na obra de Freud. Haveria, para Freud, limites precisos entre esses três termos? É possível encontrar, na obra de Freud, marcas do postulado lacaniano segundo o qual se desperta para continuar a dormir?

---

[58] FREUD, S. Revisão da teoria dos sonhos. *In: Novas conferências introdutórias sobre psicanálise (1932-1936)*. Rio de Janeiro: Imago, 1969. p. 17-43. p. 31. (Edição Standard Brasileira das Obras Psicológicas Completas de Sigmund Freud, XXII).

[59] "A essa dobradiça entre desejo inconsciente e desejo de dormir corresponde o compromisso entre desejo e censura" (COTTET. Les Limites de l'interprétation du rêve chez Freud, p. 125).

Os limites incertos
entre o sonho e a vigília

Os *stimuli* sensoriais e a "representância"

Desde o início da sua obra sobre o sonho, Freud empreende um trabalho exaustivo de releitura da literatura científica em voga na época. Ele observa que, para a maioria dos autores, a tese é a seguinte: não teríamos sonhado se algo perturbador não tivesse se colocado em movimento no sono, e o sonho não é senão uma reação a essa perturbação. Por meio de uma série de observações recolhidas, os autores demonstram a coincidência entre um estímulo qualquer e o conteúdo do sonho.

Freud vai se servir de três sonhos de F. W. Hildebrandt[60] para afinar a sua própria posição: ele retoma três sonhos do autor nos quais a ocorrência do mesmo estímulo – a saber, o alarme do despertador – produz três sonhos de *conteúdos radicalmente diferentes*. Freud mostra a sua insatisfação quanto à teoria que associa mecanicamente o estímulo externo ao conteúdo do sonho.

---

[60] HILDEBRANDT, F. W. *Le Rêve et son utilisation pour la vie*, 1875. Referência fornecida por Freud em *A interpretação de sonhos (I)*, p. 29-30.

Freud traz dois termos que ajudam a compreender a sua posição: "*tentativa de interpretação*" e "*representância*": "Todo estímulo somático onírico, que exige que o aparelho mental adormecido o interprete pela construção de uma ilusão, pode dar origem a um número ilimitado de tais *tentativas de interpretação* – isto é, pode ser *representado* no conteúdo do sonho por uma imensa variedade de ideias".[61] Há, portanto, uma recusa em compreender o aparelho psíquico em termos de estímulo-resposta imediata e previsível. *Entre* a estimulação e a resposta intervém um processo cuja função é essa *tentativa de interpretação* que culmina numa *representância*. O limite, então, entre o mundo onírico e a realidade (*stimuli* diversos) não é claro nem preciso. Os *stimuli* não são a fonte do sonho, contudo, eles podem estar incluídos no conteúdo do sonho. A ação dos processos primários pode se apreendida na variedade de interpretações que um mesmo elemento da realidade externa pode receber.

A fantasia e o sonho diurno

Essa *tentativa de interpretação* que culmina numa *representância* pode ser ilustrada pelo exemplo do célebre sonho contado por Maury, sonho que levanta igualmente a questão da temporalidade e da fantasia. Professor do Collège de France e notório teórico do sonho e do sono, Maury conta que, doente e acamado, ele teve um sonho cujo tema era o Terror no tempo da Revolução. Ele testemunha cenas atrozes e, em seguida, encontra-se diante do tribunal. Ele se vê entre Robespierre, Marat, Fouquier-Tinville e outros heróis da época. Após seu julgamento, ele é levado ao local de execução. Ele sobe ao cadafalso, onde um carrasco o amarra. A lâmina da guilhotina cai, e Maury sente, nesse momento, sua cabeça

---

[61] FREUD. *A interpretação de sonhos (I)*, p. 237. Grifo nosso.

se separar do tronco; ele desperta num estado de angústia extrema. Ao sair do sono, Maury vê o baldaquino da cama caído, este último havia acabado de atingi-lo na altura da vértebra cervical.

Esse famoso sonho, objeto de discussões filosóficas na época, coloca uma questão: como o sonhador consegue comprimir todo o conteúdo épico de um longo sonho num curto lapso de tempo, isto é, entre a percepção (estímulo externo que produz o sonho) e o despertar efetivo? Nem o oculto nem o misterioso jamais fizeram Freud recuar. Ele propõe o conceito de *elaboração secundária* para explicar o estranho fenômeno do sonho de Maury.

A *censura* e a *elaboração secundária* são mecanismos próprios à formação do sonho, em que a modalidade do pensamento-vigília está muito presente. Isso mostra que a modalidade de pensamento do sonho não tem nenhuma exclusividade e que encontramos fortes semelhanças com o pensamento-vigília. A *censura*, instância psíquica que participa da formação do sonho, não tem apenas uma função de restrição ou omissão, ela também tem uma função de *interpolação*. Um exemplo típico de infiltração da instância crítica na formação do sonho é esse em que o sonhador se diz em sonho: "Isso é só um sonho!". Esse estranho fenômeno que ocorre no sonho é, para Freud, uma verdadeira crítica exercida sobre o conteúdo do sonho, tal como o sujeito poderia fazê-lo no estado de vigília. Freud vê aí um "precursor do despertar", essa frase é frequentemente precedida de "algum sentimento aflitivo que é posto em repouso pelo reconhecimento que o estado é de sonhar".[62] Esse é um recurso utilizado para dar prosseguimento ao sono. Esse mecanismo indica que a censura foi pega de surpresa e que, sendo já tarde demais para remanejar o material latente, ela corre o risco de interromper a cena do sonho, que se tornou insuportável para o sujeito.

---

[62] FREUD. *A interpretação de sonhos (II)*, p. 522.

A *elaboração secundária* tem a função de construir uma "fachada"[63] coerente, de tal forma que o conteúdo do sonho não se diferencie do conteúdo da vida de vigília. Quando Lacan aborda o conceito de elaboração secundária,[64] ele lhe dá um estatuto essencialmente imaginário. Ele isola o termo "secundário" para mostrar que se trata de fantasias e devaneios que são utilizados seja porque essas fantasias comportam elementos significantes (valor significante da imagem), seja porque ajudam na produção de uma imagem que não poderia se distinguir da vida de vigília.

Uma das possibilidades de reorganizar um material aparentemente caótico – aliás, a mais vantajosa do ponto de vista econômico – é construir essa fachada a partir de um material já pronto para ser utilizado: são os casos em que o conjunto do sonho não poderia se distinguir de uma fantasia ou de um devaneio.[65] Se essas fantasias são utilizadas no trabalho do sonho, é porque elas são também uma realização de desejo e seus conteúdos têm como fonte experiências infantis. Na tentativa de fazer um arranjo entre o desejo e a censura, o trabalho do sonho se serve de uma fantasia já pronta, em vez de compor uma imagem a partir do material dos pensamentos do sonho. No momento de examinar a relação entre sonho e fantasia, Freud sustenta que "também nossos sonhos noturnos nada mais são do que essas fantasias",[66] mas, tendo sofrido o crivo da censura, ressurgem deformados e desfigurados.

Voltemos, então, ao sonho de Maury. Como é possível que todo um romance sobre a Revolução possa ser formado no

---

[63] FREUD. *A interpretação de sonhos (II)*, p. 525.

[64] LACAN. A instância da letra no inconsciente ou a razão desde Freud, p. 516.

[65] Freud utiliza o termo "fantasia", mas, a fim de evitar qualquer mal-entendido, ele prefere a expressão "sonho diurno".

[66] FREUD, S. O poeta e o fantasiar [1908]. *In: Arte, literatura e os artistas.* Belo Horizonte: Autêntica, 2015. p. 38-46. p. 41. (Obras Incompletas de Sigmund Freud).

breve lapso de tempo entre estímulo externo – o baldaquino da cama que cai e o atinge na altura da vértebra cervical – e o despertar efetivo?

É pelo viés do processo de elaboração secundária que o enigma da temporalidade desse sonho é resolvido. O estímulo de despertar dá acesso a uma fantasia já construída. Surpreendido pelo estímulo externo, o sonhador não precisa percorrer todo o romance durante o seu sono. O estímulo não cria nada imediatamente, ele faz aflorar uma fantasia que só espera para ser despertada.

É fundamental observar que, para Freud, não se trata de um despertar para a realidade graças ao estímulo externo, mas de um *despertar para a fantasia*. O sujeito não desperta para nenhuma "realidade". Esse movimento mostra claramente o movimento próprio do aparelho psíquico: no momento em que a realidade (acontecimento imprevisto) se introduz violentamente no sonho, há um apelo a alguma coisa de ordem fantasmática. No breve lapso de tempo entre o estímulo externo (percepção) e a tomada de consciência, há um apelo à representação. É nesse *entre*, nesse *intervalo* entre a *percepção* e a *consciência*, que se toca no essencial do funcionamento dos processos primários.

Esse mecanismo foi representado no mundo artístico e inspirou Salvador Dalí em um de seus quadros, *Sueño causado por el vuelo de una abeja alrededor de una granada un segundo antes del despertar* (Sonho causado pelo voo de uma abelha em torno de uma romã um segundo antes do despertar). Nesse quadro, vemos Gala placidamente adormecida com o sonho que Dalí imagina ser aquele que provoca nela mesma o voo de uma abelha adormecida.

Sonho e pesadelo na psicose

Embora o sonho constitua uma "outra cena", com leis que lhe são próprias, Freud mostra igualmente que não há separação clara entre a atividade onírica e a realidade. Diversos conceitos oriundos da doutrina freudiana do sonho (tentativa de interpretação/representância/censura/elaboração secundária/fantasias) mostram uma infiltração do sonho na realidade, e vice-versa.

Para o sonhador, o momento do despertar produz uma demarcação: o sujeito se experimenta a um só tempo como sendo aquele que sonhou e como aquele que se representa como quem não está mais sonhando. O despertar funciona, portanto, ao mesmo tempo, como uma borda tópica e temporal: ele permite a separação entre a cena do sonho e a cena da realidade e produz igualmente um antes e um depois no tempo, "isso aconteceu". O despertar funciona, nesse caso, como um fenômeno que separa a cena do sonho e a realidade. Contudo, constata-se que na estrutura psicótica os limites entre o sonho e a vigília ou o delírio parecem às vezes confusos e incertos. Alguns exemplos nos permitirão ilustrar essa imprecisão dos limites e apontar as diferenças e variações que a clínica apresenta.

Freud: sonho e psicose

As estreitas relações entre o sonho e a psicose foram evocadas por Freud desde a *Traumdeutung*. Ali, ele estabelece duas espécies de limite:

1) Uma relação etiológica: ou um sonho representa um estado psicótico, ou ele o introduz, ou é uma sequela desse estado. Freud reconhece que frequentemente a primeira irrupção psicótica se manifesta no sonho de terror ou de angústia. A ideia predominante do delírio pode ser antecipada pelo conteúdo de um sonho e se desenvolver de maneira abrupta ou insidiosa.

2) Uma analogia ou parentesco fundamental entre o sonho e a psicose: nos dois há uma superestimação das operações mentais; ao rápido desenrolar das representações no sonho corresponde o fenômeno de fuga de ideias na psicose; a noção de tempo está ausente; à clivagem da personalidade

no sonho corresponde a divisão da personalidade na paranoia alucinatória.

Em 1907, em seu estudo sobre a *Gradiva*, de Jensen, Freud acredita ter encontrado no mecanismo do recalque a chave da afinidade entre o sonho e a psicose: "os sonhos e os delírios surgem de uma mesma fonte – do que é recalcado. Poderíamos dizer que os sonhos são os delírios fisiológicos das pessoas normais".[67] Se sonho e delírio são interligados, isso se dá na medida em que, para Freud, os sonhos são fenômenos a serem considerados como "modelos normais de afecções patológicas".[68] Essa comparação é uma constante até o fim de sua obra.[69]

Para além das analogias, uma diferença radical entre a esquizofrenia e o trabalho do sonho é destacada em 1927, em "Complemento metapsicológico à teoria dos sonhos". No sonho, encontramos pensamentos que são transpostos em imagem sensorial, processo chamado de "regressão tópica", ao passo que na esquizofrenia encontramos um processo similar de transformação, mas são as próprias palavras que se tornam um objeto do processo primário.

A modalidade de distanciamento da realidade marca ainda outra diferença entre o sonho e a psicose. Em 1932, Freud afirma que há, na psicose, duas maneiras de se afastar da realidade: ou o recalcado inconsciente é demasiadamente

---

[67] FREUD, S. Delírios e sonhos na *Gradiva* de Jensen (1907 [1906]). *In: Gradiva de Jensen e outros trabalhos (1906-1908)*. Rio de Janeiro: Imago, 1969. p. 13-98. p. 68. (Edição Standard Brasileira das Obras Psicológicas Completas de Sigmund Freud, IX).

[68] FREUD. Complemento metapsicológico à teoria dos sonhos, p. 152.

[69] "O sonho é, portanto, uma psicose, com todos os disparates, formações delirantes e confusões sensoriais que lhe são próprios. É, porém, uma psicose de curta duração" (FREUD, S. *Compêndio de psicanálise e outros escritos inacabados* [1940]. Belo Horizonte: Autêntica, 2014. p. 85. (Obras Incompletas de Sigmund Freud)).

forte, a ponto de destruir a conexão do sujeito com a realidade, ou a realidade é de tal forma insuportável que, num ato de revolta, o eu [*moi*] ameaçado se refugia totalmente no inconsciente pulsional. Por outro lado, "a inofensiva psicose onírica"[70] é o resultado de uma retirada consciente, desejada e temporária da realidade.

Da mesma forma, a frequente confusão entre sonho e delírio não constitui uma regra. Num artigo de 1922, relatório de dois casos de paranoia, Freud observa o contraste no comportamento de dois sonhos de sujeitos psicóticos. No primeiro caso, a persecução do paciente sob a forma de ciúme delirante nunca aparecia no conteúdo dos sonhos, "a paranoia não se introduz no sonho".[71] Contudo, é o segundo caso que leva Freud a relativizar esses postulados: trata-se de um paciente paranoico que, contrariamente ao primeiro, produzia muitos sonhos de perseguição, a ponto de ser preciso considerá-los como formações substitutivas das ideias delirantes.

Lacan não parece seguir Freud nessas aproximações entre sonho e psicose.[72] Ele se opõe firmemente à nota acrescentada por Freud, em 1914, na *Traumdeutung*, que cita Jackson, ao afirmar: "Descubra-se tudo sobre os sonhos e ter-se-á descoberto tudo sobre a loucura".[73] Para Lacan, ainda que analogias possam ser encontradas, não se pode considerar que o sonho seja a loucura, nem que os mecanismos próprios à loucura sejam aplicáveis aos processos oníricos.

---

[70] FREUD. Revisão da teoria dos sonhos, p. 28.

[71] FREUD, S. Sobre alguns mecanismos neuróticos no ciúme, na paranoia e na homossexualidade [1922]. *In*: *Neurose, psicose, perversão*. Belo Horizonte: Autêntica, 2016. p. 193-207. p. 198. (Obras Incompletas de Sigmund Freud).

[72] Cf. LACAN, J. *O seminário, livro 2: O eu na teoria de Freud e na técnica da psicanálise* [1954-1955]. Rio de Janeiro: Zahar, 1985. p. 152.

[73] FREUD. *A interpretação de sonhos (II)*, p. 606.

Os limites difusos entre sonho e delírio: Schreber, Nerval, o "Homem dos Lobos"

Diversas situações trazem a questão de um apagamento dos limites entre o sonho e a vigília, como é o caso das "alucinações hipnopômpicas" e das "alucinações hipnagógicas". Esses dois termos são empregados para designar um fenômeno que se produz no espaço entre o sonho e a vigília. Ainda que o termo "alucinação" seja empregado, seria mais exato incluí-lo na categoria das "alucinoses", ou seja, fenômenos de curta duração, com um caráter paroxístico da perturbação da consciência e uma integridade do psiquismo entre esses paroxismos.[74] Esses fenômenos podem se apresentar em qualquer pessoa, sem que isso constitua um sinal de patologia mental. Baillarger[75] afirma que a fase intermediária entre a vigília e o sono constitui uma região da vida psíquica em que, na consciência que adormece, explodem visões do quase-sono ou das falsas percepções auditivo-verbais. Leroy observa que as alucinações hipnagógicas da audição têm frequentemente um caráter musical ou verbal. Maury afirmava que durante o seu adormecimento ele sempre ouvia o próprio nome.[76] Henri Ey conclui dizendo que não é raro que aquele que adormece ouça ser interpelado, como se essa retirada do mundo que constitui o sono deixasse, às vezes, ecos do mundo externo se infiltrarem. O eco da leitura ou do pensamento, a audição do próprio pensamento ou a visualização da ideação chegam com uma forte intensidade.

---

[74] EY, H. *Neurologie et psychiatrie*. En collaboration avec Julien de Ajuriaguerra et Henri Hécaen. Paris: Hermann, 1998. p. 49.

[75] Nomeado médico-chefe do serviço dos alienados da Salpêtrière, em 1840, e cofundador dos *Annales Médico-Psychologiques*.

[76] Cf. EY, H. *Traité des hallucinations*. Paris: Masson et Cie Éditeurs, 1973. t. I. p. 174.

As alucinações hipnagógicas sobrevêm ao deitar ou durante um adormecimento diurno. As alucinações são visuais ou auditivas, correspondem frequentemente aos acontecimentos do dia que passou e são normalmente acompanhadas de sensações de gravitação, queda livre, flutuação. Elas terminam com o adormecimento ou com um sobressalto e não são angustiantes. As alucinações hipnopômpicas correspondem à intrusão do conteúdo de um sonho no momento do despertar, com um breve período de desorientação. Em seu *Tratado das alucinações*, H. Ey afirma que se trata de fenômenos presentes na maioria dos homens e que "não deixam de trair, no homem normal, sua vulnerabilidade alucinatória".[77]

No contexto das relações entre o sonho e a psicose, dois fenômenos devem ser destacados: para o sujeito psicótico, a fronteira entre o seu sonho e a realidade de seu delírio é tão imprecisa que vários psiquiatras confirmaram a influência do sonho no desencadeamento psicótico. Da mesma forma, encontramos de maneira muito frequente nos sonhos o mesmo conteúdo exprimido mais tarde durante o desencadeamento de um delírio.

O fenômeno das alucinações hipnopômpicas e hipnagógicas que acabamos de descrever pode acontecer no sujeito psicótico. Isso pode ser brevemente ilustrado pelo caso Schreber. Essa descrição corresponde às primeiras manifestações da segunda doença do presidente Schreber. Uma primeira hospitalização aconteceu em 1884, e a doença foi completamente curada em 1885. Schreber retomou suas funções de juiz presidente do *Landgericht* (Tribunal de Jurisdição Inferior) de Leipzig. Após oito anos de felicidade conjugal e satisfações profissionais, o ministro da Justiça o nomeou à presidência da câmara no Tribunal de Apelação do Land de Dresden. A primeira manifestação psicótica ocorrida após a nomeação

---

[77] EY. *Traité des hallucinations*, p. 173.

corresponde justamente ao aparecimento de um fenômeno no espaço entre o sono e a vigília.

Nessa descrição, dois momentos devem ser distinguidos: um primeiro período, em que assistimos a uma espécie de antecipação onírica, como se os sonhos fossem mais rápidos que o sonhador e anunciassem o aparecimento do novo desencadeamento psicótico. No sonho, ele já se vê doente, mas, até aqui, o momento do despertar funciona como *limite* para a angústia produzida pelo conteúdo do sonho: ao despertar, ele ainda pode dizer a si mesmo que "todo sonho é uma mentira" e se sentir "feliz", visto que "isso não passava de um sonho". O segundo momento tem um caráter pontual e de acontecimento: sob a forma de uma alucinação hipnopômpica ("eu já não sei se estava quase dormindo ou se já estava acordado"), o sujeito se confronta com a seguinte ideia: *deve ser uma coisa singularmente bela ser uma mulher no coito*. Uma vez desperto, essa ideia que se impõe a ele no espaço entre o sonho e o despertar perturba o sujeito de tal forma que os recursos anteriores que vieram separar e anular as ideias mórbidas sobrevindas durante o sonho não operam mais. O fenômeno hipnopômpico que ocasionou a ideia: "ser uma mulher no coito" não pode mais ser apagado pelo retorno à realidade e se torna um elemento constitutivo do delírio que traz uma certeza: o sujeito vê aí uma possível "relação com uma conexão dos nervos divinos com a sua pessoa" ou ainda "não quero afastar a possibilidade de que alguma influência externa tenha agido para me impor essa representação".[78]

É importante observar que, no comentário de Lacan no seminário sobre *As psicoses*, esse fenômeno hipnopômpico tem, por um lado, estatuto de fantasia, e, por outro, ele condensa o que vai se desenvolver mais tarde sob a forma de "ser a mulher de deus": "Entre o primeiro acesso do psicótico, fase dita não

---

[78] SCHREBER, D.-P. *Mémoires d'un névropathe*. Paris: Le Seuil, 1975. p. 46. (Essais).

sem fundamento pré-psicótica, e o estabelecimento progressivo da fase psicótica, no auge de estabilização na qual escreveu sua obra, ele teve uma fantasia que se exprime com estas palavras: *como seria uma coisa bela ser uma mulher sendo copulada* [...] O pensamento do início nos parece legitimamente como a entrevisão do tema final".[79] No exemplo escolhido do caso Schreber, trata-se muito mais de uma frase imposta que faz as vezes de fantasia; por esse viés, ele obtém uma versão delirante do laço sexual em que o Outro divino goza de seu corpo.[80]

H. Ey lembra a grande frequência desses episódios oníricos que sobrevêm durante os delírios a partir dos quais o delírio se enriquece ou se torna consistente. Ele enfatiza igualmente que Bleuler, Lacan e ele mesmo sempre foram sensíveis aos momentos fecundos do delírio, momento em que a psicose ou se condensa, isto é, organiza-se, ou encontra a sua origem. Ele dá o exemplo de um paciente que desencadeia um delírio interpretativo de ciúmes a partir de um sonho intenso e vivaz no qual ele via sua mulher com um amante.

Jean-Daniel Matet cita o exemplo de uma jovem paciente que lhe fala de um desentendimento com o marido. Dois fenômenos ocorridos durante a primeira entrevista não deixam dúvidas quanto ao diagnóstico de psicose: o analista era suposto saber previamente o que acontecia com ela, e o pedido de explicação por parte do analista era o sinal de uma zombaria endereçada a ela. Por outro lado, o analista observa atitudes de escuta que mostravam claramente os fenômenos alucinatórios dos quais ela era objeto. Ela admite muito rapidamente seu desejo de se divorciar e sua atração por uma janela de seu apartamento. Dessa janela ela podia ver um jovem, filho

---

[79] LACAN, J. *O seminário, livro 3: As psicoses* [1955-1956]. Rio de Janeiro: Zahar, 1985. p. 76-77.

[80] DESSAL, G. Le Livre des instructions trompeuses: histoire d'une psychose extraordinaire. *La Cause Freudienne*, Paris, n. 73, 2009. p. 59.

de um colega de seu marido, de cujo amor ela estava certa. Essa confissão erotomaníaca leva a paciente a falar de seu primeiro namorado, que ela deixou após ter tido um sonho. No sonho, esse namorado estava com outra jovem morena e seus pais. Ela acrescenta ao relato: "Está realizado". J.-D. Matet observa o estatuto desse sonho em que "a entrada em cena imaginária da Outra mulher dá consistência à sua certeza. [...] Para essa paciente psicótica, isso se realiza sem que ela fique estupefata ou confusa".[81] J.-D. Matet acrescenta ainda o exemplo de uma paciente insone que sonhava regularmente que seu irmão morto a tomava pelo braço e lhe dizia: "Levanta!", o que ela fazia imediatamente. No primeiro caso, o conteúdo de um sonho vem confirmar e dar consistência a uma certeza delirante, a paciente age como se o sonho estivesse em perfeita continuidade com a realidade, como se o que ela sonhasse fosse a realidade do seu delírio. Como para a segunda paciente a ordem do sonho corresponde a sua ação, sonho e realidade estão amalgamados, fusionados, confundidos.

É no texto *Aurélia* que Gérard de Nerval (1808-1855) ilustra esse embaralhamento de fronteiras entre o sonho e a vigília. A partir de 1841, Nerval passa a ter fortes e repetitivas crises de loucura. Ele foi hospitalizado várias vezes na clínica do Dr. Blanche. Suas permanências na clínica são escandidas por inúmeras viagens e por sua atividade de escritor. Considerado incurável pela medicina, a genialidade de Nerval vai se desenvolver na escrita. Na época, os médicos estavam longe de encorajar Nerval a escrever, eles viam nisso um risco de proliferação das ideias delirantes. Blanche não acreditava na terapêutica pela escrita e nunca aconselhou Nerval a colocar no papel os seus sonhos ou visões.

---

[81] MATET, J.-D. Le Psychotique n'est pas un rêveur. *Actes de l'École de la Cause Freudienne*: L'Expérience Psychanalytique des Psychoses, Paris, n. 13, 1987. p. 151.

Ainda que Nerval possa ter escrito sobre a loucura em geral, é somente em *Aurélia* que ele rompe com essa prudência e conta a sua doença. Em 1834, Nerval encontra a atriz e cantora Jenny Colon, por quem se apaixona sem sucesso. Desesperado com o casamento de Jenny, em 1838, Nerval conserva dela uma imagem ideal e tenta encontrar um consolo nas viagens. Em 1842, ele fica sabendo da morte de Jenny Colon. A partir de então, a lembrança da morte vai lhe aparecer em visões e sonhos que ele relata em *Aurélia*.

"Aqui começou para mim o que chamarei de *transbordamento do sonho na vida real*".[82] Ele dá testemunho de um povoamento progressivo da vigília por um mundo de espíritos dos quais ele é a presa toda as noites: "Com essa ideia que fiz do sonho como aquilo que abre ao homem uma comunicação com o mundo dos espíritos, eu esperava, eu esperava sempre ainda!".[83] Pela leitura de *Aurélia*, podemos perceber o sofrimento experimentado por Nerval. A força que o atrai para os sonhos e as visões não tem o objetivo de buscar uma revelação, "Nerval luta contra isso que o atrai, e não se deve ler aí nenhuma espécie de revelação".[84] Seu sofrimento é extremo, e o aspecto patético e dramático da experiência é evidente. Todo seu esforço consiste em permanecer lúcido no próprio cerne da loucura, a fim de resistir a algo profundamente destrutivo. Esse trabalho de escrita reponde, antes, a um esforço para se ancorar no mundo real, para não ser completamente absorvido pela loucura.

Doravante, invadida pelas visões noturnas, a realidade torna-se insignificante e confusa: "As visões que se sucediam

---

[82] NERVAL, G. *Aurélia ou le rêve et la vie. In: Aurélia (précédé des Illuminés et de Pandora)*. Paris: Le Livre de Poche, 1999. p. 418. Grifo nosso.

[83] NERVAL. *Aurélia ou le rêve et la vie*, p. 453.

[84] PACHET, P. "La Vie est un songe". Émission du 26 déc. 2008. Les nouveaux chemins de la connaissance, par R. Enthoven, France Culture, 2008.

durante o meu sono haviam me reduzido a tal desespero que eu quase não podia falar; a sociedade de meus amigos não me inspirava senão uma vaga distração; inteiramente ocupado com essas ilusões, meu espírito se recusava a qualquer concepção diferente".[85] O próprio texto descreve o dito *transbordamento*, de tal forma que o leitor, assim como o escritor, não saberia distinguir claramente o que procede do sonho noturno, das visões alucinadas ou da experiência real: "Mas qual era, então, essa voz que acabava de ressoar tão dolorosamente na noite? Ela não pertencia ao sonho; era a voz de uma pessoa viva e, no entanto, era, para mim, a voz e o sotaque de Aurélia. Abri a janela; tudo estava tranquilo, e o grito não mais se repetiu. Procurei me informar lá fora, ninguém tinha ouvido nada. – Contudo, ainda estou certo de que o grito era real".[86]

Sobre isso, Pierre Pachet diz, com pertinência, que o que *Aurélia* nos ensina "é que não há sonho para nós, a não ser que um despertar nos separe dele".[87] Na frase que pronunciamos ao acordar: "eu sonhei" ou "eu dormi", esse "eu" [*je*] vem se colocar no lugar mesmo onde a consciência estava disjunta. O autor vê nessas asserções uma espécie de *cicatrização*: "Se posso coincidir novamente comigo mesmo, é deixando se afastar da minha identidade-vigília essas imagens que, no entanto, também têm o direito de portar meu nome".[88]

Entendemos essa "cicatrização" como sendo uma operação de separação que tem uma função de defesa diante do real encontrado no sonho. No caso de Nerval, esse real, por exemplo, esse grito que ele atribui imediatamente ao espírito de Aurélia, invade a realidade e apaga toda oposição entre os

---

[85] NERVAL. *Aurélia ou le rêve et la vie*, p. 456.

[86] NERVAL. *Aurélia ou le rêve et la vie*, p. 444.

[87] PACHET, P. *La Force de dormir*. Paris: Gallimard, 1988. p. 55.

[88] PACHET. *La Force de dormir*, p. 59.

vivos e os mortos. Parece que, na descrição que faz Nerval, ao embaralhamento entre sonho e vigília se acrescenta uma confusão entre o registro da vida e da morte.

O conteúdo de um sonho pode indicar claramente elementos próprios a um delírio de perseguição em um paciente. Por exemplo, os sonhos do "Homem dos Lobos", sobretudo aqueles que aconteceram durante a sua segunda análise, podem ser relidos à luz desse postulado.

Após a análise com Freud (1910 e 1914) houve uma segunda análise com Ruth Mack Brunswick, que durou cinco meses (de outubro de 1926 a fevereiro de 1927). É nessa segunda análise que vemos surgirem nesse paciente sonhos de lobos já presentes em sua infância.

O "Homem dos Lobos" apresentava um sintoma de dismorfofobia[89] localizado no nível do nariz e acompanhado de um "signo do espelho",[90] o que o levou a retomar a sua análise. Durante esse segundo período, um delírio de perseguição vai claramente se manifestar.

Desde o início desse segundo tratamento, assistimos a um ressurgimento dos sonhos dos lobos. Segundo a interpretação de Freud, o paciente interpreta esse reaparecimento dos lobos como a confirmação de que a fonte desses sintomas provém da sua relação com seu pai. Ruth Mack Brunswick prefere interpretar esses sonhos a partir da transferência analítica. Ela vê na expressão de contentamento do paciente em ser analisado por uma mulher uma tentativa de escapar do pai e também da transferência

---

[89] Ruth Mack Brunswick o qualifica de "ideia fixa hipocondríaca" (BRUNSWICK, R.-M. Supplément à "Extrait de l'histoire d'une névrose infantile" de Freud [1928]. *In*: GARDINER, M. (org.). *L'Homme aux loups par ses psychanalystes et par lui-même*. Paris: Gallimard, 1981. p. 268-316. p. 269).

[90] O signo do espelho é uma perturbação esquizofrênica que se traduz por uma alienação da imagem especular. Essa noção foi introduzida pela escola francesa (T. Abely e A. Delmas) no final dos anos 1920.

homossexual. No mesmo sentido, Ruth Mack Brunswick lembra que o sonho infantil continha uma *atitude passiva* em relação ao pai cuja fonte era uma identificação com a mãe realizada no coito.

Essa atitude sexualmente passiva torna-se o principal eixo de leitura dessa segunda análise. Por exemplo, a compulsão do paciente em olhar seu nariz no espelho é considerada pela analista como um "costume feminino".[91] Essa mesma lógica de redirecionamento da sexualidade do paciente em direção à mulher leva Mack Brunswick a "destruir por todos os meios a ideia do paciente de que ele era o filho preferido de Freud".[92]

A essa última intervenção respondem três sonhos que exprimem de maneira consecutiva, segundo a analista, a castração do pai, a identificação do paciente com a castração paterna e a própria castração do paciente. Esse caminho termina num sonho muito angustiante. A perseguição[93] do paciente, até então relativamente atenuada, surge num sonho em que lobos o ameaçam atrás de um muro.[94] A significação principal desse sonho é claramente, para a analista, a perseguição do paciente: os lobos (pai e médicos) tentam atingi-lo e destruí-lo. Após a intervenção da analista e do sonho que se seguiu, assistimos ao desencadeamento da sua psicose, que comporta elementos francamente persecutórios: ele denuncia o fato de ter sido, desde sempre, maltratado e abusado pelo corpo médico, o próprio Freud o teria tratado com hostilidade, ele compara sem cessar seu sofrimento com a Paixão

---

[91] BRUNSWICK. Supplément à "Extrait de l'histoire d'une névrose infantile" de Freud, p. 286.

[92] BRUNSWICK. Supplément à "Extrait de l'histoire d'une névrose infantile" de Freud, p. 289.

[93] Até então, Mack Brunswick havia localizado um "traço reivindicativo paranoico", que tinha como principal objeto o professor X, um célebre dermatologista vienense que tratou o nariz do "Homem dos Lobos".

[94] BRUNSWICK. Supplément à "Extrait de l'histoire d'une névrose infantile" de Freud, p. 293-294.

do Cristo, submetido a um Deus cruel, a dismorfofobia de seu nariz e o "signo do espelho" se acentuam, e a incoerência do seu discurso é patente. "Ele estava malvestido, parecia extenuado [...]. Durante suas horas de análise ele falava como um louco, abandonando-se sem freios às suas fantasias, tendo perdido todo contato com a realidade. Ele ameaçava matar Freud e a mim."[95]

A analista chega, então, a duas conclusões clínicas muito interessantes: 1) "Agora que as ideias de grandeza do paciente tinham sido destruídas, seu delírio de perseguição apareceu em sua integralidade. Ele era mais difuso do que apenas o sintoma hipocondríaco poderia fazer crer"; 2) "Compreendi, então, a que ponto a megalomania tinha sido para ele uma necessidade e uma proteção".[96] Observemos que, sob uma forma bem mais atenuada, o sonho infantil dos lobos já continha um material altamente persecutório. Aliás, o paciente conta, quando adulto, que o sonho infantil dos lobos tinha ocasionado nele uma dificuldade de sustentar o olhar. Todas as vezes que era olhado fixamente ou se sentia observado, ele replicava com gritos e cólera: *"por que você me olha assim?"*.[97] Lacan, ao comparar o olhar dos lobos com a imagem da garganta de Irma, no sonho de Freud, indica que nesse sonho estamos "diante da aproximação do real derradeiro".[98] Assim, o sonho dos lobos que ameaçam por trás do muro parece ser uma resposta a essa tentativa de ruptura da transferência positiva em relação a Freud que não deveria ter sido abalada. Esse

---

[95] BRUNSWICK. Supplément à "Extrait de l'histoire d'une névrose infantile" de Freud, p. 295.

[96] BRUNSWICK. Supplément à "Extrait de l'histoire d'une névrose infantile" de Freud, p. 295.

[97] BRUNSWICK. Supplément à "Extrait de l'histoire d'une névrose infantile" de Freud, p. 294.

[98] LACAN. *O seminário, livro 2: O eu na teoria de Freud e na técnica da psicanálise*, p. 212.

muro é, portanto, a última fortaleza, tal como um escudo que protege da iminência da perseguição que não se representa, mas que está presente no olhar fixo dos lobos.[99]

À luz desses exemplos clínicos, podemos interrogar novamente a célebre fórmula de Lacan segundo a qual "desperta-se somente para continuar a dormir": isso se aplica ao sujeito psicótico confrontado com esse tipo de fenômenos? Sim e não. Essa fórmula lacaniana remete, sobretudo, à clínica da neurose, visto que ela sugere que, quando o sujeito se confronta, num sonho, com um real insuportável (em que ele também se encontra diante de um ponto de forclusão simbólica), o mecanismo de despertar que intervém permite um retorno à realidade. Mas é preciso saber que se trata de um retorno a uma realidade sempre interpretada e emoldurada pela fantasia, que vai imediatamente dar uma significação ao encontro angustiante, o que explica a equivalência feita entre sonho e fantasia. Desse ponto de vista, podemos dizer que essa fórmula lacaniana não funciona para o sujeito psicótico, que é confrontado, no sonho, com um real que nenhuma significação fantasmática pode emoldurar.

O neurótico, certamente, não desperta senão para continuar a sonhar, a sonhar na fantasia e na representação, o próprio tecido de toda realidade. O despertar funciona, portanto, como um limiar que separa duas cenas. No caso do sujeito psicótico, o sujeito pode às vezes realizar diretamente na realidade o

---

[99] A partir da diferença, nos sonhos, entre representação e apresentação, Colette Soler relê o sonho infantil do "Homem dos Lobos". Ela explica que o trabalho de condensação busca metaforizar a castração. O sonho dos lobos, por outro lado, não chega a metaforizar o gozo escópico do sujeito, que não é metaforizado nem deslocado. Esse ponto fixo não é, como no caso do umbigo do sonho, algo que assinalaria uma falta ou uma negatividade, mas, ao contrário, esse olhar é uma pura presença. Cf. SOLER, C. Sur le rêve. *Actes de l'École de la Cause Freudienne*: De l'Inconscient au ça: Incidences Cliniques, Paris, n. 7, oct. 1984. p. 84.

conteúdo de um sonho. O despertar não opera separando o sonho da realidade, *o despertar não funciona como fuga diante do horror encontrado*. O conteúdo do sonho segue, de maneira contínua, o material delirante, podendo às vezes se resolver numa passagem ao ato.

Mas, de outro ponto de vista, podemos fazer valer essa fórmula na psicose e sustentar que, para certos sujeitos psicóticos, "não se desperta senão para continuar a sonhar". Na ausência da fantasia, é o delírio que se apresenta. A interpretação delirante que vemos surgir logo após o despertar vem justificar o real encontrado.

A problemática do despertar onírico. A doutrina do real no sonho

Os sonhos de angústia: um obstáculo aparente

Por que distinguimos um obstáculo *aparente* de um *definitivo*? Antes da descoberta do além do princípio de prazer, o despertar onírico se apresentava sob a forma clínica dos sonhos de angústia. Veremos como esses sonhos que se apresentam como um *obstáculo* à teoria da realização de desejo acabam sendo reabsorvidos por esta última. Freud faz desses sonhos uma "complicação" à teoria sobre o sonho, e não uma exceção. Os sonhos específicos da neurose traumática e a descoberta do além do princípio de prazer, que lhes é concomitante, mostram os limites do princípio de prazer como única tendência psíquica. O obstáculo que faz exceção à generalização da realização de desejo é, nesse caso, definitivo.

A novidade da tese sobre os sonhos repousa sobre uma generalização: num primeiro tempo, Freud faz de todos os sonhos uma realização disfarçada de um desejo. A constituição da doutrina do sonho necessita do estabelecimento de postulados gerais. Essa generalização provocou as maiores resistências e oposições. Primeiramente, os sonhos de conteúdo desagradável e os sonhos de angústia foram utilizados como o contraexemplo que invalidava a tese geral. Isso porque os detratores da teoria freudiana do sonho partiam da suposição de que a presença de um conteúdo desagradável num sonho podia invalidar a tese da realização de desejo.

A deformação no sonho, os mecanismos próprios ao trabalho do sonho e a não unidade do aparelho psíquico vieram explicar o aparecimento dos conteúdos desagradáveis sem nenhuma modificação quanto à generalização da tese do sonho. Em segundo lugar, certos sonhos de angústia acabam produzindo uma interrupção do sono. O despertar onírico vem colocar novamente em questão o desejo de dormir como desejo fundamental de todo sonho.

◢ Os sonhos de angústia no campo do desprazer

O desprazer nos sonhos foi o primeiro afeto a questionar a tese da realização de desejo. O desprazer é o elemento comum a três tipos de sonho: o sonho desagradável, o sonho de contradesejo e o sonho de angústia. Freud demonstra muito rapidamente – com a ajuda, por exemplo, da análise do sonho da "Bela Açougueira" – que o desprazer experimentado pelo sujeito nesses sonhos não difere do afeto de repugnância experimentado pelo sujeito na vida cotidiana diante de alguns assuntos. Trata-se, para Freud, de uma fonte essencialmente *moral* do desprazer. A presença do desprazer não exclui a existência de um desejo, exceto quando este último é um desejo inconfessável para o próprio sujeito. Os quatro pontos que se seguem resumem as explicações do desprazer onírico:

1) *Conflito entre sistemas*: que um sonho apresente um conteúdo (manifesto) contrário a uma realização de desejo não é uma exceção. O que aparece como desagradável para um sistema psíquico não o é para o outro.[100] O postulado de dois

---

[100] Freud fala indistintamente de cisão entre o "inconsciente" e o "consciente", ou entre o "recalcado" e o "eu". Cf. FREUD. *A interpretação de sonhos (II)*, p. 594.

sistemas diferenciados permite situar o surgimento do desprazer, mas também da angústia: "a análise pode demonstrar que esses sonhos desagradáveis são realizações de desejos tanto quanto os outros".[101] Dois sistemas se separam: no primeiro há o impulso de um desejo que busca a sua expressão, enquanto o outro sistema impede essa expressão por meio da censura. A censura e a deformação são dois cúmplices da encenação onírica, elas estabelecem suas prerrogativas com vistas a uma admissão na consciência. O conflito entre sistemas se torna a *normalidade* para todo sujeito.[102]

2) *Divisão entre afetos e representação*: a segunda explicação do desprazer nos sonhos encontra o modelo já elaborado no contexto dos sintomas neuróticos: a separação entre a representação e o afeto. O mecanismo de recalcamento atinge a representação, ao passo que o afeto é deslocado, não há afeto recalcado. Pode haver uma discordância entre a representação que o sonhador vê aparecer e o afeto que a acompanha. Duas possibilidades se apresentam: ou se está diante de conteúdos representativos que normalmente desenvolvem um afeto intenso (que não acontece no sonho) ou se está diante de uma grande intensidade de afetos que não se justifica pela representação que apareceu.

3) *A transferência*: o aparecimento do desprazer em um sonho pode ser uma resposta à transferência analítica. Durante o tratamento, Freud comunica a alguns de seus pacientes a teoria do sonho como sendo uma realização de desejo. Freud percebe, então, o aparecimento de sonhos de não realização, sonhos que vêm, na transferência, realizar um desejo em que o analista está incluído: que Freud esteja enganado. Lembremos rapidamente

---

[101] FREUD. *A interpretação de sonhos (II)*, p. 593.

[102] "De fato, o sonho de angústia enfatiza que a *esquize*, longe de ser patológica, é inerente à estrutura do sujeito" (MALEVAL, J.-C.; SAUVAGNAT, F. Des rêves d'angoisse aux déliriums névrotiques. *Frénésie, Histoire, Psychiatrie, Psychanalyse*, Paris, n. 3, 1987. p. 84).

o célebre sonho da "Bela Açougueira", em que Freud observa que um dos desejos que esse sonho realiza é a oposição à teoria geral dos sonhos.[103]

4) *A tese do masoquismo*: para concluir, o sentimento desagradável experimentado nos sonhos de contradesejo e de desprazer seria a satisfação de uma inclinação masoquista.

Os sonhos de angústia e a interrupção do sono

Abordar os sonhos de angústia unicamente a partir do desprazer não permite explicar a interrupção do sono. É preciso distinguir um sonho que produz desprazer de um conteúdo no sonho que produz uma interrupção do sono, porque, neste último caso, o sonho vai contra o desejo de dormir. Em vários momentos, Freud sustenta que o sonho de angústia é um problema de angústia, e não um problema próprio aos sonhos. Vinte e cinco anos após a *Interpretação de sonhos*, depois, portanto, da descoberta de um além do princípio de prazer, ainda podemos ler: "não é de se esperar que a explicação dos sonhos de angústia seja encontrada na teoria dos sonhos. A angústia é mais propriamente um problema da neurose".[104]

Em 1894, Freud envia a Fließ o "Rascunho E",[105] no qual tenta responder à questão: "como nasce a angústia?". A angústia vem no lugar de uma falha na elaboração psíquica da tensão sexual. Falha que se deve seja a um "desenvolvimento imperfeito" da sexualidade, seja a uma "tentativa de repressão".

---

[103] FREUD. *A interpretação de sonhos (I)*, p. 168.

[104] FREUD. Algumas notas adicionais sobre a interpretação de sonhos como um todo, p. 169.

[105] FREUD, S. Como se origina a ansiedade. Rascunho E [s.d.]. *In*: *Publicações pré-psicanalíticas e esboços inéditos (1886-1889)*. Rio de Janeiro: Imago, 1969. p. 261-269. p. 261. (Edição Standard Brasileira das Obras Psicológicas Completas de Sigmund Freud, I).

Entre 1895 e 1898, Freud publica alguns artigos na *Revue Neurologique*[106] nos quais a etiologia sexual das doenças psíquicas é claramente estabelecida, "assim, em todo caso de neurose há uma etiologia sexual".[107]

Duas grandes oposições se destacam em 1898: as neurastenias (em que a etiologia sexual é atual) e as psiconeuroses (em que os fatores são de natureza infantil). A partir da sintomatologia da neurastenia, uma segunda distinção intervém: entre a neurastenia e a neurose de angústia. Nos dois casos, o sintoma nuclear é a angústia. Na neurastenia haveria um *plus* de excitação sexual somática (masturbação compulsiva, poluções acumuladas), por outro lado, na neurose de angústia, é um *menos*, uma retenção (*coitus interruptus*, abstinência) que produziria um acúmulo de excitação, e é a insuficiente satisfação sem desvio psíquico que se libera sob a forma de angústia.

Nas neuroses de angústia, há uma falha na elaboração psíquica da excitação sexual somática que se libera como angústia. Se a angústia neurótica tem uma fonte sexual, os sonhos de angústia são também suscetíveis de ser analisados a fim de evidenciarem o material sexual contido nos pensamentos inconscientes.

Mais além do problema geral da angústia, Freud distingue, em 1916,[108] três tipos de "complicações" próprias ao sonho de angústia:

---

[106] FREUD, S. *Primeiras publicações psicanalíticas (1893-1899)*. Rio de Janeiro: Imago, 1969. (Edição Standard Brasileira das Obras Psicológicas Completas de Sigmund Freud, III).

[107] FREUD, S. A sexualidade na etiologia das neuroses [1898]. *In*: *Primeiras publicações psicanalíticas (1893-1899)*. Rio de Janeiro: Imago, 1969. p. 287-312. p. 294. (Edição Standard Brasileira das Obras Psicológicas Completas de Sigmund Freud, III).

[108] FREUD, S. Realização de desejo. Conferência XV. *In*: *Conferências introdutórias sobre psicanálise (Partes I e II) (1915-1916)*. Rio de Janeiro:

A) O trabalho do sonho não chega a deformar completamente os pensamentos latentes do sonho. Então, no conteúdo manifesto aparece um afeto muito desagradável. Para o trabalho do sonho, é muito mais simples modificar as representações (metáfora) que os afetos (deslizamento metonímico). É o caso em que o sonho mostra um conteúdo inofensivo acompanhado de intensa carga de afeto desagradável.

B) A realização de desejo como tese geral do sonho mostra que essa realização não é uma causa de prazer. A que corresponde o prazer obtido?, pergunta-se Freud. A relação do sujeito com seus desejos não é simples: ele os rejeita, reprime-os, censura-os. Uma realização desses desejos não é sentida na ordem do prazer, mas na do desprazer.[109]

C) Acontece de o sonho de angústia não passar de uma realização *não* deformada de um desejo interdito. A angústia experimentada mostra bem que esse desejo inadmissível, porque interdito, foi mais forte que a tarefa da censura. A extrema angústia experimentada vem no lugar da censura na medida em que esta última falha em suas funções. A angústia veio no lugar da censura. A angústia vem no lugar da deformação que não aconteceu. A angústia protege aquele que dorme de um desejo interdito que não verá a luz do dia.[110]

Estabelecer a diferença entre o desejo de dormir como uma função do eu [*moi*] e o desejo inconsciente esclarece uma interrogação: a censura é a responsável pela interrupção do sono, uma vez que ela se torna impotente frente ao desejo. Na ausência de deformação, o último recurso da censura é a interrupção do sonho e do sono.

Imago, 1969. p. 255-271. (Edição Standard Brasileira das Obras Psicológicas Completas de Sigmund Freud, XV).

[109] Cf. FREUD. *Compêndio de psicanálise e outros escritos inacabados*, p. 69-81.

[110] Cf. FREUD. Realização de desejo. Conferência XV, p. 258.

O despertar onírico realiza uma função de evitamento. A interrupção do sono nos sonhos de angústia evita que um desejo recalcado se presentifique. Na melhor das hipóteses, e quando esse despertar se produz sob transferência, ele produz um enigma que faz apelo à interpretação.

Essa problemática nos leva ao cerne do paradoxo do sonho que interrompe o sono, pois, se o desejo inconsciente necessita do desejo de dormir para se abrir um caminho, a que se deve essa "traição"?

O sonho é uma *formação de compromisso* que pode realizar o desejo de dois sistemas simultaneamente. Freud acrescenta uma condição: é preciso que esses dois desejos sejam *compatíveis* um com o outro.[111] Ora, essa condição se torna quase impossível, considerando que se trata de um material inconsciente que sofreu um recalque, não há submissão total de um sistema a outro. Após ter estabelecido o conflito entre sistemas como "normalidade", a tese da "conciliação" como coincidência de desejos parece, ao contrário, fraca. A via do compromisso nem sempre significa uma conciliação. Pode acontecer de o conteúdo do desejo inconsciente ser de tal intensidade que o sistema *Pcs* não consiga produzir uma deformação satisfatória (elaboração secundária, consideração de representabilidade, censura) e que a chegada à percepção permaneça, assim, não autorizada. O *Pcs* não pode mais realizar a sua tarefa de deformar os sonhos nem de garantir o sono, logo, o despertar se produz. Nesse caso, a função do *Pcs* se mostra paradoxal: ela se torna o perturbador do sono, colocando, desse modo, fim ao sonho.

Em "Complemento metapsicológico à teoria dos sonhos", de 1915, o problema da interrupção do sono é situado no conflito entre a função do eu e a força pulsional no inconsciente. O desejo recalcado não está sob o regime do desejo de dormir: alguns desejos não adormecem nem desejam adormecer. Para Freud, o

---

[111] Cf. FREUD. *A interpretação de sonhos (II)*, p. 617.

que é que desperta? É a força pulsional das moções recalcadas que não está sob o regime do desejo de dormir, de forma que a interrupção do sono acontece diante do indomável da pulsão.

No *Compêndio de psicanálise*, Freud ressalta a função do sonho como defesa contra a pulsão: "O Eu adormecido está fortemente engajado no desejo de dormir, sente essa reivindicação como uma perturbação e busca se ver livre dela. O Eu alcança esse propósito através de um ato de aparente transigência, contrapondo a essa demanda uma inofensiva *realização de desejo*".[112] Retenhamos esta perspectiva pulsional: a exigência pulsional no sonho desvela o aspecto de "defesa" do sonhar, mais especificamente, da realização do desejo.

Os sonhos traumáticos: um obstáculo definitivo

Contexto histórico

O modelo de um aparelho psíquico que funciona sob o princípio de prazer foi questionado em 1920. Essa mutação marcou a psicanálise para sempre. O aparecimento dos sonhos de neuroses traumáticas na experiência analítica participou desse profundo remanejamento.

Foi no meio da Grande Guerra que Freud escreveu "Considerações contemporâneas sobre a guerra e a morte", texto que interroga a desilusão produzida pela guerra e a mudança de atitude do homem diante da questão da morte. Cinco anos antes da publicação de "Além do princípio de prazer", Freud diz: "Seria certamente muito interessante estudar as alterações na psicologia dos combatentes, mas sei muito pouco sobre isso".[113]

---

[112] FREUD. *Compêndio de psicanálise e outros escritos inacabados*, p. 77.

[113] FREUD, S. Considerações contemporâneas sobre a guerra e a morte [1915]. *In: O mal-estar na cultura e outros escritos*. Belo

Essas palavras foram escritas em 1915. A partir de 1918, o movimento psicanalítico começa a se interessar vivamente pelo tema das neuroses de guerra. Diversos fatores contribuíram para isso.

Em 1918, aconteceu o V Congresso Internacional de Psicanálise, em Budapeste, no qual o problema das neuroses de guerra foi tratado. No público, encontravam-se numerosos dirigentes e representantes oficiais da administração militar da Europa central, que acabavam de tomar conhecimento dos debates. Tausk, Ferenczi, Abraham, Jones, Simmel foram os principais psicanalistas que contribuíram com a difusão da psicanálise, graças ao seu próprio engajamento no tratamento analítico de neuroses de guerra. Simmel, por exemplo, foi diretor do hospital militar de Posen. Ele utilizou, com grande sucesso, a psicoterapia psicanalítica, notadamente a aplicação do método catártico, aos casos graves de neurose de guerra. Um ano mais tarde, Freud redige um texto para apresentar as diversas contribuições do V Congresso e expor seu próprio ponto de vista:

1) A formação do sintoma na neurose de guerra não responde à mesma lógica das neuroses de transferência. A doutrina psicanalítica sustenta que a neurose é o resultado de um conflito entre o eu e as pulsões sexuais repelidas, que acabam encontrando uma expressão no sintoma. Freud compartilha a opinião de Jones quando este diz que "essa parte da teoria não se mostrou ainda aplicável às neuroses de guerra".[114] As neuroses de guerra têm propriedades singulares que as distinguem das neuroses em tempos de paz. Elas devem ser concebidas como

---

Horizonte: Autêntica, 2020. p. 99-135. p. 120. (Obras Incompletas de Sigmund Freud).

[114] FREUD, S. Introdução à psicanálise das neuroses de guerra [1919]. *In*: *Uma neurose infantil e outros trabalhos (1917-1918)*. Rio de Janeiro: Imago, 1969. p. 257-263. p. 260. (Edição Standard Brasileira das Obras Psicológicas Completas de Sigmund Freud, XVII).

neuroses traumáticas em tempos de paz (pavor, acidente grave), "sem qualquer referência a um conflito no eu".[115]

2) É preciso distinguir a neurose de transferência, a neurose de guerra e a neurose traumática: nas duas últimas, o eu se defende de um perigo externo; nas neuroses de transferência, o que ameaça o eu é a insistência libidinal. A essas duas indicações podemos acrescentar aquela presente no *Compêndio de psicanálise*, em que Freud separa a sintomatologia da neurose traumática dos fatores infantis.[116]

Entre 1915 e 1920, o conjunto dos atores da saúde mental deve enfrentar certo número de patologias ditas funcionais, que vêm na sequência de traumatismos. A abordagem puramente orgânica permanece insuficiente, e novas explicações psicogenéticas começam a circular. O problema da simulação que percorre toda a Grande Guerra está no primeiro plano, e o psiquiatra é chamado, na medida em que a sua opinião esclarecida ajuda a traçar a fronteira que separa doença e simulação. Lembremos brevemente o caso do professor Wagner-Jauregg. Acusado de ter utilizado métodos terapêuticos brutais, ele foi inicialmente julgado e, em seguida, inocentado.[117] Nessa ocasião, Freud foi convocado, a título de especialista, pela comissão parlamentar de inquérito sobre os danos da guerra, e ele então redigiu um relatório sobre o tratamento das neuroses de guerra.

---

[115] FREUD. Introdução à psicanálise das neuroses de guerra, p. 261.

[116] "Talvez a chamada neurose traumática (provocada por forte terror, por graves abalos somáticos, tais como colisões ferroviárias, soterramentos, entre outros) constitua aqui uma exceção; até o momento não conhecemos por nossa investigação suas relações com os condicionantes da infância" (FREUD. *Compêndio de psicanálise e outros escritos inacabados*, p. 117).

[117] Cf.: no livro *Freud sur le front des névroses de guerre*, de K. R. Eissler (Paris: PUF, 1992), encontram-se respectivamente: a perícia de Freud, o depoimento de Wagner-Jauregg, o depoimento de Freud e a transcrição integral de dois dias de debate.

O movimento psicanalítico também foi interpelado por essa nova patologia, que apresentava um material psíquico novo, até então desconhecido. Vários alunos de Freud procuravam descobrir nas neuroses de guerra os mesmos mecanismos das neuroses dos tempos de paz: era preciso, a todo preço, ajustar as neuroses de guerra à doutrina do conflito entre o eu e as pulsões. Entre os mais renomados psicanalistas que contribuíram enormemente com o estudo da metapsicologia e da terapêutica dos neuróticos de guerra temos, por exemplo, Ferenczi e Abraham.

Em "Dois tipos de neurose de guerra (histeria)", Ferenczi faz as manifestações das neuroses traumáticas coincidirem com aquelas da histeria de conversão ou da fobia: "os casos de *neurose de guerra* que lhes apresentamos devem ser considerados, a partir dos dados de anamnese, como *histerias de conversão* no sentido de Breuer e Freud".[118] Suas primeiras pesquisas psicanalíticas sobre a neurose de guerra restam, portanto, essenciais, ele foi o primeiro, antes de Freud, a propor que a sintomatologia apresentada por esses doentes estivesse submetida a uma compulsão à repetição para fins de cura. Abraham vê nas neuroses de guerra uma patologia em que o mecanismo de regressão narcísica é predominante. O autor sustenta a existência de uma semelhança entre os processos interiores das neuroses de guerra e os de outro tipo bem diferente de neurose.[119]

Por outro lado, o que Freud observa de início é a dificuldade em abordar essa afecção com as *mesmas* ferramentas clínicas utilizadas para abordar as neuroses em tempos de paz. Alguns alunos de Freud procuravam estender a aplicação da psicanálise às neuroses de guerra fundamentalmente a partir do método

---

[118] FERENCZI, S. Deux types de névrose de guerre (hystérie). *In*: *Psychanalyse II: Œuvres complètes, 1913-1919*. Paris: Payot, 1970. p. 238-252. p. 242.

[119] Cf. ABRAHAM, K. Contribution à la psychanalyse des névroses de guerre. *In*: *Œuvres complètes*. Paris: Payot, 2000. t. II. p. 56-63. p. 57.

catártico fundado na ab-reação e na rememoração.[120] Freud procede inversamente: ele estuda em detalhes a especificidade própria ao fator traumático. Isso o leva a reconsiderar todo o conjunto da prática analítica precedente e, sobretudo, a descobrir que há um além do princípio de prazer, uma compulsão à repetição concernente ao conjunto dos sujeitos.

◢ Sonhos traumáticos: suas especificidades

"Além do princípio de prazer" não é um texto sociológico sobre a guerra, mas um texto clínico. É um ensaio em que Freud interroga a supremacia dada anteriormente ao princípio de prazer, segundo o qual o organismo tende sempre a uma redução da tensão em direção a um nível constante. Freud se depara com certos fenômenos clínicos (as neuroses traumáticas, os sonhos traumáticos, certas brincadeiras infantis, a repetição no tratamento ou a atuação no lugar da rememoração, a neurose de destino) que colocam em causa a exclusividade dada ao princípio de prazer.

Esses fenômenos clínicos permitem a Freud pensar sobre a compulsão à repetição. Esta última leva o sujeito de volta a experiências que não comportam e nunca comportaram qualquer possibilidade de prazer para nenhum dos sistemas psíquicos. Esses fenômenos vieram contradizer o domínio da busca pelo prazer. A compulsão à repetição mostra a existência de um elemento mais original, mais elementar e mais pulsional em jogo, que Freud vai chamar, no final do texto, "pulsão de morte". Com isso, Freud coloca em questão toda visão idealista do ser humano: os atos de um sujeito não respondem unicamente ao que é suposto ser seu bem.

---

[120] Cf. FREUD, S. Lettre du 20-2-1918 publiée sous le titre de *Correspondance inédite avec Simmel* (1918). *Psychanalyse à l'Université*, Paris, t. IX, n. XXXIII, 1983. p. 5-6.

O retorno ao idêntico da situação traumática nos sonhos não pode mais se explicar pela representação de uma realização de desejo sob a égide do princípio de prazer. A angústia e o despertar não são a expressão de um desejo inconsciente que não pode ser corretamente disfarçado.

No sonho traumático, a perseverança do tema (retorno fixo e idêntico da situação traumática) prima sobre o trabalho de representação simbólica. Por sua própria estrutura, esses tipos de sonho são um obstáculo ao simbólico e se tornam resistentes ao trabalho de interpretação, pois eles não respondem ao recalcamento. Este último opera sempre uma clivagem que transforma *a posteriori* uma possibilidade de prazer em fonte de desprazer. Como resultado, o conflito psíquico em torno de um desejo interdito não é o fundamento dos sonhos traumáticos, daí a impossibilidade para um sujeito de supor aí um sentido escondido a ser decifrado. Esse retorno do mesmo, retorno fixo e idêntico de uma imagem que remete à situação traumática do acidente, aproxima os sonhos da neurose traumática do conceito de real em Lacan, tal como ele o define em 1964.

Não estando mais sob o domínio do princípio de prazer, esses sonhos vêm, portanto, realizar *outra tarefa*, que não pode mais ser correlata àquela da busca do prazer. Em relação ao objetivo de todo sonho e sua função originária de preservar o sono, esses sonhos assumem uma *nova função*. Do ponto de vista fenomenológico, o sujeito que sofre de uma neurose traumática se vê conduzido em seu sonho à cena da situação traumática. Mas o que essa construção de Freud permite deduzir é que se trata de uma repetição, não do mesmo, mas daquilo que nunca aconteceu.

A angústia presente nos sonhos traumáticos procura produzir incessantemente – sem que sua tarefa seja realizada – a angústia ausente no momento do acidente. O problema essencial no traumatismo seria, portanto, a confrontação do sujeito com uma excitação excessiva sem que a angústia tenha preparado o psiquismo. Essa preparação consiste em um superinvestimento do sistema de paraexcitação contra o mundo externo. Freud concebe não somente a neurose de guerra, mas também toda neurose traumática, como "a consequência de uma extensa ruptura da proteção contra estímulos".[121]

Essa nova função faz dos sonhos traumáticos uma exceção: "os sonhos dos neuróticos acidentários, que mencionamos anteriormente, não se deixam mais remeter ao ponto de vista da realização de desejo [...]. eles obedecem muito mais à compulsão à repetição".[122] O estatuto de exceção dos sonhos traumáticos é doravante postulado e sustentado. Para a teoria psicanalítica, essa exceção não ocasiona uma exclusão da teoria da realização do desejo. É uma teoria complementar à tarefa originária do sonho. Um *além* do princípio de prazer é assim estabelecido teoricamente e demonstrado clinicamente.

Seis anos mais tarde, em "Inibições, sintomas e ansiedade", assistimos a uma retomada do conceito de trauma. "Traumático" designa, a partir de então, uma situação de desamparo, ou seja, uma situação em que o sujeito se encontra sem recursos reais (materiais) ou simbólicos (psíquicos) para fazer face a uma intrusão excessiva. A situação de perigo se torna um sinal de alarme a partir do reconhecimento e da rememoração do desamparo, do qual a angústia é a reação originária no traumatismo. O sinal de alarme é uma função do eu que alerta e prepara o psiquismo para a chegada de um perigo. Assim, o que foi vivido passivamente no traumatismo (situação de desamparo) é agora repetido de maneira ativa (situação de perigo). Freud indica nesse texto a diferença e a relação entre o perigo real, ligado a um perigo conhecido, e a angústia neurótica, ligada a um

---

[121] FREUD, S. *Além do princípio de prazer [Jenseits des Lustprinzips]* [1920]. Belo Horizonte: Autêntica, 2020. Edição crítica bilíngue. (Obras Incompletas de Sigmund Freud). p. 117.

[122] FREUD. *Além do princípio de prazer*, p. 121.

perigo pulsional e desconhecido. O perigo real ameaça a partir de um objeto externo, mas, na medida em que "uma exigência pulsional é algo real",[123] a angústia neurótica tem fundamento real. Quanto à teoria do sonho, é o laço estrito entre sonho e pulsão que está no primeiro plano ao longo dos anos 1920 até as últimas teorizações.

O profundo remanejamento da teoria dos sonhos

Os anos que se seguiram à tese do além do princípio de prazer foram marcados por uma distinção cada vez mais precisa dos sonhos segundo a sua função.

Em 1923[124] surge a separação entre o que Freud chama de exceção *real* e exceção *aparente*. À primeira categoria correspondem os sonhos da neurose traumática, à segunda, os sonhos de punição. Estes últimos são uma formação reacional, mais precisamente, uma intervenção da instância crítica do eu diante de um desejo inconsciente que se revela inadmissível.

Na década de 1920, no seio do onirismo noturno, a distinção entre sonhos de angústia e sonhos traumáticos é bem marcada: o princípio de prazer constitui um limiar em relação ao qual os primeiros se situam aquém, e os segundos, além.

Nos anos 1930, Freud separa os sonhos em dois conjuntos: os sonhos de realização de desejo e os sonhos traumáticos. No

---

[123] FREUD, S. Inibições, sintomas e ansiedade (1926 [1925]). *In: Um estudo autobiográfico, Inibições, sintomas e ansiedade/Análise leiga e outros trabalhos (1925-1926)*. Rio de Janeiro: Imago, 1969. p. 95-200. p. 192. (Edição Standard Brasileira das Obras Psicológicas Completas de Sigmund Freud, XX).

[124] FREUD, S. Observações sobre a teoria e a prática da interpretação de sonhos (1923 [1922]). *In: O ego e o id e outros trabalhos (1923-1925)*. Rio de Janeiro: Imago, 1969. p. 139-152. (Edição Standard Brasileira das Obras Psicológicas Completas de Sigmund Freud, XIX).

primeiro grupo, ele classifica: os sonhos de desejo, de angústia e de punição.[125] Quanto ao segundo grupo, Freud isola duas situações: 1) pessoas que sofreram um choque grave, um traumatismo psíquico, e que são regularmente reconduzidas pelo sonho à situação traumática; 2) o próprio trabalho analítico levanta o véu da amnésia. Assim, pode haver na vida onírica o surgimento das primeiras experiências acompanhadas de impressões dolorosas.[126]

Essa *complicação*, esses obstáculos *definitivos* à teoria da realização do desejo levam Freud a redefinir o sonho: "o sonho *é uma tentativa* de realização de desejo".[127] O sonho *não é* mais uma realização de desejo, mas ele *visa a* uma satisfação.

É surpreendente que esse ponto, assinalado por Freud em 1932, tenha sido o primeiro a ser valorizado a partir da sua abordagem das neuroses de guerra, em 1919. Essa patologia permite a Freud propor um ponto em comum: o recalque, na base de toda neurose, é uma reação a um traumatismo. Freud utiliza o termo "neurose traumática elementar"[128] para o conjunto de todos os tipos de neurose. O sonho traumático não é reservado aos neuróticos de guerra ou aos acidentados graves, mas é comum a todos os sujeitos. Trata-se de uma experiência comum a partir do momento em que uma falha na operação do trabalho do sonho, ou seja, na substituição significante emoldurada por uma imagem sensorial deixa surgir sem véu a fixação traumática.

---

[125] Para Freud, não há satisfação pulsional nos sonhos de punição, é a instância crítica, o supereu, que encontra aí uma satisfação.

[126] Cf. FREUD, S. Ansiedade e vida instintual. *In: Novas conferências introdutórias sobre psicanálise e outros trabalhos (1932-1936)*. Rio de Janeiro: Imago, 1969. p. 103-138. p. 133. (Edição Standard Brasileira das Obras Psicológicas Completas de Sigmund Freud, XXII).

[127] FREUD. Revisão da teoria dos sonhos, p. 43.

[128] FREUD. Introdução à psicanálise das neuroses de guerra, p. 263.

SEGUNDA PARTE

Modalidades lacanianas do despertar na experiência clínica

Despertar e lampejo: surgimento do sujeito do inconsciente

Isso sonha, isso rateia, isso ri: o inconsciente é o que rateia

Constata-se rapidamente que, no ensino de Lacan, o termo "despertar" é evocado num contexto que vai além do fenômeno onírico do qual ele surge. Mas, para que isso aconteça, uma condição deve ser observada: é preciso que a lógica própria ao sonho possa ser válida fora do estado de sono. Isso implica que o que chamamos *sonho* se torne equivalente ao que chamamos *pensamento*.

Lacan realizou uma conferência aos residentes em psiquiatria, em Bordeaux, no dia 20 de abril de 1968, conferência que foi publicada recentemente sob o título "Meu ensino, sua natureza e seus fins".[129] Nesse colóquio, Lacan abordou a questão do ensino, notadamente, o que a psicanálise considera ser seu objeto de transmissão: o sujeito do inconsciente. Ele comunica ao público uma pergunta que havia acabado de lhe ser feita:

---

[129] LACAN, J. Meu ensino, sua natureza e seus fins. *In*: *Meu ensino*. Rio de Janeiro: Zahar, 2006. p. 67-100.

onde há traços, na obra de Freud, da ideia de *sujeito*? Lacan responde de maneira muito concisa: *isso sonha, isso rateia, isso ri*.

Os três livros "canônicos em matéria de inconsciente"[130] datados do início da psicanálise são então evocados: a *Traumdeutung*, a *Psicologia da vida cotidiana* e *O chiste*. Três textos nos quais o funcionamento, a estrutura e a materialidade do inconsciente se revelam ser significantes, regras, injunções, palavras, em suma, um texto. Todo esse conjunto de significantes é ordenado por leis de *conexão* de um significante a outro (metonímia) e de *substituição* de um significante por outro (metáfora). Trata-se de aparições que não podem ter lugar senão na materialidade textual; seja sob a forma de um "menos" na cadeia (lapsos, esquecimentos, ato falho), seja sob a forma de um "mais", de uma produção e reorganização da cadeia discursiva (sonho, *Witz*). *Isso sonha, isso rateia ou isso ri* em um texto. O sujeito, que é seu efeito, não é nem o subjetivo, nem o individual, nem a existência do vivente, mas um surgimento evanescente e pontual produzido na articulação linguageira.

O descompasso entre as intenções do sujeito e o texto que aparece repentinamente inscreve o ratear como a definição propriamente lacaniana do inconsciente: este último é a hipótese que vem explicar esses tropeços. "E isso rateia, falha. Ver o lapso, o ato falho, o próprio texto de sua existência."[131] É muito interessante que na lista "isso sonha, isso rateia, isso ri" Lacan inclua o texto que o sujeito articula para fazer o relato da sua existência. O ratear que constitui o inconsciente se estende, portanto, para além do aparecimento efetivo do tropeço. Isso rateia no momento mesmo em que o sujeito fala de si como sujeito do conhecimento, como sujeito que *se* conhece. Esses fenômenos fazem obstáculo à ideia de síntese ou de construção

---

[130] LACAN, J. A instância da letra no inconsciente ou a razão desde Freud, *op. cit.*, p. 526.

[131] LACAN. Meu ensino, sua natureza e seus fins, p. 88.

de uma personalidade total. O sujeito se apresenta marcado por uma divisão entre o querer dizer e o que ele efetivamente diz. A emergência do sujeito do inconsciente se presentifica sob a forma de uma ruptura ou de uma hiância na trama do discurso, visto que no momento do ratear o sujeito se diz: se eu sonho justamente com isso que não quero sonhar, e se não sei o que digo quando falo, ou, ainda, se não paro de me lembrar de uma palavra no lugar daquela que não paro de esquecer, quem é o agente de tudo isso? Diante dessa hiância, cuja resposta é a perplexidade, o sujeito do inconsciente é a suposição explicativa.

Isso sonha: isso pensa

> [...] É que isso sonha. Não é um sujeito, isso, não? Que diabos fazem todos aqui? Não me iludo, um auditório, por mais qualificado que seja, sonha enquanto estou aqui em vias de esgrimir comigo mesmo. Cada um pensa nas suas coisas, na namoradinha que vai encontrar daqui a pouco, no carro que soltou uma biela, alguma coisa fora do trilho.[132]

Para ilustrar o que *isso sonha* quer dizer, Lacan não escolhe proceder a uma interpretação de sonho, mas dar como exemplo de *isso sonha* o que chamamos comumente de devaneios. A célebre frase "não se sonha apenas quando se está dormindo"[133] não é, portanto, uma ideia abrupta do final do seu ensino, mas ela já está presente nos anos 1960. O *isso sonha* deve ser qualificado de extensivo, pois ele sai do campo do sono e se estende sobre toda a esfera do pensamento. À primeira vista, Lacan estabelece uma equivalência entre o sonho noturno e o devaneio diurno,

---

[132] LACAN. Meu ensino, sua natureza e seus fins, p. 88.

[133] LACAN, J. *Le Séminaire, livre XXV: Moment de conclure* [1977-1978]. Inédit. [s.p.]. Lição de 15 de novembro de 1977. Publicada com o título "Une pratique de bavardage", em *Ornicar?*, n. 19, 1979. p. 9.

isso sonha e *isso pensa* seriam termos equivalentes. Haveria em Freud uma tal igualdade?

Freud foi sensível ao fato de que, se sonho e devaneio receberam o mesmo nome, é porque têm um ponto em comum: "também é possível que estejamos laborando em considerável erro ao tentarmos fazer uso dessa semelhança de nome como algo significativo. Somente mais tarde será possível elucidar esse aspecto".[134] Há aspectos que são comuns entre os dois: tanto um como o outro são realizações de desejo, e eles se baseiam em impressões de experiências infantis. Mas o que os faz claramente diferentes é o controle consciente do autor, pois os devaneios diurnos se formam segundo os seus caprichos. Essa é a diferença radical para com o sonho noturno, em que há perda, certamente parcial, do controle consciente do sonhador. Nos devaneios diurnos, a encenação não se apresenta sob a forma de alucinação, mas de representação.[135] Diferentemente do devaneio diurno, o trabalho do sonho busca a identidade de percepção, seu "conteúdo ideacional é transformado de pensamento em imagens sensoriais".[136]

Num texto tardio consagrado ao sonho, Freud aborda a questão do pensamento no sonho. Não sem ironia, ele evoca o "misterioso inconsciente", que faz seus alunos se esquecerem de que *"um sonho, via de regra, é simplesmente um pensamento como outro qualquer,* tornado possível pelo relaxamento da censura e pelo reforço inconsciente, e deformado pela operação da censura e pela revisão inconsciente".[137] Lacan apenas retoma

---

[134] FREUD, S. Dificuldades e abordagens iniciais. Conferência V. *In*: *Conferências introdutórias sobre psicanálise (Partes I e II) (1915-1916)*. Rio de Janeiro: Imago, 1969. p. 105-123. p. 123. (Edição Standard Brasileira das Obras Psicológicas Completas de Sigmund Freud, XV).

[135] FREUD. Dificuldades e abordagens iniciais. Conferência V, p. 122.

[136] FREUD. *A interpretação de sonhos (II)*, p. 571.

[137] FREUD. Observações sobre a teoria e a prática da interpretação de sonhos, p. 142. Grifo nosso.

Freud quando lembra que "um sonho, isso não introduz a nenhuma experiência insondável, a nenhuma mística, isso se lê do que dele se diz".[138] Deixando de lado todo obscurantismo, Freud reduz o sonho a um pensamento, a uma simples frase tal como ela poderia ter sido dita na véspera, com uma diferença: a intervenção do mecanismo de censura que o trabalho do sonho se esforça em vencer. O sonho é um produto significante a ser diferenciado do *trabalho* do sonho, mobilizado para se subtrair à censura, e é aí que reside o ponto maior de divergência entre sonho e devaneio. Mas, se o sonho é um pensamento, como compreender o postulado freudiano segundo o qual o trabalho do sonho não pensa?

Jean-Claude Milner analisa, em *L'Œuvre claire: Lacan, la science, la philosophie* [A obra clara: Lacan, a ciência, a filosofia], essa contradição interna à obra de Freud: as afirmações de Freud "o sonho é um pensamento" e "o trabalho do sonho não pensa", ao que se acrescenta o enunciado lacaniano segundo o qual o inconsciente, do qual o sonho é uma das formas, é um "isso pensa". Essa contradição poderia ser explicada pelo fato de que Freud recusa ao inconsciente as modalidades próprias ao "pensamento qualificado"[139]: examinar, julgar, calcular. O trabalho do sonho "não pensa, não calcula nem julga; restringe-se a dar às coisas uma nova forma",[140] o que supõe, como J.-C. Milner bem indica, que, para Freud, não é um trabalho de uma coisa que pensa. Freud reserva ao inconsciente o "pensamento sem qualidade". A contradição não está, portanto, resolvida, pois o sonho como produto final é, para Freud, uma forma de pensamento que tem uma qualidade: "se, ao contrário, sustentamos

---

[138] LACAN, J. *O seminário, livro 20: Mais, ainda* [1972-1973]. Rio de Janeiro: Zahar, 2008. P. 102. Novo projeto.

[139] MILNER, J.-C. *L'Œuvre claire: Lacan, la science, la philosophie*. Paris: Le Seuil, 1995. p. 71.

[140] FREUD. *A interpretação de sonhos (II)*, p. 541.

que o sonho é uma forma de pensamento, é preciso admitir, então, que há pensamento [...]".[141]

O sonho pode ser reduzido a um pensamento, ou seja, a uma frase. Mas se trata fundamentalmente de um *pensamento recusado*. Tomemos como exemplo a análise do sonho da injeção de Irma. Freud conclui: "o desejo onírico não se acha desligado dos pensamentos despertos que foram conduzidos para o sono".[142] A única divergência é, portanto, a mudança que se produz entre o *presente* e o *optativo*. O pensamento que, na véspera, deveria se formular pelo optativo, "se ao menos Otto pudesse ser o responsável pela doença de Irma", exprime-se no sonho: "Otto é definitivamente o responsável pela doença de Irma". Freud resume o pensamento latente do sonho com o desejo inconsciente em jogo: eu não sou culpado pela doença de Irma. O mesmo procedimento está em jogo no sonho "R. é meu tio". No nível optativo, o desejo do sonho se exprimiria assim: se nem R. nem N. foram ainda nomeados professores, é porque R. é um cabeça fraca, e N., um criminoso, e eu poderia, então, aceder ao cargo de professor sem que as considerações confessionais sejam determinantes, pois eu não sou um cabeça fraca nem um criminoso. Por outro lado, por causa da passagem pela censura, o pensamento do sonho se enuncia no presente assim: meu amigo R. é um cabeça fraca como meu tio Josef.

O que foi finalmente modificado entre esses dois enunciados? O que é que se encontra transformado na passagem da modalidade *optativa* para a modalidade *presente*? O *"Eu"* [*Je*] do sonhador está ausente no enunciado *presente* do conteúdo manifesto do sonho, o que leva a deduzir que a passagem pela censura produz um apagamento do "eu penso". Se o trabalho do sonho apaga o "eu penso", é mais fácil contornar a barreira da censura e que desejos interditos cheguem a se exprimir.

---

[141] MILNER. *L'Œuvre claire: Lacan, la science, la philosophie*, p. 72.

[142] FREUD. *A interpretação de sonhos (II)*, p. 570.

Nesses dois exemplos de sonhos de Freud, a frase final que aponta para o desejo do sonhador funciona somente em relação a um impossível de dizer: o que *"eu"* [*je*] quero dizer. Lacan precisa isso muito bem quando diz que "o desejo do sonho não é assumido pelo sujeito que diz "eu" em sua fala",[143] e a gramática vem confirmar que as modificações no sonho respondem ao fato de que estamos no campo do discurso, "assim é que os votos que ele constitui não têm flexão optativa para modificar o indicativo de sua fórmula".[144] O *"isso"* do *isso pensa ou isso sonha* aponta a *modalidade* de surgimento do sujeito nas formações do inconsciente. O inconsciente freudiano é um *isso pensa* que funciona separadamente de um *eu* [*je*] penso. O estatuto do pensamento em psicanálise não corresponde à consciência de si. A consciência de si que se resumiria em "eu [*moi*], eu [*je*] penso", própria à tradição filosófica, não é, portanto, uma propriedade do pensamento no inconsciente.[145]

"O sono da razão" e "*Wo Es war, soll Ich werden*"

Uma interpretação singular da frase "O sono da razão produz monstros", bem como uma nova leitura da frase de Freud "*Wo Es war, soll Ich werden*", permitem a Lacan afirmar a extensão do "isso sonha" ao conjunto de cogitações e operações mentais do sujeito.

"*O sono da razão* – é tudo. O que isso quer dizer então? Que é a razão que propicia que permaneçamos no sono. Nesse caso também, não sei se vocês não correm o risco de ouvir da minha parte uma pequena declaração de irracionalismo. Mas não, é o contrário. O que se queria deixar de fora, excluir, ou seja,

---

[143] LACAN, J. A direção do tratamento e os princípios de seu poder [1958]. *In*: *Escritos*. Rio de Janeiro: Zahar, 1998. p. 591-652. p. 635.

[144] LACAN. A direção do tratamento e os princípios de seu poder, p. 635.

[145] Cf. MILNER. *L'Œuvre claire: Lacan, la science, la philosophie*, p. 40.

o reino do sono, vê-se assim anexado à razão, ao seu império, à sua função, à tomada do discurso, ao fato de que o homem habita a linguagem, como diz o outro".[146]

O sentido da frase de Goya que Lacan escolhe é aquele em que o *sono* vem conotar ou dar um atributo à razão, tornando-a, assim, fundamentalmente adormecida. Ele faz valer uma indistinção entre sono e pensamento racional. Para ele, é pelo fato de o homem habitar a linguagem que, para a psicanálise, a *razão*, até mesmo a mais avançada e a mais rigorosa, não é equivalente às *luzes*, mas, antes, ao *sono*. Por sua captura nas leis do significante, o homem é adormecido. Ainda que ele possa ser o conteúdo do discurso, a partir do momento em que ele é formado, constituído, regido por significantes, ele está sob o reino do sono.

Se tomarmos, então, a primeira continuidade que Lacan faz valer, "sonhar e pensar", podemos acoplá-la a uma segunda, "dormir e raciocinar". "Isso sonha", portanto, por todos os lados. O campo do sono se projeta para fora dos limites estritos do onírico. Contudo, para a psicanálise, a vida não é um sonho – retomaremos esse enunciado mais adiante.

Não cair no irracionalismo é algo que preocupa Lacan. Ele continua: "Será irracionalismo perceber isso e seguir os cursos da razão no próprio texto do sonho? Toda uma psicanálise talvez se desdobre antes do que talvez pudesse de fato acontecer, ou seja, que tocássemos um ponto de despertar".[147] Essa referência ao despertar, diretamente correlata ao final de análise, é ilustrada por uma leitura da máxima freudiana: *Wo Es war, soll Ich werden*.

É preciso esclarecer que a tradução francesa dessa célebre frase encontra, às vezes, dificuldades reais. Sob a forma de um aforisma, a concisão buscada por Freud dá lugar a várias intepretações. Mais regularmente, a frase foi traduzida por: "Onde

---

[146] LACAN. Meu ensino, sua natureza e seus fins, p. 93.

[147] LACAN. Meu ensino, sua natureza e seus fins, p. 93.

estava o Id, ali estará o Ego",[148] ou ainda "o Ego deve desalojar o Id". Lacan sempre se revoltou contra essas duas traduções, qualificando-as de "porcaria de tradução".[149] Essas traduções trazem a marca de uma concepção de sujeito indissociável de uma direção do tratamento. Nas duas, é o Eu [*Moi*] a instância maior, a instância essencialmente adaptativa que deve ser capaz de dominar o universo desordenado das pulsões, o Isso.

Ao longo de seu ensino, Lacan imprimiu a essa máxima numerosas transformações e traduções, mas, como observa Serge Cottet, um ponto permanece constante: "A maioria [das traduções] ressalta a excentricidade do sujeito em relação ao eu [*moi*], como a dimensão ética do apotegma".[150] Em 1968, sem nenhuma preocupação de correspondência entre as palavras de cada língua, Lacan traduz assim a máxima freudiana: "Ali onde era o reino do sono, eu devo advir, devir, com o acento especial que assume em alemão o verbo *werden*, ao qual cabe atribuir seu alcance de crescer no devir. O que isso pode querer dizer? – a não ser que o sujeito já se acha em sua morada no nível do *Es*?".[151]

O sujeito já está em casa no nível do sono, o sono de suas razões, como dito anteriormente. Tensionemos essa frase com a frase precedente: uma psicanálise segue os caminhos do texto do sonho, ali onde o sujeito está em casa, antes que alguma coisa advenha: um ponto de despertar.

---

[148] FREUD, S. A dissecção da personalidade psíquica. Conferência XXXI. *In*: *Novas conferências introdutórias sobre psicanálise (1932-1936)*. Rio de Janeiro: Imago, 1969. p. 75-102. p. 102. (Edição Standard Brasileira das Obras Psicológicas Completas de Sigmund Freud, XXII).

[149] LACAN, J. *O seminário, livro 11: Os quatro conceitos fundamentais da psicanálise* [1964]. Rio de Janeiro: Zahar, 1985. p. 47.

[150] COTTET, S. Wo Es war? *La Petite Girafe: Revue de l'Institut du Champs Freudien*, 2009. p. 13.

[151] LACAN. Meu ensino, sua natureza e seus fins, p. 93-94.

O despertar e o lampejo

Qual poderia ser a definição do despertar a partir dos desenvolvimentos anteriores? A frase "que tocamos um ponto de despertar" permite apontar, já de início, o seu aspecto evanescente, pontual e contingente. Do despertar não se toca senão um ponto. A psicanálise não adere, portanto, a nenhuma iniciativa reveladora e iluminadora.

Em 1967, um ano antes dessa conferência, Lacan se perguntava: o que faz que uma psicanálise seja freudiana? Ele responde pela negativa: "Nem pelo lado da natureza, de seu esplendor ou sua maldade, nem pelo lado do destino a psicanálise faz da interpretação uma hermenêutica, um conhecimento que seja de algum modo iluminante ou transformante".[152] Nenhuma revelação da existência, nenhuma iluminação nem saber absoluto, último e definitivo sobre qualquer realidade.

Esse ponto de despertar parece ser o resultado da passagem do sujeito pelo deciframento inconsciente, ou seja, pelas marcas e traços da linguagem sobre o vivo. O aparecimento evanescente e contingente do sujeito do inconsciente, aparelhado aqui a "esse ponto de despertar", é um fora-da-linguagem, mas produzido e delimitado a partir do conjunto do que pode ser dito. Isso sonha, isso cogita, isso pensa, logo, isso dorme. Trata-se das atividades equivalentes na experiência analítica ao fato de que o homem habita a linguagem. O despertar é apresentado como um efeito que nos leva a uma conclusão: *não há despertar fora da captura do sujeito no mundo da linguagem.*

Esse lampejo, instantâneo e fulgurante, aproxima-se do instante do *cogito* cartesiano: "Eu sou, eu existo".[153] Em sua

---

[152] LACAN. Da psicanálise em suas relações com a realidade, p. 351.

[153] DESCARTES, R. *Méditations métaphysiques*. Paris: Flammarion, 1992. p. 77.

busca de uma certeza última, Descartes encontra o *cogito* e instaura, com isso, uma temporalidade do instante, "o núcleo do fundamento que o *cogito* fornece é válido no instante".[154] Para pensar, é preciso ser, a partir de então, a cada vez que eu cometo o ato de pensar, tenho o direito de concluir que eu sou. Essa conclusão não pode se dar senão no momento em que eu penso, e é esse caráter pontual que inspira Lacan a ver aí a mesma modalidade de surgimento do sujeito do inconsciente: ele surge somente para desparecer imediatamente. O *cogito* cartesiano é um pensamento sem qualidade, no sentido de que o "eu penso" se interrompe como ato, despojado do todo conteúdo. O pensamento sem qualidade funda igualmente o sujeito do inconsciente.

Esse ponto de despertar parece agora se aproximar do instante de lampejo: "aquele ser que só aparece no lampejo de um instante no vazio do verbo ser".[155] Essa fórmula resume dois elementos: por um lado, a modalidade de surgimento do sujeito, "o lampejo de um instante", desprovido porém de todo conteúdo e qualidade, "o vazio do verbo ser". François Regnault propõe ler esse lampejo como uma "iluminação instantânea e imediatamente fechada",[156] momento em que o sujeito percebe, de repente, algo do seu efêmero destino.

Trata-se, portanto, de um final de análise que tem como objetivo um despojamento completo de todos os artifícios do ser.[157] O vazio do ser deveria vir no lugar da neurose, lugar

---

[154] BROUSSE, M.-H. Variations sur le cogito. *Horizon*, 2004. p. 56. Hors-série: Des Philosophes à l'Envers.

[155] LACAN. A instância da letra no inconsciente ou a razão desde Freud, p. 524.

[156] REGNAULT, F. *Parva clinica*. Séminaire de recherche au Département de psychanalyse, Université de Paris VIII, 2003-2004.

[157] Em 1973, Lacan introduz outra perspectiva sobre o final de análise como lampejo. Nós trabalhamos essa referência mais adiante.

obturado por uma questão.[158] Tocar esse ponto de despertar no final do percurso analítico coincide então com o surgimento de um *eu* [*je*] sem atributo. O par saber e sujeito perde sua consistência. O único saber que nomearia o sujeito ao final do percurso analítico seria aquele de um "ser de não-ente",[159] ou ainda "saber vão de um ser que se furta".[160]

Em suma, à questão de como sair, então, do reino do sono só se poderia responder: pelo relato. Por mais paradoxal que isso possa parecer, *contar um sonho* não é entrar no sono, mas o contrário. Da incontornável propriedade sonolenta do significante haverá saída somente pelo relato: "Se nada do que se articula no sono é aceito na análise senão por *seu relato*, não equivale isso a supor que a estrutura do relato não sucumbe ao sono? Isso define o campo da interpretação analítica".[161] Somente o relato poderá *cortar* o sono que lhe é inerente e permitir, pela leitura e ação analítica, que o sujeito toque um ponto de despertar, ou seja, que ele se experimente como sendo esse resto evanescente que falta ao significante. Desde então, toda tentativa de se dizer, de se nomear é fadada ao fracasso. *Wo Es war, soll Ich werden* é um preceito ético que define o sujeito em psicanálise e a direção do tratamento: ali onde havia o reino do sono eu [*je*] devo advir. Esse "eu" [*je*] que deve advir não tem outra consistência senão o próprio ato, o sujeito é assim reduzido ao seu puro ato de enunciação.

---

[158] Essa questão que obtura o ser deve ser relacionada, no momento da "instância da letra", a certa opacidade da história do sujeito.

[159] LACAN, J. Subversão do sujeito e dialética do desejo no inconsciente freudiano [1960]. *In: Escritos*. Rio de Janeiro: Zahar, 1998. p. 807-842. p. 816.

[160] LACAN, J. Proposição de 9 de outubro de 1967 sobre o psicanalista da Escola. *In: Outros escritos*. Rio de Janeiro: Zahar, 2003. p. 248-264. p. 260. Essa questão é aprofundada no capítulo dedicado ao final de análise como despertar.

[161] LACAN. Da psicanálise em suas relações com a realidade, p. 355. Grifo nosso.

Despertar e identificação: a desidentificação como iluminação

O sonho: uma via para a saída das sombras

Lacan indica a existência de um laço entre a identificação e o despertar.[162] Uma tese percorre as últimas lições do seminário sobre a transferência: Lacan quer demonstrar que a introdução da função do significante em um tratamento é a única condição para que se abra a possibilidade de dissipar os efeitos imaginários nos quais o sujeito se encontra enredado. Em outras palavras, o isolamento de significantes na trama do discurso permite romper com a captura do sujeito no campo narcísico.

Os anos 1950 e 1960 são marcados, em Lacan, por um retorno à primeira tópica freudiana para colocar em evidência a estrutura de *rébus* do sonho em detrimento de seu caráter pictográfico. Serge Cottet observa que, durante esses anos, Lacan atribui à interpretação do sonho "uma função ao mesmo tempo epistemológica e polêmica".[163] Polêmica, visto que se trata de denunciar os erros cometidos por contemporâneos da IPA

---

[162] LACAN. *O seminário, livro 8: A transferência.*

[163] COTTET, S. Maître de l'interprétation ou gardien du sommeil. *L'Essai: Revue Clinique Annuelle*, n. 3, 2000. p. 97.

[Associação Psicanalítica Internacional] quanto à interpretação do sonho. Epistemológica, pois esse esforço de diferenciação dos registros imaginário e simbólico leva Lacan a retomar a *Traumdeutung*. Os registros imaginário e simbólico são aqui tensionados, e a direção do tratamento é precisa: dissipar os efeitos imaginários pela acentuação, articulação e interpretação no nível do simbólico.

"*Skias onar anthrôpos*", "O homem é o sonho de uma sombra",[164] escreve o poeta Píndaro. Essa frase fecha a quinta parte da Pítica VIII, ode escrita em homenagem a Aristomeno de Egina, célebre lutador dos Jogos Píticos. O conjunto dos versos que compõem a ode está a serviço da glorificação do atleta, por outro lado, o final apresenta uma advertência: o engrandecimento pela vitória corre o risco de se transformar em vaidade. O poeta lembra, então, as vicissitudes da boa sorte, bem como o caráter efêmero de toda vida. Sem excluir os valores nobres da vitória, ele enfatiza o dever do homem diante da onipotência dos deuses. Em face dos deuses que escrevem o destino de cada um, o grande vencedor não saberia se distinguir do homem da cidade, de todo homem.

Lacan relê essa frase, mas a evocação que faz o poeta do poder divino parece elidido: "Em outros termos, esse *skias, onar anthrôpos, Sonho de uma sombra, o homem*. É por meu sonho, é por me deslocar no campo do sonho na medida em que ele é o campo de errância do significante que posso entrever a possibilidade de dissipar os efeitos da sombra, e saber que ela não passa de uma sombra".[165]

Píndaro lembra ao vencedor que a enfatuação narcísica resultante da sua vitória não deve fazê-lo esquecer sua

---

[164] PINDARE. *Pythiques*. Texte établi et traduit par Aimé Puech. Paris: Les Belles Lettres, 1977. t. II. p. 124. (Collection des Universités de France, Série Grecque). No seminário *A transferência*, a frase aparece traduzida: "sonho de uma sombra, o homem".

[165] LACAN. *O seminário, livro 8: A transferência*, p. 363.

pequenez diante da grandeza dos deuses. Lacan se serve dessa frase para evocar a importância da prevalência do *skias* (sonho enquanto espaço de articulação do significante) sobre o *onar* (sombra equivalente ao registro imaginário). Na experiência clínica, o manejo do sonho deve ser aquele de um texto, logo, o trabalho de interpretação incide essencialmente sobre a extração dos significantes mais importantes no sonho. O campo do sonho é o da "errância do significante", mas o que designa a palavra "*sombra*"?

Na mesma lição, Lacan assinala o que é para ele essa sombra: "existe a sombra, *der Schatten*, diz Freud em alguma parte, e precisamente a propósito do *verlorenes Objekt*, do objeto perdido, no trabalho do luto. Se *der Schatten*, *a sombra*, essa opacidade essencial trazida para a relação com o objeto pela estrutura narcísica, é superável, é na medida em que o sujeito pode se identificar noutra parte".[166] É um "outro lugar" significante que abre ao sujeito a possibilidade de se identificar com algo diferente de sua própria imagem. A ênfase colocada no ponto *terceiro* faz o sujeito bascular da fascinação imaginária para outro campo. Passagem essencial que vai da formação do eu [*moi*] (campo do narcisismo) à constituição do sujeito no campo da linguagem. O parágrafo termina assim: "Mas, já no nível e no campo do sonho, se sei bem interrogá-lo e articulá-lo, não somente triunfo da sombra, mas tenho um primeiro acesso à ideia de que há mais real do que a sombra, que há, em primeiro lugar e no mínimo, o real do desejo, do qual essa sombra me separa".[167]

É no trabalho de interrogação, de articulação e de deciframento do material textual do sonho que o desejo surge. Em dois textos dos *Escritos*, Lacan explicita claramente a orientação clínica para a interpretação do sonho:

---

[166] LACAN. *O seminário, livro 8: A transferência*, p. 361.

[167] LACAN. *O seminário, livro 8: A transferência*, p. 363.

1) "As frases de um *rébus* algum dia tiveram o menor sentido, e porventura seu interesse, aquele que sentimos por sua decifração, não decorre de que a significação manifesta em suas imagens é caduca, só tendo importância ao fazer com que se entenda o significante que nelas se disfarça? [...] Uma escrita, como o próprio sonho, pode ser figurativa, mas como a linguagem, é sempre articulada simbolicamente, ou seja, exatamente como a linguagem *fonemática* e, a rigor, fonética, porquanto é lida".[168]

2) "Assim é que, na *Ciência dos sonhos*, trata-se apenas, em todas as páginas, daquilo a que chamamos a letra do discurso, em sua textura, seus empregos e sua imanência na matéria em causa. Pois esse texto abre com sua obra a via régia para o inconsciente".[169]

O sonho é a via de acesso ao inconsciente, mas também ao desejo recalcado. O acesso ao desejo deve triunfar sobre os avatares da captura imaginária.

Definição e função do despertar: um operador do aparelho psíquico

A indicação clínica quanto ao manejo interpretativo do sonho é seguida por uma definição do fenômeno do despertar. Essa definição está intimamente ligada ao funcionamento do aparelho psíquico na perspectiva da dialética entre a demanda e o desejo: "Vocês me dirão que o mundo do real não é o mundo dos meus desejos. Mas a dialética freudiana que lhes ensino comporta, também, que eu proceda apenas pela via dos obstáculos impostos ao meu desejo. O objeto é *ob*. O objeto se

---

[168] LACAN, J. Situação da psicanálise e formação do psicanalista em 1956. *In*: *Escritos*. Rio de Janeiro: Zahar, 1998. p. 461-495. p. 473.

[169] LACAN. A instância da letra no inconsciente ou a razão desde Freud, p. 513.

encontra através das objeções. Se o primeiro passo em direção à realidade é dado no nível do sonho e no sonho, o fato de que eu alcance essa realidade supõe, certamente, que eu desperte. Mas, esse despertar não basta defini-lo topologicamente dizendo que o que me desperta é quando há um pouco de excesso de realidade em meu sonho. O despertar se produz, de fato, quando aparece no sonho a satisfação da demanda. Isso não é frequente, mas acontece".[170]

Na dialética entre a demanda e o desejo, o lugar do objeto do desejo como objeto "*ob*" é fundamental. Essa abreviatura pode remeter tanto a "objeção" quanto a "obstáculo". O objeto do desejo só poderia se constituir a partir de uma *objeção* à satisfação da demanda. Isso explica, para Lacan, o surgimento do fenômeno do despertar onírico a partir da seguinte tese: quando sonhamos, se despertamos, é porque *a demanda encontrou a sua satisfação*. No texto "A direção do tratamento e os princípios de seu poder", Lacan sustenta a mesma tese: "Aliás, sabe-se por experiência que, quando meu sonho chega a alcançar minha demanda (não à realidade, como se diz impropriamente, que pode preservar meu sonho), ou àquilo que mostra aqui ser-lhe equivalente, a demanda do outro, eu desperto".[171]

Em suma, para Lacan, o despertar onírico se produz quando o objeto do desejo não é mais *ob*, no momento mesmo em que ele perde seu estatuto mais íntimo: estar sempre em defasagem quanto à satisfação esperada ou demandada. Quando a satisfação da demanda acontece, ela anula a hiância entre o objeto demandado e o objeto reencontrado. Se, como sustenta Lacan, o momento de despertar coincide com a satisfação da demanda, podemos deduzir que o despertar advém no instante em que a demanda, no sonho, cessa de se articular em uma cadeia significante. O sonhador encontraria na representação

---

[170] LACAN. *O seminário, livro 8: A transferência*, p. 363.

[171] LACAN. A direção do tratamento e os princípios de seu poder, p. 630.

em imagens do sonho o objeto que satisfaz a demanda. Se a falta do objeto da demanda constitui o motor do funcionamento do aparelho psíquico, a não perda produzida pela satisfação total colocaria em perigo esse funcionamento.[172]

Podemos, portanto, definir provisoriamente uma das funções do despertar: *o despertar seria um operador do aparelho psíquico. O despertar advém para salvaguardar o desejo ali onde ele corre o risco de ser esmagado pela satisfação da demanda.* O despertar deve, assim, ser considerado como um *socorro* ao funcionamento do aparelho psíquico, ou seja, nesse contexto o despertar deveria ser compreendido como um *produtor* ou *administrador* da falta, como um recurso do aparelho psíquico para introduzir uma falta e relançar a articulação da cadeia significante.

Sonho e demanda: dois exemplos clínicos

Como essa tese se articula clinicamente?

O sonho da "Bela Açougueira" ilustra magistralmente o não recobrimento entre o nível do desejo e o nível da demanda. Por que a "Bela Açougueira" não desperta? Porque o que faz a "Bela Açougueira" sonhar é o desejo. Há um primeiro desejo que a leva a ter esse sonho: um desejo de falsificação da teoria de Freud por meio de um contraexemplo.[173]

---

[172] Ainda que o afeto de angústia não seja evocado aqui, encontramos uma primeira antecipação da definição dada à angústia como falta da falta, em que o aparecimento de um objeto viria se opor ao estatuto do objeto como perda.

[173] "O senhor sempre me diz, começou uma inteligente paciente minha, que um sonho é um desejo realizado. Muito bem, vou narrar-lhe um sonho cujo tema era exatamente o oposto – um sonho no qual um de meus desejos não foi realizado. Como o senhor enquadra isso em sua teoria?". Cf. FREUD. *A interpretação de sonhos (I)*, p. 156.

O que permite a Freud analisar esse sonho, apesar da objeção que ele apresenta, é a distinção entre o nível da demanda e o nível do desejo.

Em seu sonho, a "Bela Açougueira" quer dar um jantar, mas uma série de obstáculos se apresentam, opondo-se assim à sua demanda explícita: ela quer fazer compras, mas é domingo, e tudo está fechado; ela quer telefonar para um fornecedor, mas o telefone não funciona, a única coisa que lhe resta é um pouco de salmão defumado, certamente insuficiente. Ela deve, portanto, renunciar ao seu desejo de dar um jantar. O primeiro passo efetuado por Freud é o isolamento do significante "salmão". Nas associações da paciente, o significante "salmão" desliza em direção ao desejo de "caviar". Por essa operação encontramos, por um lado, "um desejo significado por um desejo";[174] nesse caso, é a insatisfação própria ao desejo histérico que é significado: ela *deseja* "caviar", ela *quer* que não lhe deem caviar.[175] Por outro lado, temos um desejo substituído por um desejo[176]: o desejo de salmão (da amiga) é substituído pelo desejo de caviar da "Bela Açougueira".

Mas a análise desse sonho só pode ser feita por um ir e vir: do desejo de salmão ao desejo de caviar para, enfim, voltar ao desejo de "salmão". É nesse retorno que a amiga da paciente faz sua aparição e a questão da identificação se coloca. Essa figura da amiga deve ser considerada a partir da distinção entre desejo e demanda.[177] A amiga da "Bela Açougueira" pediu para vir jantar em sua casa porque ali se come sempre muito

---

[174] LACAN. A direção do tratamento e os princípios de seu poder, p. 627.

[175] LACAN, J. *O seminário, livro 5: As formações do inconsciente* [1957-1958]. Rio de Janeiro: Zahar, 1999. p. 376.

[176] LACAN. A direção do tratamento e os princípios de seu poder, p. 627.

[177] Em sua esclarecedora análise do sonho da "Bela Açougueira", publicada sob o título "Trio de Mélo", Jacques-Alain Miller observa a importância de distinguir, para cada personagem do sonho, a "Bela Açougueira", a

bem. Em seu sonho, é a essa demanda que a "Bela Açougueira" responde, para, em seguida, dizer "não". O trabalho de associação leva à lembrança de uma visita feita à amiga, em que o terceiro personagem, o marido, desempenha um papel central. A "Bela Açougueira" é muito ciumenta dessa amiga, que, como ela observa, seu marido muito estima; ela diz não se preocupar com isso, visto que a amiga é seca e magra, e seu marido gosta das mulheres de formas mais arredondadas. Há, portanto, a primeira interpretação de Freud: a representação da não realização de seu desejo de oferecer um jantar é a realização de um desejo íntimo: que sua amiga não venha jantar em sua casa, que ela não engorde e, assim, agrade ainda menos ao seu marido. Dessa forma, a sonhadora representa, por meio de seu sonho, uma resposta que põe em xeque o desejo da amiga: ela não poderá engordar, o que equivale a agradar ao marido. Eis o desejo que a "Bela Açougueira" advinha por trás da demanda da amiga: vir para ser elogiada por seu marido. Há, portanto, uma dupla identificação feminina com a amiga: por um lado, o desejo de um desejo insatisfeito (a relação da amiga com o salmão é a mesma que a relação da "Bela Açougueira" com o caviar), mas, por outro lado, há uma identificação com a demanda da amiga, porém representada no sonho como uma realização do seu desejo: que isso falhe.

Em sua leitura desse sonho, Lacan isola dois pontos que colocam em valor o *desejo masculino*: a identificação masculina da histérica e a identificação com o objeto do desejo do homem. "Não teria também ele um desejo que lhe fica atravessado, quando tudo nele está satisfeito?". E em segundo lugar: "Mas como pode uma outra ser amada (não basta, para que a paciente pense nisso, que seu marido a considere?) por um homem que não pode se satisfazer com ela (ele, homem

---

amiga e o marido, o nível da demanda e o nível do desejo. Cf. MILLER, J.-A. Trio de Mélo. *La Cause Freudienne*, Paris, n. 31, 1995.

do naco do traseiro)?".[178] A interrogação da "Bela Açougueira" sobre o desejo se desloca do desejo da amiga ao desejo do marido. Se reconstruíssemos a questão inconsciente, ela bem poderia ser esta: se ele diz amar as formas redondas, por que ele se interessa tanto pelas magras? O que a "Bela Açougueira" advinha por trás da demanda das mulheres mais cheias é o desejo de seu marido pelas magras, ela advinha, portanto, um desejo insatisfeito em seu marido. É uma identificação masculina, visto que ela olha sua amiga do ponto de vista do homem. Esse olhar levanta a questão: o que pode haver de tão *agalmático* nela? É assim que o sonho responde ao desejo do marido de encontrar a amiga, desejo que responde à identificação masculina da paciente.

Mas Lacan indica uma terceira identificação (a primeira com a amiga, a segunda com o homem), qualificando-a de "identificação última": "Ser o falo, nem que seja um falo meio magrelo. Não está aí a identificação última com o significante do desejo?".[179] Essa identificação última se esclarece pelo significante "fatia de salmão".

Se a "Bela Açougueira" se coloca questões sobre o desejo do Outro (amiga ou marido), ela tem também uma resposta. Ela responde pela identificação última ao objeto do desejo do marido: ser aquilo que lhe falta, simbolizado sob a forma de uma pequena fatia de salmão, um *desejo do magro*. É assim que a pequena fatia de salmão "assinala o fracasso do jantar, mas é também o objeto mesmo do desejo que resplandece nela".[180]

Expostos todos esses elementos, retomemos a questão sob a perspectiva da definição do despertar como efeito da satisfação figurada da demanda: por que a "Bela Açougueira" não desperta desse sonho?

---

[178] LACAN. A direção do tratamento e os princípios de seu poder, p. 632.

[179] LACAN. A direção do tratamento e os princípios de seu poder, p. 633.

[180] MILLER. Trio de Mélo, p. 18.

É pelo *fracasso* que é preciso responder. Aliás, é a maneira como ela mesma se apresenta a Freud: "olha esse sonho, a sua teoria fracassa". Esse sonho apresenta, em toda a sua dimensão, o fracasso da demanda e a insatisfação do desejo. Se consideramos a identificação feminina com a amiga (demanda de engordar, de se fazer ver e apreciar pelo marido) ou a identificação masculina com o desejo do marido (demanda de encontrar a amiga e desejo escondido pela magreza), a demanda de vir jantar em sua casa é aceita pela "Bela Açougueira" para fazê-la fracassar imediatamente. É o fracasso da demanda – esse que corresponde à sua identificação masculina – que lhe permite afastar a amiga do desejo de seu marido e se colocar, ela mesma, como o objeto que lhe falta.

O que permite à "Bela Açougueira" continuar dormindo é o fato de o objeto da demanda se apresentar ao longo do sonho como faltoso, e em seu lugar aparecem questões. Em seu artigo, Jacques-Alain Miller ressalta o fato de a histérica ser esse conjunto de questões que incidem sobre o desejo do Outro, e são essas questões que a fazem sonhar. Se a "Bela Açougueira" não desperta, é porque o objeto da demanda jamais se materializa. Ele está certamente presente, mas contornado pela cadeia significante nas associações que ela oferece a Freud. Essas identificações são feitas de significantes, elas envolvem esse objeto sem nomeá-lo ou figurá-lo, e assim ela pode dormir. Suponhamos que nesse mesmo contexto a "Bela Açougueira" encontre, em seu sonho, salmão para todo mundo, podemos supor que um despertar teria acontecido. Se o objeto salmão se apresentasse no sonho, toda uma série de perturbações do desejo aconteceria: ela poderia oferecer um jantar, a amiga poderia vir se fazer elogiar e engordar, ela agradaria ainda mais ao seu marido, e é a paciente que não mais poderia encarnar o falo que falta ao homem. É o salmão (ou o caviar) *que não há* que faz sonhar a "Bela Açougueira" para que um desejo se faça reconhecer, por meio do qual ela também pode realizar o desejo principal do sonho, o desejo de dormir.

Do despertar no sonho ao despertar pelo analista: da satisfação à articulação

No último parágrafo da lição de 21 de junho 1961, assistimos à passagem que vai do funcionamento do despertar (um operador do aparelho psíquico que tem como função a preservação do desejo na iminência figurada da satisfação da demanda) a uma indicação da ação do analista. Essa passagem se enuncia assim: "O encaminhamento analítico da verdade sobre o homem nos ensinou o que é o despertar, e nós entrevemos aonde vai a demanda. O analista articula aquilo que o homem demanda. O homem com o analista desperta".[181]

Quais são as diferenças e as semelhanças entre a ação do analista e o mecanismo do despertar? Se tanto um como o outro se opõem à satisfação da demanda, uma diferença os separa: a palavra "*articulação*" falta na definição do despertar onírico. Entre a definição do fenômeno do despertar e a função do analista, há essa passagem sutil que vai da *satisfação à articulação* no manejo da demanda. Quando o despertar passa do fenômeno onírico ao uso clínico, a *satisfação* desaparece, e é a *articulação* que toma o seu lugar. Lacan começa por "o analista articula o que o homem demanda", e ele continua: "o homem com o analista desperta".[182] O despertar no tratamento se efetua pela articulação da demanda, e não pela sua satisfação.

O sonho desperta pelo aparecimento do objeto da demanda, e é a cadeia de significantes que cessa de se articular, *satisfação* e *articulação* são, portanto, termos em oposição.

A "Bela Açougueira" nunca encontra em seu sonho o objeto da demanda, de modo que seu desejo se coloca sob a forma de questões sobre o desejo do Outro (amiga e marido),

---

[181] LACAN. *O seminário, livro 8: A transferência*, p. 363.

[182] LACAN. *O seminário, livro 8: A transferência*, p. 363.

e o desejo corre sem cessar como no jogo do passa-anel. Na análise, o objeto da demanda está sempre presente, mas não há outra satisfação a não ser linguageira. Nas associações livres, o sujeito não cessa de articular a sua demanda, o objeto só é abordável por significantes que o contornam. É articulando a cadeia que o lugar do objeto surge. Por outro lado, no sonho que desperta, o objeto da demanda faz efração por uma imaginarização direta, interrompendo, portanto, todo encadeamento significante.

No tratamento, o analista visa também ao aparecimento do objeto da demanda, não pelo imaginário, mas pelo simbólico. Podemos, assim, escrever que, para o sonho que desperta, o objeto faz irrupção no imaginário: um objeto que se situa entre imaginário e real. Ao passo que, na análise, a aproximação do objeto se faz pelo contorno da cadeia significante, o objeto seria, portanto, apreendido entre simbólico e real.

Despertar pela desidentificação simbólica: somos canibais

Nesse contexto em que o simbólico tem lugar preponderante na direção do tratamento, o despertar, para Lacan, ainda é possível. O isolamento dos significantes resta como a única arma contra os desvios do imaginário, o despertar advém pela articulação significante da demanda.

Mas, no final do parágrafo sobre o despertar no tratamento, Lacan convida a uma pesquisa específica: é preciso buscar *o significante da identificação simbólica*. "O homem com o analista desperta" – pela articulação da demanda –, o parágrafo conclui assim: "Ele [o homem] percebe que, desde o milhão de anos em que a espécie humana está aí, ele não cessou de ser necrófago. Esta é a última palavra daquilo que Freud articula, sob o nome de identificação primária, da primeira espécie de identificação – o homem não parou de comer seus mortos, mesmo que tenha sonhado, durante um curto espaço de tempo, que repudiava irredutivelmente o canibalismo".

A referência à necrofilia e ao canibalismo deve ser tomada como metáfora da refeição totêmica. Pelo mecanismo de "introjeção simbólica" produz-se uma incorporação do *Outro*. Os significantes com os quais o sujeito se encontra identificado são extraídos do campo do Outro, razão pela qual as identificações encarnam sempre uma relação ao Outro. Definida como "a mais antiga manifestação de uma ligação afetiva com uma outra pessoa",[183] Freud distingue três formas de identificação. A identificação com o sintoma do Outro é central, pois ela não se efetua globalmente, mas por *einen einzigen Zug*, por um traço único.[184]

Lacan vai utilizar essa expressão de Freud para ler a primeira identificação freudiana. Tal como observa Éric Laurent, é essa redução efetuada por Lacan que faz da mítica identificação primária ao pai uma identificação a um traço, a um nome.[185] A identificação primária lembra o fato de que a identificação a se buscar no tratamento é uma identificação a um *significante incorporado*. Lacan salienta o valor estruturante dessa identificação em detrimento de seu valor histórico. Essa primeira identificação, que Freud tem o cuidado de situar como anterior ao complexo de Édipo, não deve ser situada enquanto fase realmente vivida, ela tem uma razão *necessária* para o estabelecimento de uma função.

---

[183] FREUD, S. Psicologia das massas e análise do Eu [1921]. *In*: *O mal-estar na cultura e outros escritos*. Belo Horizonte: Autêntica, 2020. p. 137-232. p. 178. (Obras Incompletas de Sigmund Freud).

[184] "Não podemos também deixar de notar que, em ambos os casos, a identificação é parcial e altamente limitada, tomando emprestado apenas um traço único da pessoa-objeto" (FREUD. Psicologia das massas e análise do Eu, p. 180).

[185] Cf. LAURENT, É. Symptôme et nom propre. *La Cause Freudienne*, Paris, n. 39, 1998. p. 20.

A desidentificação

Nesse contexto, no momento em que Lacan evoca a possibilidade de despertar, não é ao inconsciente das formações do inconsciente que ele recorre. Não é ao inconsciente em que uma verdade se revela ao trair as intenções do sujeito. Ele faz antes referência ao inconsciente-*mestre*, o inconsciente da segunda tópica. É o inconsciente que comanda, e que Freud evidenciou pelos conceitos de Supereu e Ideal do eu. Lacan matematizou esses conceitos freudianos sob a forma do discurso do mestre, em que o S1, o significante-mestre, é o agente. Os S1 são o conjunto das marcas identificatórias e inconscientes de um sujeito.

O que desperta nesse momento para Lacan? Que tipo de interpretação desperta? O tratamento da demanda nos levou a responder: a articulação de significantes da demanda produz um despertar, no fundo, é o significante que desperta. Portanto, é indicado que é preciso buscar o significante da identificação simbólica do sujeito, o traço de identificação ao Ideal.

Essa especificidade do significante a ser buscado faz com que o homem se dê conta, ou desperte, para a sua necrofilia, a sonolência do homem corresponde à ignorância da identificação que o determina. O significante desperta com a condição de o tratamento ser dirigido no sentido da busca desses significantes-mestres, com o objetivo de afastar o sujeito dessas marcas. A ação do analista deve visar à destituição do sujeito de sua alienação significante. A identificação e a interpretação estão, portanto, em estrita oposição, e o matema que ilustra isso se escreve assim:

$$\text{Identificação: } \frac{S1}{\$} \qquad \text{Interpretação: } \frac{\$}{S1}$$

O modelo de interpretação aqui proposto é aquele da desidentificação. J.-A. Miller designa esse tipo de manejo interpretativo de "momento socrático da interpretação" ou "interpretação histericizante",[186] a fim de fazer valer a interpretação que visa à separação, separação essa que se faz sob a forma de um *questionamento* ou de um *afastamento* do sujeito de suas identificações.

Essa relação por oposição faz deduzir que não se interpreta a identificação, mas que não há outra interpretação a não ser a própria desidentificação. Ao final de uma análise, não é um sujeito não identificado que encontramos, mas um sujeito desidentificado, "a desidentificação quer dizer que o sujeito passou pela identificação e que dela se separou [...], ele fez a experiência de si mesmo como $. Ele fez a experiência de sua falta-a-ser".[187]

"Divirta-se"[188] foi a última frase ouvida por um sujeito feminino dita por sua mãe em seu leito de morte. Essa fala aparentemente amável e indulgente só teve efeitos superegoicos, foi antes um "goza" que se inscreveu, uma permissão de gozar. "Divirta-se" desdobra-se no tratamento: "divirta-se com o que eu te deixo", "divirta-se bem antes de morrer". A frase é contornada, retomada, remanejada sob diferentes facetas, visando, a cada vez, à separação do sujeito dessa marca em favor da falta-a-ser. O processo de desidentificação toca o âmago da relação do sujeito ao significante. Contudo, é um processo que tem consequências sobre a modalidade de gozo, pois, por um lado, o questionamento dos significantes constitutivos do Ideal do eu é acompanhado de uma deflação narcísica. Por outro

---

[186] MILLER, J.-A. Nous sommes tous ventriloques. *Filum: Bulletin de l'ACF*, Dijon, n. 8-9, 1996.

[187] MILLER, J.-A. Quand les semblants vacillent. *La Cause Freudienne*, Paris, n. 47, 2000. p. 12.

[188] Cf. MILLER. Quand les semblants vacillent, p. 7-17.

lado – e a breve vinheta clínica o mostra bem –, um tratamento que faz cair o significante-mestre, que faz dele um semblante, toca, por esse movimento de queda, a modalidade de gozo do sujeito. A clínica demonstra então que a desidentificação separa o sujeito do significante maior que o aliena, mas também do objeto do qual ele extrai um gozo.

Esse breve exemplo mostra que a interpretação na via da desidentificação é um trabalho de passagem *repetido* pelas marcas significantes. Diferentemente do aparecimento lampejante do despertar associado ao surgimento do sujeito do inconsciente, ou ainda da estupefação brusca própria à surpresa, o laço entre a identificação e o despertar evoca menos uma fulguração e mais um *trabalho progressivo*. A direção do tratamento concebida como um distanciamento progressivo das "sombras" narcísicas em benefício de um surgimento e de uma separação dos significantes mais importantes da vida de um sujeito leva-nos a comparar a desidentificação simbólica com uma espécie de *iluminação progressiva*.

A decantação gradual dos significantes-mestres ao preço de uma destituição subjetiva é comandada por uma ética própria à psicanálise. O descolamento e o distanciamento em relação aos seus enunciados convidam o sujeito a produzir uma nova enunciação e ser outra coisa além de uma marionete manipulada por fios que ele desconhece.

Despertar e angústia

O pesadelo e o gozo do Outro: o enigma

> *Nos sonhos (escreve Coleridge), as imagens representam as impressões que imaginamos que elas provocam. Não sentimos horror porque uma esfinge nos oprime, mas, em sonho, vemos uma esfinge para explicar o horror que sentimos. Se é assim, como a simples crônica das imagens poderia comunicar o estupor, a exaltação, os alarmes, a ameaça e a alegria que teceram o sonho dessa noite?*
>
> Jorge Luis Borges[189]

Em 1963, Lacan dá uma explicação para o pesadelo. Ele lembra o mundo fantástico que envolve o pesadelo: "a angústia do pesadelo é experimentada, propriamente falando, como a do gozo do Outro. O correlato do pesadelo é o íncubo ou o súcubo, esse ser que nos comprime o peito com todo o seu peso opaco de gozo alheio, que nos esmaga sob seu gozo".[190]

---

[189] BORGES, J. L. Ragnarok. *In*: *L'Autre, Le Même*. *In*: *Œuvres complètes*. Paris: Gallimard, 1999. t. II. p. 25. (La Pléiade).

[190] LACAN, J. *O seminário, livro 10: A angústia* [1962-1963]. Rio de Janeiro: Zahar, 2005. p. 73.

Lembremos que, em latim,[191] "pesadelo" se diz "*incubus*", palavra utilizada atualmente sob a forma de "íncubo", que quer dizer "demônio". Essa palavra tem características comuns com o verbo latino "*incubo*", cuja significação primeira é: "deitar-se sobre, apoiar-se, estar estendido sobre, comprimir-se sobre".

Íncubos e *súcubos* povoaram a literatura relativa aos pesadelos. São criaturas sobrenaturais, machos ou fêmeas, que comprimem o peito do sonhador até o sufocarem. Esses monstros aparecem no mundo fantástico para gozar secretamente do sujeito, aspirando-o e manipulando-o contra a sua vontade. Segundo a definição do dicionário, "súcubo" é um termo que data do século XIV e designa a diabinha fêmea que vem à noite deitar-se com o homem. Essa palavra vem de "*succuba*" ("*sub*": "sob", e "*cubare*": "deitar-se"), que, em latim, quer dizer "concubina". O seu oposto, o "íncubo" designa o demônio masculino suposto abusar de uma mulher durante o seu sono.

A mesma raiz latina está presente no espanhol, "*pesadilla*", em que a força está reduzida devido ao emprego do diminutivo (*illa*), mas conserva na primeira parte da palavra – "*pesa*", do verbo "*pesar*" – o sentido de uma força que esmaga, que se apoia sobre alguém.

Em grego, "*Ephialtēs*" quer dizer "se jogar sobre". Isso acentua o caráter de uma ação violenta de causa demoníaca.

Toda a temática antiga dos íncubos e dos súcubos imaginariza a experiência angustiante do sonhador: ele sente que um Outro goza dele. No entanto, à forma imaginária, essa que traduz esse gozo do Outro exercido sobre o sujeito, Lacan acrescenta outro elemento: *o enigma*: "A primeira coisa que aparece no mito, mas também no pesadelo vivido, é que esse ser que pesa devido ao seu gozo é também um ser questionador, e, mais do que isso, que se manifesta nessa dimensão desenvolvida da questão que se chama enigma.

---

[191] GAFFIOT, F. *Dictionnaire latin-français*. Paris: Hachette, 1934.

A esfinge [...] é uma figura do pesadelo e ao mesmo tempo uma figura questionadora".[192]

A angústia experimentada nos pesadelos não pode, portanto, encontrar uma explicação unicamente a partir da forma fantasmagórica ou monstruosa. Perspectiva, portanto, que vai no sentido da citação borgiana destacada. Não sentimos horror porque uma esfinge nos oprime. A esfinge (ou os íncubos ou súcubos) vem, como uma forma imaginária e fantástica, explicar, justificar, dar uma forma a um horror que não é justificável unicamente pela forma. Freud, em 1900, já aconselhava a separar o desenvolvimento de afetos no sonho do resto do seu conteúdo. Ele cita Stricker: o sonho não é feito unicamente de ilusões; por exemplo, "se eu temer ladrões num sonho, os ladrões, é verdade, são imaginários – mas o temor é real".[193] O encontro com uma forma não é uma razão suficiente para produzir angústia em um sonho, outras condições devem aí se acrescentar.

Lacan minimiza a importância da forma imaginária para se interessar pelo enigma que essas figuras provocam, é nesse sentido que a figura da Esfinge é evocada. O que torna um ser gozador para um sujeito é a sua aparição como ser enigmático. Um laço enoda a aparição de um Outro em posição enigmática e o surgimento da angústia no pesadelo. A especificidade própria do enigma pode nos esclarecer sobre seu laço com o gozo do Outro.

O enigma: três perspectivas

A definição de dicionário da palavra "enigma" acentua a dificuldade em compreender o sentido de um enunciado: "Elemento do discurso, enunciado que propõe um sentido

---

[192] GAFFIOT, F. *Dictionnaire latin-français*. Paris: Hachette, 1934.

[193] FREUD. *A interpretação de sonhos (II)*, p. 492.

ambíguo ou obscuro sob a forma de descrição ou de definição e cujo sentido intencionado é preciso encontrar. O que é difícil de compreender, de explicar, de conhecer".[194]

O enigma é definido por Lacan como a "dimensão desenvolvida da pergunta".[195] O enigma é, portanto, uma questão "sob a sua forma mais fechada", fazendo emergir em seu enunciado "um significante que se propõe como opaco".[196] A apresentação de um significante que traz em si essas suas características, *fechado* e *opaco*, transformaria uma questão em enigma.

O que é uma questão *opaca* e *fechada*, essência mesma do enigma? Trata-se de uma questão cujo enunciado é constituído por significantes para os quais o interlocutor não tem resposta. Ele recebe um significante sem conexão com um significado. Assim, a articulação entre significante e significado, que permite a produção de um efeito de sentido, é rompida. Esse efeito de sentido é obtido pela metáfora (substituição de um significante por outro) ou pela metonímia (deslocamento do todo por uma parte). No enigma, um significante se apresenta, mas ele está em ruptura com a continuidade da cadeia significante. Com isso, o sujeito se encontraria na impossibilidade de remetê-lo a outro significante, o sujeito não pode, assim, fazer-se representar. O enigma vem, portanto, produzir a quebra de uma relação considerada como evidente entre o significante e o significado. Há confrontação de um sujeito com uma questão e também com uma frase, em que o sujeito reconhece um *querer dizer*, mas cujo sentido lhe escapa. Para o sujeito, esse significante quer dizer alguma coisa, mas é impossível dizer *o que ele quer dizer*.[197]

---

[194] ROBERT. *Le Grand Robert de la langue française*. Paris: Les Dictionnaires Le Robert, 2001. t. II.

[195] LACAN. *O seminário, livro 10: A angústia*, p. 73.

[196] LACAN. *O seminário, livro 10: A angústia*, p. 73.

[197] Na abertura do *Conciliábulo de Angers*, intitulada "Da surpresa ao enigma", Jacques-Alain Miller situa o enigma como o terceiro termo em

O significante que faz enigma poderia, assim, ser definido como uma *significação de significação*, ou seja, uma pura intencionalidade quanto à significação, mas sem acesso ao querer dizer. O enigma tem a particularidade de revelar a estrutura arbitrária e não necessária da relação entre o significante e o significado. Ele vem questionar a linguagem como conjunto finito no qual todas as significações estão alojadas.

Resumindo:

1) O enigma coloca em evidência a ilusão de uma relação essencial entre significante e significado. Ele mostra antes a falha, a quebra, a fratura: ($S/s \rightarrow S//s$).

2) O enigma confronta o sujeito com um significante opaco quanto à significação do Outro, no lugar dessa significação esperada encontramos um vazio: ($S//s \rightarrow x$).

3) Esse vazio é o próprio cerne do Outro da linguagem, o enigma coloca em questão a linguagem enquanto conjunto que contém todos os significantes e os efeitos de significado: $\cancel{A}$.

Em um momento mais avançado do ensino de Lacan, o enigma não é abordado pelo viés da quebra da possibilidade de significação, mas pelo viés do *sentido*: o enigma "é o cúmulo do sentido".[198] O enigma não é, como na definição do dicionário, abordado pelo sentido que ele libera, mas é definido pelo excesso. Esse "cúmulo" resulta do efeito produzido pela interrogação do sujeito sobre o sentido do sentido. Quando o

---

relação ao par metáfora/metonímia. O enigma "coloca à prova a relação do significante e do significado, sendo, ele mesmo, a evidência da não-relação". Cf. MILLER, J.-A. De la surprise à l'énigme. *In*: *Conciliabule d'Anger, effets de surprise dans la psychose*. Paris: Agalma, 1997. p. 9-22. p. 15. (Le Paon).

[198] LACAN, J. *Le Séminaire, livre XXI: Les Non-Dupes errent* [1973]. Inédit. [s.p.]. Lição de 13 de novembro de 1973. Essa mesma definição se encontra num texto de 1973, "Introdução à edição alemã de um primeiro volume dos *Escritos*", em: *Outros escritos*. Rio de Janeiro: Zahar, 2003. p. 550-556. p. 550.

sujeito interroga o sentido do sentido, ele encontra um efeito de furo de sentido, ou seja, um enigma. Mais tarde, o enigma será ainda redefinido como sendo uma *enunciação*. Ele recebe uma escrita (Ee: E maiúsculo índice de e minúsculo), ou seja, o enigma é o resultado de uma *relação* entre a enunciação e o enunciado, explica Lacan: "Um enigma, como o nome indica, é uma enunciação da qual não se acha o enunciado".[199] A questão que o sujeito se coloca diante do enigma é: "por que diabos tal enunciado foi pronunciado?".[200] É nesse sentido que o enigma é uma questão de enunciação: o questionamento não visa ao enunciado, mas ao ato de fala, ao lugar de onde o enunciado é liberado.

Essa é provavelmente a razão pela qual o enigma e a interpretação estão estreitamente ligados: "A interpretação – aqueles que a usam se dão conta – é com frequência estabelecida por um enigma".[201] A distinção entre enunciado e enunciação é o seu fundamento: "O enigma é provavelmente isso, uma enunciação. Encarrego vocês de convertê-lo em enunciado".[202] Ou, ainda: "O enigma é a enunciação – e virem-se quanto ao enunciado". A cada vez, Lacan deixa ao encargo da própria arte do analista o enunciado que conviria a uma interpretação segundo o modelo do enigma.[203] O exemplo paradigmático para Lacan é o da

---

[199] LACAN, J. *O seminário, livro 23: O sinthoma* [1975-1976]. Rio de Janeiro: Zahar, 2007. p. 65.

[200] LACAN. *O seminário, livro 23: O sinthoma*, p. 150.

[201] LACAN. *O seminário, livro 17: O avesso da psicanálise*, p. 35.

[202] LACAN. *O seminário, livro 17: O avesso da psicanálise*, p. 34.

[203] Para Jacques-Alain Miller, a clínica da psicose, em particular, a estrutura do *fenômeno elementar*, mostra muito claramente o tipo de significante próprio ao enigma. No fenômeno elementar, um significante sozinho se apresenta ao sujeito. É um significante "à espera", na medida em que ele fica esperando um segundo significante que faça cadeia e permita, por meio dessa articulação, a produção de um sentido. Cf. MILLER, J.-A. L'Interprétation à l'envers. *La Cause Freudienne*, Paris, n. 32, 1996.

citação. Na citação, longe de fornecer um conteúdo desconhecido, o analista apresenta antes um significante sem acrescentar um segundo. Ao retomar tal e qual o enunciado do paciente, o analista enfatiza a importância não do *isso quer dizer*, mas do *quem* o diz. Ouvir sua própria frase do lugar do Outro produz um efeito comparável a um "você o disse".

A angústia: do desejo ao real

O enigma se aproxima menos das dúvidas sobre o desejo do Outro do que de uma certeza: o Outro quer alguma coisa, o sujeito ignora o conteúdo desse querer. O enigma sobre o desejo do Outro e a reação de angústia são correlatos.

A angústia comporta a dimensão da demanda do Outro. O surgimento da angústia se produz exatamente neste ponto: o sujeito é colocado diante de um significante *enigmático* do desejo do Outro. O que explica a definição do enigma como "questão opaca e fechada": a angústia é a presentificação, para o sujeito, do desejo do Outro sem a intervenção de nenhum jogo dialético. O sujeito não pode, por sua vez, demandar ao Outro: "você está me dizendo isso, mas o que você quer dizer?". Enquanto não houver uma margem onde o sujeito possa introduzir a sua questão, o desejo do Outro não poderá ser diferenciado de seu gozo: há a certeza de que o Outro quer alguma coisa do sujeito, e é esse "x" de seu desejo que permanece enigmático. É aí que reside o sinal de angústia, é o sinal de que não se pode jogar com o desejo do Outro. A angústia que faz irrupção num pesadelo é, portanto, uma "manifestação específica do desejo do Outro".[204]

A presença esmagadora da demanda do Outro em alguns sonhos de angústia indica que o sujeito interroga não apenas o objeto de desejo do Outro (o que ele quer de mim?), mas

---

[204] LACAN. *O seminário, livro 10: A angústia*, p. 169.

também o seu lugar como sendo, ele mesmo, a causa desse desejo, como objeto *a* (que tipo de objeto sou para o Outro?). A angústia é, portanto, a via que permite ter acesso ao que é anterior ao objeto do desejo, ou seja, à causa do desejo por trás do desejo.

Essa distinção nos conduz a outra conceitualização da angústia. À angústia ligada à demanda e ao desejo do Outro se acrescenta a angústia ligada ao real, mais especialmente ao objeto *a*, objeto que causa o desejo.

Lacan havia, até então, interrogado os sonhos de angústia tomando como modelo explicativo a dialética entre a demanda e o desejo.[205] Chegamos a uma primeira definição do despertar no sonho como sendo o instante em que a demanda vai encontrar sua satisfação plena. O despertar tinha então a função de *salvaguarda* do funcionamento do aparelho psíquico, um recurso último a fim de introduzir uma falta. Essa perspectiva pressupõe que seja possível dissolver a angústia evitando toda satisfação da demanda, afastando-se de toda objetivação significante e imaginária, com o objetivo de preservar o vazio central do ser. "*Despertar*" e "*falta-a-ser*" são termos em continuidade.

No contexto atual, a dialética da demanda e do desejo também está presente. Mas há uma mudança de perspectiva, visto que, no seminário sobre *A angústia*, o afeto de angústia é abordado por "aquilo que não se presta à dialética, aquilo que não se presta ao significante. É o resto".[206] Até então, a ideia de um resto não era desconhecida, pelo contrário, o resto era central na dialética demanda-desejo. Essa dialética tem seu ponto de partida na impulsão de uma necessidade, essa força passa pelos desfiladeiros da demanda e encontra sempre o

---

[205] Cf. capítulo "Despertar e identificação: a desidentificação como iluminação".

[206] MILLER, J.-A. Introduction à la lecture du Séminaire de l'*Angoisse* de Jacques Lacan. *La Cause Freudienne*, Paris, n. 58, 2004. p. 70.

significante. O resto da confrontação entre a necessidade e a demanda é o desejo. Mas é preciso sublinhar que se trata de um resto significante, resto de uma operação significante. O passo decisivo do seminário *A angústia* consiste em tornar esse resto absoluto. Ele é absoluto porque "faz obstáculo à dialética e à lógica do significante, no sentido em que esse *resto* é insolúvel, não se pode nem resolvê-lo nem dissolvê-lo".[207]

À primeira conceitualização da angústia em sua relação com a demanda do Outro vem se acrescentar uma nova conceitualização em que a angústia está relacionada com a irrupção de um objeto que não pode ser resolvido por uma operação simbólica. Isso acarreta consequências clínicas, pois a angústia, efeito da confrontação com a demanda do Outro, faz surgir um resto que não pode ser eliminado por uma manipulação puramente significante. A angústia é, portanto, um afeto que assinala um real impossível de ser absorvido pelo simbólico. Se seguimos essa perspectiva, a angústia do pesadelo não é mais, para o analista, o signo de uma demanda satisfeita, mas o índice da irrupção do objeto *a*. O despertar vem evitar e assinalar esse encontro. O despertar serve para fugir do encontro angustiante. Isso não impede que, apesar dessa fuga, e num breve instante, o sujeito tenha podido entrever o objeto-causa ao qual ele se reduz.

---

[207] MILLER. Introduction à la lecture du Séminaire de l'*Angoisse* de Jacques Lacan, p. 71.

Despertar e trauma

Com os dois termos aristotélicos, *tiquê* e *autômaton*, Lacan busca definir o que se entende em psicanálise por uma repetição no cerne de um encontro. *Tiquê* e *autômaton* são dois tipos de encontro. O *autômaton* é o princípio mesmo da repetição. Uma circunstância inesperada pode se apresentar ao sujeito, mas ele assimila esse encontro porque o que acontece permanece na ordem dos significantes que ele conhece. Essa é, aliás, a maneira pela qual o sujeito se apresenta no início de um tratamento: "isso não para de se repetir em minha vida". É o que é sentido pelo sujeito como sendo da ordem do sempre o mesmo, "é estrutura mesma da rede que implica os retornos".[208] Por outro lado, o que Aristóteles chama *tiquê* é um encontro de uma outra ordem, visto que se trata do surgimento de alguma coisa que o sujeito não conhece, que ele não encontrou anteriormente. O real como *"aquilo que acontece"* é dessa ordem, é o surgimento de alguma coisa que não é organizada nem pela rede dos significantes, nem pela fantasia.

Lacan demonstra de que maneira no próprio seio do reino homeostático que orienta o funcionamento do princípio

---

[208] LACAN. *O seminário, livro 11: Os quatro conceitos fundamentais da psicanálise*, p. 69.

de prazer, no próprio cerne de todos os processos primários, há encontro com o inassimilável – sendo o inassimilável compreendido como um elemento que não pode ser absorvido pelo funcionamento próprio ao processo primário. O processo próprio ao funcionamento do inconsciente deve ser considerado como um lugar-tenente, um lugar de inscrição e de ligação. O encontro do tipo *tiquê* procede, portanto, do surgimento de um elemento que permanece não-ligado pelo aparelho psíquico e, portanto, pela rede de significantes.

Em 1964, um ano depois de seu Seminário dedicado à angústia, Lacan comunica seu esforço em afastar a prática analítica de toda concepção idealista, demonstrando que no próprio cerne da representação, misto de imaginário e simbólico, jaz alguma coisa que lhe é estranha, um elemento real. O problema não é o de uma separação entre real e representação, mas o de uma conjunção entre os dois registros. Se, no seio da representação se aloja um real, a práxis psicanalítica não se inscreve numa concepção que faz da vida um sonho. A vida não pode então ser um sonho, visto que a realidade nunca é homeostática, fechada, completa: ela é furada, incompleta, esvaziada pelo real que, por sua vez, desperta.

Não é a definição da repetição significante e fantasmática que interessa a Lacan em 1964, mas o laço entre essa repetição (*autômaton*) com o aquilo que no seio dessa repetição jamais se encontra, o que aparece como faltoso e ausente na repetição da rede significante.

A questão prínceps é: o que é real na representação? Examinar as relações entre o sonho e o despertar permite responder a essa questão, pois no sonho traumático assiste-se à intromissão de alguma coisa no seio da representação do sonho e que, paradoxalmente, o interrompe. Uma realidade faz irrupção no próprio cerne da realidade do sonho constituído pelas representações imaginárias e simbólicas, mas, a questão é: o que da realidade passa para o sonho?

Do "*knock*" ao "*knocked*": da percepção à tradução

Assim como no sonho de Maury, Lacan dá o exemplo de um de seus próprios sonhos, no qual ele teria sido despertado por batidas na porta. Essa passagem da vida de sonhos para a realidade não é direta, antes que chegue a percepção outra cena aparece: um sonho se forma em torno dessas batidas, mas elas manifestam *outra coisa* que não batidas na porta. Entre a percepção e a plena consciência, há uma *tradução sonhada da percepção*. É nesse espaço próprio ao trabalho dos processos primários, essa hiância entre percepção e consciência, que o inconsciente se manifesta. Diante da perturbação, as batidas na porta, há uma tradução sonhada das batidas, uma mobilização dos processos primários que, através da alucinação, tentam preservar o sono.

Quando Freud aborda o lugar dos *stimuli* sensoriais no sonho, ele chama esse mecanismo de busca de *representância*. Esse processo tende à *assimilação* da percepção incômoda. Essa tradução da perturbação é comandada por um desejo: poder continuar a dormir. "Quando o barulho da batida acontece, não ainda para minha percepção, mas para minha consciência, é que minha consciência se reconstitui em torno dessa representação – de que sei que estou sob a batida do despertar, que estou *knocked*",[209] ou seja, quando o sujeito "toma consciência" das batidas é porque uma representação já se trama em torno da percepção. Entre o *"knock"* da percepção e o *"knocked"* da consciência, há uma tradução sonhada da realidade, e é essa tradução que desperta o sujeito. Não é uma percepção mas uma *representação* que o sujeito retoma: "Talvez vejamos melhor do que se trata apreendendo o que é que motiva o surgimento da realidade representada – a saber, o fenômeno, a distância,

---

[209] LACAN. *O seminário, livro 11: Os quatro conceitos fundamentais da psicanálise*, p. 58.

a hiância mesma, que constitui o despertar".[210] Lacan toma, então, o exemplo do sonho que abre o capítulo VII da *Interpretação de sonhos*, de Freud.

As duas condições do despertar: o sonho do filho que queima

Um pai vela durante dias o leito de seu filho doente. Após a morte da criança, ele vai se repousar um pouco, deixando a um homem idoso a tarefa de velar o corpo da criança. Durante o sono, o pai é despertado por um sonho em que seu filho, com muitas censuras, puxa-lhe o braço, murmurando a frase: "Pai, não vês que estou queimando?". O momento do despertar chega, o pai encontra a roupa de cama e um braço do cadáver queimados por uma vela que havia caído.

O sonho do filho que queima não é, para Freud, um sonho traumático, mas, ao contrário, a própria confirmação da sua tese do sonho como realização do desejo. À questão de saber por que o estímulo percebido não desperta o pai para ir socorrer o corpo Freud responde recorrendo à teoria geral do sonho: realizar o desejo de ver seu filho vivo.

Surge então uma pergunta que não é respondida pela teoria da realização de desejo, a saber, por que o pai desperta *após* a frase do filho? Se o estímulo não interrompe o sono, o que, finalmente, desperta aquele que está dormindo? O que é que contraria o harmonioso acordo entre o desejo do sonho e o desejo de dormir?

Lacan procura saber por que o pai desperta. Ele faz uma constatação: o despertar efetivo advém após *uma frase* sob a forma de apelo, o apelo de um filho a um pai.

---

[210] LACAN. *O seminário, livro 11: Os quatro conceitos fundamentais da psicanálise*, p. 58.

A irrupção da perturbação externa, a estimulação da luz sobre o olho daquele que dorme é *assimilável*, ou seja, ela é retomada por uma trama simbólica e imaginária por meio da qual o sono prossegue. Mas é por esse acaso, esse incidente inesperado da realidade, que outra realidade faz irrupção na cena onírica e desperta o pai que dorme. A frase dita pela criança, "Pai, não vês que estou queimando?", aparece como inassimilável na medida em que os processos primários são impedidos em sua tarefa de busca de uma identidade de percepção, colocando, assim, fim ao sono. É o limite do trabalho do sonho, ou seja, o limite da encenação pelos meios da representação. Isso explica a ideia da irrupção de *outra realidade* produzindo o despertar, isto é, há mais *realidade*, realidade psíquica capaz de produzir um despertar na *frase* da criança, do que na estimulação externa. O sujeito é *knocked* pela frase da criança, e não pelo *knock* da luz que vem do cômodo vizinho. De tal forma que o aparelho psíquico traduz o desarranjo sensorial graças à ação dos processos primários; a representação formada contém um revés, alguma coisa que no cerne dessa representação constitui seu avesso. É o que Lacan chama de um real.

Se é a *frase* que desperta o pai, o que é que *na* frase o desperta? Sobre o que exatamente incide o elemento pavoroso desse sonho? Por que as palavras da criança produzem um tal horror? O que é que elas dão a entender?

Esse sonho traumático será examinado a partir de dois eixos: o eixo do *encontro* e o eixo da *separação*.

A via do encontro: o limite paterno

Sonhar coloca o impossível em suspensão: o pai encontra o filho morto que fala. Eles não podem se encontrar senão nessa *outra cena*, lugar onde governam a intemporalidade e o princípio da não contradição. No seio da representação do sonho (imagens e falas pronunciadas), faz irrupção um real que a frase da criança (materialidade significante) veicula. Esse real, Lacan o indica assim: "Se Freud, maravilhado, vê aqui confirmada a teoria do desejo, isto é mesmo sinal de que o sonho não é apenas uma fantasia preenchendo uma aspiração. Pois, não é que, no sonho, se sustente que o filho vive ainda. Mas o filho morto pegando seu pai pelo braço, visão atroz, designa um mais-além que se faz ouvir no sonho".[211] O que é esse *mais-além* que se faz ouvir no sonho? *Mais além* do quê? A resposta parece ser dada na frase que se segue: "O desejo aí se presentifica pela perda imajada ao ponto mais cruel, do objeto".[212] É um *mais-além* da perda da criança e do luto do pai que Lacan tenta cernir, e para aceder a isso ele se dirige ao objeto. Marie-Hélène Brousse propõe dividir esse encontro em dois níveis: real angustiante, por um lado, o real da perda da criança em posição de objeto, e, por outro, o "retorno do objeto que vem questionar o sujeito sobre a sua própria perda".[213]

Esse sonho responde a um acontecimento, a princípio, traumático para o pai: a perda real de uma criança. Mas o que o sonhador questiona pela boca da criança é o que foi perdido por ele mesmo na morte da criança.

Diante da situação concreta em que se encontra o pai, seu filho acaba de morrer, o que pode haver aí de mais terrível do que a criança que se apresenta para dizer ao seu pai: não vês que estou queimando? Que a criança já morta esteja queimando, que ela o *diga* ao seu pai, não é, como diz Lacan, "a própria homenagem à realidade faltosa?".[214] Essa frase mostra,

---

[211] LACAN. *O seminário, livro 11: Os quatro conceitos fundamentais da psicanálise*, p. 60.

[212] LACAN. *O seminário, livro 11: Os quatro conceitos fundamentais da psicanálise*, p. 60.

[213] BROUSSE, M.-H. Père, ne vois-tu pas que je brûle? *Carnets Cliniques de Strasbourg*, n. 1, 1999. p. 56.

[214] LACAN. *O seminário, livro 11: Os quatro conceitos fundamentais da psicanálise*, p. 60.

em toda a sua crueldade, que, pouco importa o que faça o pai, a sua ação será fracassada, impossível. Aquele que dorme está confrontado – por uma frase que ele mesmo pronuncia em seu sonho –, para sempre, com o impossível da demanda dessa criança. É ele que, como pai, nunca mais poderá responder aos reproches, que nunca mais será nomeado, chamado, falado *como pai* por seu filho, visto que é seu lugar de pai que acaba de ser abalado com a morte da criança.

Isso pode ser esquematizado assim:

$$I(A) \rightarrow S(\cancel{A})^{215}$$

As frases do sonho foram efetivamente pronunciadas pelo filho em vida, mas elas transmitem outra cena: o limite do pai que advém sob a forma do reproche, *não vês?* A frase dita pelo fantasma da criança no sonho confronta o pai com o limite do Outro e com a sua função de nomeação.

A via da separação: o objeto perdido

Sobre esse sonho traumático, Lacan ressalta "a ambiguidade da função do despertar e da função do real nesse despertar".[216] A palavra "ambiguidade" designando a função do despertar conduz à via da *schize*. O despertar é ambíguo, tem

---

[215] Marie-Hélène Brousse propõe esse esquema a propósito dos efeitos do trauma na ordem simbólica. "Do ponto de vista da ordem simbólica, o trauma é o que está em demasia. É da ordem do excesso, do ultrapassamento dos limites atribuídos pela ordem simbólica e pela lei do desejo" (conferência proferida em 12 de março 2004 no âmbito do Atelier de Psychanalyse Appliquée).

[216] LACAN. *O seminário, livro 11: Os quatro conceitos fundamentais da psicanálise*, p. 61.

duplo sentido, ele se presta a um duplo emprego.[217] O duplo emprego se explica porque, por um lado, a partir do momento que o pai desperta, ele vai procurar reparar o acidente na realidade. É justamente esse barulhinho que "testemunha que não estamos sonhando",[218] que faz com que, no momento em que desperta, ele possa dizer que a vida não é um sonho. Por outro lado, é por esse acidente aleatório que outra realidade se faz sentir ao interromper o trabalho de representação. É justamente na *conjunção* entre o sonho e o seu mais-além, "no que o sonho revestiu, envelopou, nos escondeu",[219] que a falta de representação se desvela. Esse outro despertar é, por outro lado, o que faz sentir que "a vida é um sonho". A atrocidade dessa frase lembra àquele que dorme que a vida de representações não é mais que um sonho. A frase que desperta aquele que dorme, "Pai, não vês que estou queimando?", deve ser tomada como o avesso da função de representação do trabalho do sonho. A frase produz um fracasso na simbolização, e o acontecimento vivido pelo pai não chega a tomar uma forma épica no nível do imaginário. O real é, portanto, esse fracasso da representação.

Lacan aborda essa dupla função do despertar a partir da distinção entre duas *schizes*. A *primeira schize* se manifesta pela divisão do sujeito *após* o despertar: entre, por um lado, o retorno do sujeito à representação do mundo, a ação imediata do sujeito para se contrapor ao acidente ocorrido, e, por outro, o sujeito que se dá conta de ter tido um pesadelo, sabendo não estar sonhando. Divisão subjetiva que se dá entre aquele

---

[217] LACAN. *O seminário, livro 11: Os quatro conceitos fundamentais da psicanálise*, p. 61.

[218] LACAN. *O seminário, livro 11: Os quatro conceitos fundamentais da psicanálise*, p. 61.

[219] LACAN. *O seminário, livro 11: Os quatro conceitos fundamentais da psicanálise*, p. 61

que desperta e aquele que sonha. Essa separação vem velar a segunda *schize*, que é mais profunda. A *segunda schize* não deve mais ser situada entre a representação do mundo e a tomada de consciência do pesadelo, mas entre a representação fornecida pelo imaginário do sonho (a criança que se aproxima) e o avesso da representação, o que não pode, em caso algum, ser representado, "o que o causa e no que ele fracassa, invocação, voz da criança, solicitação do olhar"[220]:

imagem

---

invocação, voz da criança, olhar
"Pai, não vês..."

Nessa *segunda schize* produz-se uma separação: alguma coisa, um objeto, que normalmente está escondido, mostra-se como estando separado. Nesse caso, a encenação do sonho deixa aparecer o que habitualmente permanece revestido, escondido, disfarçado pela imagem. O objeto pulsional – nesse caso, a invocação e o olhar –, que deveria ser recoberto pela representação, passa ao primeiro plano. Em sua aparição via a representação, esse objeto, que é normalmente perdido, *perde seu estatuto de perda*, ele não é mais perdido para o sujeito. No sonho em questão, a voz da criança faz irrupção como um real na representação do sonho, por meio da representação a voz surge como o seu próprio avesso.[221]

---

[220] LACAN. *O seminário, livro 11: Os quatro conceitos fundamentais da psicanálise*, p. 72.

[221] É o aparecimento desse objeto pulsional que permite retirar da representação sua suspeição de irrealidade. Cf. MILLER, J.-A. La fuga del sentido. *In*: *Lo real y el sentido*. Buenos Aires: Diva, 2003. p. 7-23.

Em um sonho traumático, o sujeito faz, portanto, um duplo encontro: o acontecimento excede toda possibilidade de nomeação, é assim que todo o conjunto da ordem simbólica se encontra ultrapassado. O sujeito encontra os limites da linguagem como conjunto fechado que contém todas as significações. A isso se acrescenta um segundo encontro: um objeto pulsional destinado a permanecer velado pelo contorno que lhe fornece a cadeia de significantes irrompe repentinamente na cena do sonho.

A leitura que faz Lacan desse sonho desmente o que sustentava Freud em *A interpretação de sonhos*. É muito provável que o que permitiu a Lacan produzir uma leitura tão original desse sonho tenha sido a sua ausência de fascínio pela função do pai. Razão pela qual Lacan encerra o comentário desse sonho dizendo que, "mesmo fundando a origem da função do pai em seu assassínio, Freud protege o pai".[222] A ideia de Freud é que, ainda que se trate de um sonho terrível, um sonho que desperta, ele continua sendo uma realização de desejo: ver a criança em vida e poder continuar dormindo. Na interpretação freudiana, o lugar e a função do pai permanecem intactos. Se o sonho realiza o desejo de ver o filho vivo, ele também realiza seu desejo de continuar a funcionar como pai. É uma leitura que protege a função do pai. A releitura que Lacan efetua desse sonho esclarece, certamente, o mecanismo do sonho traumático e do trauma em geral. Mas, nessa mesma leitura, ele convida a pensar e a orientar a prática corrente do analista a partir de uma disjunção entre o Nome-do-pai e a pulsão.[223]

---

[222] LACAN. *O seminário, livro 11: Os quatro conceitos fundamentais da psicanálise*, p. 60.

[223] Em "A interpretação: uma prática contra a natureza", nós detalhamos um exemplo clínico orientado por uma disjunção entre o Nome-do-Pai e a pulsão.

Da fantasia ao trauma

A realidade é aquilo em que nos apoiamos para continuar a sonhar[224]

Após ter sonhado com uma borboleta, Chuang-Tzu se pergunta, ao despertar, se não é a borboleta que sonha ser Chuang-Tzu. Para Lacan, essa questão colocada ao despertar é a prova de que Chuang-Tzu não é louco, pois ele não se considera idêntico a si mesmo. Ele é Chuang-Tzu "para os outros",[225] pois é a rede simbólica que lhe confere uma identidade, e não ele mesmo sem os outros. O que ele é se decide fora dele, e a verdade do sujeito em si não passa de um vazio sem consistência. Mas ele indica que "foi quando ele era a borboleta que ele se sacou em alguma raiz de sua identidade – que ele era, e que é em sua essência, essa borboleta que se pinta com suas próprias cores – e é por isso, em última raiz, que ele é Chuang-Tzu".[226] Essa observação indica que o sujeito não é completamente redutível ao Outro que o constitui por suas determinações e seus mandatos. O sujeito encontra na fantasia o meio de dar consistência à sua identidade evanescente. O sonho de Chuang-Tzu não se refere a "nada menos que à formação dos seres",[227] pois, no momento em que Chuang-Tzu apreende a si mesmo como borboleta, ele alcança outra faceta da sua constituição como sujeito: o objeto ao qual ele se liga para encontrar a sua consistência. Se na rede

---

[224] LACAN, J. Discurso na Escola Freudiana de Paris [1967]. *In*: *Outros escritos*. Rio de Janeiro: Zahar, 2003. p. 265-287. p. 286 (nota).

[225] LACAN. *O seminário, livro 11: Os quatro conceitos fundamentais da psicanálise*, p. 77.

[226] LACAN. *O seminário, livro 11: Os quatro conceitos fundamentais da psicanálise*, p. 77.

[227] LACAN, J. *Le Séminaire, livre XIV: La Logique du fantasme*. Inédit. [s.p.]. Lição de 26 de janeiro de 1967.

simbólica ele é Chuang-Tzu, na fantasia ele encontra seu ser de borboleta.

A simetria que Chuang-Tzu propõe entre si mesmo e a borboleta é, para Lacan, enganosa, pois é somente quando Chuang-Tzu desperta que ele pode se tomar por uma borboleta que sonha ser Chuang-Tzu. Mas, quando ele é uma borboleta, ele não pode se perguntar se quando ele é Chuang-Tzu desperto ele não é mais a borboleta que ele está sonhando ser.

Essa é uma falsa simetria, pois, para a psicanálise, a vida não é um sonho, e, no entanto, ela tampouco considera a realidade sob um olhar puramente realista. Para a psicanálise, há um real que se anuncia no espaço do sonho, como no sonho traumático do filho que queima. Não é senão nesse espaço de representação que nos aproximamos, às vezes de maneira abrupta e crua, do objeto-causa de desejo. Nós o abordamos no sonho, à beira do despertar, e não no despertar para a realidade, que não passa de um evitamento do encontro.

Sabe-se, depois de Freud, que a produção de angústia que interrompe o sono vem no lugar da censura que não opera uma deformação correta do desejo. Em Freud, a angústia que interrompe o sono não tem o estatuto de sinal de alarme, mas de índice de horror da verdade. Lacan segue Freud quando este diz que "um sonho desperta justamente no momento em que poderia deixar escapar a verdade", mas completa dizendo: "de sorte que só acordamos para continuar sonhando – sonhando no real, ou, para ser exato, na realidade".[228] Nesse sentido, essa verdade, que em Freud se refere ao recalque, mostra bem que o sujeito apenas se defende de uma verdade que ele não quer ouvir. O despertar intervém, portanto, para que se continue a sonhar, de olhos abertos. O exemplo do sonho mostra claramente que, assim que se chega muito perto, a interrupção do

---

[228] LACAN. *O seminário, livro 17: O avesso da psicanálise*, p. 54.

sono põe fim à descida rumo ao horror, graças à qual o sonho prossegue na realidade.

No sonho do filho que queima aparece, no momento do despertar, uma coincidência entre o horrível acidente e o próprio texto do sonho. Lacan sustenta que essa coincidência protege o pai. Isso quer dizer que se proteger imediatamente do infeliz acidente na realidade viria velar o horror que as palavras da criança produzem no pai. É por isso que Lacan afirma: "Mas não conviria ir mais longe, e apreender que a realidade coincide com o sonho que prova que o pai sempre dorme?".[229] Fazer face ao acidente, confrontar-se com essa realidade *após* o despertar viria, portanto, velar o verdadeiro encontro que acontece no sonho.

Ali onde, nesse sonho, Freud via que é para continuarmos a dormir que sonhamos, Lacan mostra que é para continuarmos a sonhar que despertamos, isto é, sonhar imersos nas representações e nos discursos que tecem a trama da realidade. Nesse sentido, em um comentário desse sonho, J.-A Miller concluía: "O despertar para a realidade não passa de uma fuga do despertar para o real, esse que se anuncia no sonho quando o sujeito se aproxima, como Freud bem observa, disso do qual ele nada quer saber".[230] Ocupar-se materialmente do acidente está em correlação com a continuação do sono na realidade cotidiana, um meio de elidir a outra realidade, o real, que o texto do sonho veiculou. Uma vez bem desperto, o sujeito pode dar continuidade ao seu sonho, no qual a realidade homeostática o protege de todo encontro com o real.

Se o fato de se ocupar da realidade é uma continuação do sonho, o mesmo acontece no que diz respeito à passagem do

---

[229] LACAN, J. *O seminário, livro 16: De um Outro ao outro* [1968-1969]. Rio de Janeiro: Zahar, 2008. p. 193.

[230] MILLER, J.-A. Réveil. *Ornicar? Revue du Champ Freudien*, Paris, n. 20-21, 1980. p. 52.

sonho à realidade, realidade sempre emoldurada pela fantasia. Apreender o que pode ser um despertar na lógica da fantasia permite a Lacan concluir que "o momento do despertar não é senão um breve instante: esse em que trocamos de cortina".[231]

O despertar é um ato de ruptura, mais especificamente, um momento fugaz que separa duas cenas. A evocação das *cortinas* conduz-nos diretamente à ideia de cena, da simples passagem de uma cena a outra. Então, o despertar não tem em si mesmo nenhum conteúdo. Trata-se de uma ruptura sem qualidades nem conteúdo, assim como podemos estabelecer em nossos desenvolvimentos epistemológicos. Da *outra cena* do sonho à cena da fantasia, trata-se apenas de uma mudança de cenário.

Distinção entre trauma e fantasia

A partir daqui é possível sustentar que a irrupção de um acontecimento traumático rompe a couraça homeostática da realidade sustentada pela fantasia. Seguindo essa linha, haveria uma oposição entre o trauma e a fantasia e uma similitude entre o trauma e o despertar.

A questão do traumatismo resta essencial em psicanálise, pois o trauma se tornou um problema para Freud em sua primeira abordagem da clínica da histeria. Ao ouvir o discurso da histeria, Freud acreditava estar diante do traumatismo (sedução da criança pelo adulto), ao passo que se tratava da fantasia. O verdadeiro trauma se instala sempre numa temporalidade *a posteriori*, como ele o demonstra no célebre caso Emma.[232]

---

[231] LACAN. *Le Séminaire, livre XIV: La Logique du fantasme*, [s.p.]. Lição de 25 de janeiro de 1967.

[232] O caso Emma foi exposto por Freud em 1895. Trata-se de um caso de histeria, cujo sintoma principal consiste em não poder entrar sozinha em lojas. Ela atribui inicialmente esse sintoma a uma lembrança que

Através desse caso, Freud enfatiza o vínculo *verbal* que existe entre os acontecimentos determinantes do sintoma. No caso de Emma, é pelo "riso" que um laço associativo aproxima as duas cenas, sendo a primeira no momento da puberdade e a segunda a cena infantil em que, ao ser molestada, ela percebe o riso do dono da mercearia durante o seu gesto.

Aos poucos, no lugar dessa efração real da sedução, é a fantasia que se torna a explicação causal do sintoma histérico, e Freud abandona a sua *Neurotika*.[233]

É preciso ressaltar a importância crucial para a psicanálise da passagem que vai do trauma à fantasia, pois é o lugar atribuído ao sujeito que bascula: o acontecimento traumático é, a princípio, uma interrupção que vem de fora, é uma efração de um real inesperado, o sujeito se encontra como sendo aquele que sofre, sem querer, esse mau encontro. Ao contrário, considerar o sintoma do ponto de vista da fantasia muda a posição ética do sujeito: a fantasia não é uma irrupção que vem de fora, mas uma sustentação constante e repetida do desejo do sujeito. Isso introduz uma diferença radical em relação ao trauma: a fantasia sustenta o desejo.

---

remonta aos seus 13 anos, quando, numa loja, ouve dois vendedores rindo juntos. Ela sai precipitadamente do local com a ideia de que eles haviam zombado da sua vestimenta. Para Freud, isso não explica a determinação de seu comportamento atual. A análise faz, então, surgir uma lembrança mais antiga, de quando, aos 8 anos de idade, a paciente foi molestada pelo proprietário da confeitaria, que tocou seus órgãos sexuais por cima de seu vestido. Cf. FREUD, S. Projeto para uma psicologia científica (1950 [1895]). *In*: *Publicações pré-psicanalíticas e esboços inéditos (1886-1889)*. Rio de Janeiro: Imago, 1969. p. 381-554. p. 465-467. (Edição Standard Brasileira das Obras Psicológicas Completas de Sigmund Freud, I).

[233] Cf. FREUD, S. Cartas e manuscritos dirigidos a Fließ. Carta 139 [69], de 21 de setembro de 1897. *In*: *Neurose, psicose, perversão*. Belo Horizonte: Autêntica, 2016. p. 47-50. p. 47. (Obras Incompletas de Sigmund Freud).

Lacan indica esse uso último da fantasia: "Digamos que a fantasia, em seu uso fundamental, é aquilo mediante o qual o sujeito se sustenta no nível de seu desejo evanescente".[234] Observemos que o sonho e a fantasia têm a mesma função: trata-se de uma satisfação alucinatória do desejo, e é sobretudo nos devaneios diurnos que aparece mais claramente esse uso da satisfação próprio à fantasia. É nesse ponto que sonhar e fantasiar não poderiam se distinguir. Contudo, há ao menos duas grandes diferenças. Em primeiro lugar, diferentemente do sonho, a fantasia não é uma formação do inconsciente que pode ser tratada como um texto a ser lido. Assim, a fantasia não pode ser decifrada ao modo de um sonho, de um lapso ou de um sintoma. Em segundo lugar, a fantasia sustenta, com seu cenário, a ficção da relação sexual, ao passo que o sonho, mesmo sendo uma satisfação de desejo, permite ao que não é da ordem simbólica encontrar, às vezes, uma representação imaginária cujo patetismo desencadeia o afeto de angústia.

Freud já observava em 1908 que, embora habitualmente os pacientes estejam dispostos a falar de suas formações do inconsciente, certa inércia envolve as produções fantasmáticas: o sujeito tem vergonha delas, dissimula-as e as esconde, ele preferiria, diz ele, admitir os seus erros em vez de suas fantasias.[235]

Essa variedade de cenários imaginários só poderá então ser tratada a partir da redução dessa prolífica produção a uma fórmula reduzida, um axioma, que não será interpretado, mas isolado. O próprio título do texto "Bate-se numa criança"[236] indica a redução produzida a partir da diversidade dos cenários

---

[234] LACAN. A direção do tratamento e os princípios de seu poder, p. 643.

[235] Cf. FREUD. O poeta e o fantasiar.

[236] FREUD, S. "Bate-se numa criança": contribuição para o estudo da origem das perversões sexuais [1919]. *In*: *Neurose, psicose, perversão*. Belo Horizonte: Autêntica, 2016. p. 123-156. (Obras Incompletas de Sigmund Freud).

imaginários. Lacan ressalta essa redução, já presente em Freud, mas ele se interessa menos pela prevalência imaginária do que por uma matriz simbólica da fantasia, que ele condensa num matema: $\mathcal{S} \lozenge a$. Esse matema liga dois elementos: um sujeito marcado por uma divisão produzida pela ordem simbólica com um objeto que pertence à ordem imaginária e real. Envelopado por um cenário imaginário, fixo e repetitivo, esse objeto a é um mais de gozar por meio do qual o sujeito extrai uma satisfação sexual. O elemento que vemos desaparecer na fantasia é o Outro do simbólico e a hiância que lhe é própria. Uma mesma operação paradoxal liga definitivamente o surgimento do sujeito do inconsciente e a constituição da fantasia: por um mesmo movimento, o significante abole o sujeito (falta-a-ser) e um objeto se destaca como perdido. É uma operação que revela que "a causa de um sujeito é ao mesmo tempo a sua perda",[237] o surgimento de um sujeito ocasiona ao mesmo tempo a morte do seu ser. O sujeito é, então, deportado ao longo da cadeia significante sem que o seu ser possa se representar inteiramente. O sujeito se livra desse intervalo tamponando-o com um objeto imaginário e real que colmata sua falta-a-ser. Nesse sentido, a fantasia tem a estrutura de uma sutura, "mas [a fantasia] o sela, recusando ao sujeito do desejo que ele se saiba efeito de fala, ou seja, que saiba o que ele é por não ser outra coisa senão o desejo do Outro".[238] A fantasia "permite ao sujeito pensar escapar à supremacia do significante"[239] a partir da introdução de um objeto que, por sua vez, não é significante. Esse objeto, causa

---

[237] BROUSSE, M.-H. La Formule du fantasme? *In*: MILLER, G. (dir.). *Lacan*. Paris: Bordas, 1987. p. 105-122. p. 113. (Philosophie Présente).

[238] LACAN, J. Posição do inconsciente [1964]. *In*: *Escritos*. Rio de Janeiro: Zahar, 1998. p. 843-864. p. 850.

[239] BROUSSE. La Formule du fantasme?, p. 113.

de desejo, dá ao sujeito a ilusão da mestria e ao mesmo tempo limita o seu gozo, gozo que é, portanto, sempre parcial.[240]

Esse uso da sutura e da satisfação próprio à fantasia faz, de certo modo, objeção ao trauma, visto que ele não é um acontecimento inesperado, mas uma resposta ao encontro angustiante com a enigmática opacidade do Outro. Nesse sentido, a fantasia se opõe completamente ao imprevisto, uma vez que ela regula e enquadra todas as expectativas do sujeito, todas as suas convicções e reações, em suma, a sua realidade. "O que não cessa de se escrever" define bem esse solo firme da fantasia que garante definitivamente ao sujeito o mesmo encontro, o mesmo gozo, sempre aquilo que ele espera. É precisamente nesse sentido que a fantasia nada tem de traumático, mas ela é justamente a sua cura, a sutura do traumatismo que foi o encontro com o Outro e sua hiância, "o primeiro trauma é a realização do próprio sujeito, é advir como sujeito da linguagem".[241] O que é traumático para um sujeito são, portanto, os encontros que vêm perfurar o gesso da falta-a-ser, que é a fantasia, e que reatualizam o trauma inicial. Esses encontros deixam o sujeito diante de um furo na significação e o confrontam com uma parte não simbolizável no vivo, da qual nada pode ser dito, mas que, no entanto, goza fora de toda referência significante do sujeito. É o horror da confrontação com um gozo desconhecido.[242]

---

[240] Nesse sentido, a fantasia poderia ser considerada como uma formação simbólica (por seu axioma) e imaginária (por seu cenário), o que se opõe ao real. Contudo, isso não é totalmente correto, pois a fantasia participa do real: à parte o gozo que ela produz, sua constância, seu caráter fixo e imutável ressoa com a definição do real dada por Lacan em 1964: "o que retorna sempre ao mesmo lugar".

[241] BRIOLE, G. L'Événement traumatique. *Mental: Revue Internationale de Santé Mentale et Psychanalyse Appliquée*, n. 1, 1996. p. 110.

[242] Cf. FREUD, S. Os caminhos da formação dos sintomas. Conferência XXIII. *In*: *Conferências introdutórias sobre psicanálise (Parte III) (1915-1916)*. Rio de Janeiro: Imago, 1969. p. 419-439. p. 436-437. (Edição

Tomemos como exemplo um caso clínico apresentado por Esthela Solano. Uma analisante, em um momento mais avançado do seu tratamento, traz o seguinte sonho:

> Vejo se aproximar de mim um pequeno gato. Ele foi amarrado, imobilizado com fita adesiva para não se mexer. Foi amordaçado para não gritar. Constato que o gato tentou se desfazer das suas amarras, sem conseguir, e que ele veio até mim para me pedir socorro. Retiro as suas fitas adesivas, compreendo que ele está machucado e que sente dor. Devo retirar isso dele, ainda que isso o machuque. Consigo libertá-lo das suas amarras...

Acedemos ao deciframento desse sonho a partir de três tempos lógicos.

1) "O instante de ver" corresponde ao primeiro momento do sonho: "Vejo se aproximar de mim um pequeno gato". A analisante relata, então, um resto diurno de uma troca com um motorista de táxi, que lhe fala da sua pressa em chegar em casa para encontrar seu gato. A analisante pensa, então, na função desse gato enquanto objeto privilegiado e constrói em suas reflexões a série metonímica: a criança, o pequeno, o falo, o gato. Esse exercício havia sido determinado por sua pergunta quanto ao desejo dessa mulher: o que quer uma mulher?

2) "O momento de compreender" corresponde ao segundo tempo do sonho, quando ela diz: "Constato que, compreendo que" o gato está imobilizado devido às suas amarras. Ela associa esse gato amarrado à sua posição em relação ao seu parceiro: é ela que está imobilizada ao lado de um homem sem desejo cuja inibição sexual ela deve suportar sem que ele reaja aos seus apelos. Ela se dá conta de que esse gato do sonho "representa o seu silêncio, a sua posição de mulher assujeitada

---

Standard Brasileira das Obras Psicológicas Completas de Sigmund Freud, XVI).

à mortificação do seu parceiro".[243] Há um apelo que ela não pode mais evitar.

3) "O momento de concluir" corresponde ao momento em que ela pensa ter de retirar as amarras do gato, ou seja, as suas. Ela quer outro lugar para ela, diferente desse da "mulher sacrificada pela mortificação de um homem".[244] A paciente evoca então uma velha lembrança traumática da infância. Ela foi testemunha de uma cena pavorosa: certa noite, sua irmã volta tarde para casa. O pai, louco de raiva, tortura impiedosamente o gato da irmã, objeto precioso desta última. Ela olha a cena em silêncio. A analisante percebe, então, que naquela noite ela vislumbrou a posição do pai quanto ao desejo e ao gozo. Ao atacar o falo desejado por sua irmã, o pai mostra uma recusa e uma vontade de aniquilamento do desejo feminino em sua filha. É o seu ódio da feminilidade que ele expõe quando ataca o objeto de desejo de uma mulher. Se o gato representa a analisante, é na medida em que ela se identificou com esse gato torturado pelo pai. O encontro com o gato, em seu sonho, é o encontro com o seu próprio gozo, "tu és isto". O parceiro escolhido convinha perfeitamente à sua posição de gozo em relação aos homens: ao ocupar o lugar do gato, é ela o objeto que se sacrifica para satisfazer o suposto gozo do pai. O momento de concluir se anunciaria assim: o objeto do gozo do pai não é uma mulher, mas um gato torturado.

Despertar selvagem e despertar analítico

O tratamento psicanalítico vai da fantasia reduzida ao seu axioma mínimo (por exemplo: "uma menina se faz torturar") a um acontecimento traumático e contingente. A interpretação

---

[243] SOLANO-SUAREZ, E. Les Stigmates du trauma. *Quarto*, Bruxelles, n. 63, 1997. p. 42.

[244] SOLANO-SUAREZ. Les Stigmates du trauma, p. 43.

do sonho do gato amarrado leva o sujeito a uma cena infantil visivelmente recalcada. No *a posteriori*, compreendemos que seu sintoma e sua fantasia constituíam uma resposta ao impossível de dizer dessa cena infantil. Nesse ponto, esse sujeito pode perceber a que ponto sua posição em relação aos homens respondia à sua versão do pai. Essa versão orientava a sua posição sexuada e vinha no lugar da relação impossível de escrever. O trabalho analítico, de alguma forma, propiciou que a fantasia se revelasse ser somente "a tela que dissimula algo de absolutamente primeiro, de determinante na função da repetição".[245]

Assistimos a uma redução do sentido sexual do sintoma em direção a um não sentido em que a decifração se interrompe, quando nada mais há a dizer. Essa cena revela à analisante uma versão da relação, essa que ela isolou para tamponar o impossível. Em suma, essa vinheta clínica é marcada por uma orientação que se resume em substituir a significação de uma repetição pelo significante de um encontro, ou seja, ir da fantasia ao trauma.

Onde reside a importância de se chegar a essa cena traumática? A cena traumática, como acabamos de ver, é uma cena de gozo, de um suposto gozo do Outro. No tratamento analítico, a partir do momento em que essa cena se enuncia, há uma abertura para que ela seja esvaziada de seu valor de gozo. Quando o trauma chega a ser formulado, é o sujeito que advém em seu lugar. Como no fragmento clínico, no lugar da fantasia da mulher mortificada e imobilizada ao lado de um homem sem desejo vem a cena do pai torturando o gato. A cena traumática faz advir o sujeito, uma vez que ele pode, a partir de então, dar-se conta de que ele se fez objeto do sacrifício do gozo do pai em sua relação com os homens. Esvaziar a cena traumática de gozo faz com que ela tome valor de contingência.

---

[245] LACAN. *O seminário, livro 11: Os quatro conceitos fundamentais da psicanálise*, p. 61.

A circunscrição progressiva da fantasia difere da travessia brutal do trauma, em que o sujeito não recorre à fantasia para significar o encontro inesperado. Atravessá-lo significa poder reduzi-lo ao seu axioma mínimo, por meio do qual o sujeito pudesse entrever seu caráter de versão, de resposta, de sutura. Se ir da *fantasia ao trauma desperta*, isso se dá pela ruptura com a incessante repetição fantasmática.

Podemos, a partir de então, considerar o encontro com a cena traumática no desenrolar de um tratamento como um despertar? Estamos prestes a distinguir um despertar "selvagem" do trauma e um despertar "analítico" em um tratamento. O despertar "selvagem" e o "analítico" compartilham um ponto em comum: a mesma função de despertar em relação à fantasia. Distingui-los parece-nos, no entanto, necessário, porque, embora a análise busque ir da fantasia ao trauma, para retornar à fantasia, o analista não procede por uma travessia abrupta da fantasia, como é o caso do trauma, mas por uma redução progressiva.

Ir da fantasia ao trauma em um tratamento pode ser considerado como um despertar, pois o que se produz é uma ruptura com o "isso não cessa de se escrever" próprio ao sentido sexual da fantasia. A partir de então, é o sujeito que advém, visto que ele se dá conta de que o acontecimento aleatório que o confrontou com o furo da significação havia sido recoberto por um sentido sexual. Por essa razão, Éric Laurent lembrava a definição de Lacan segundo a qual "o analista é traumático", na medida em que a "sua formação o levou a reduzir o sentido do sintoma ao seu núcleo mais próximo de uma contingência fora-do-sentido".[246]

A distinção entre o "despertar selvagem" e o "despertar analítico" abre uma nova perspectiva. O trauma como despertar selvagem da fantasia se aproxima da ação do analista que orienta

---

[246] LAURENT, É. L'Envers du trauma. *Ornicar Digital*, n. 204, 2002.

seu tratamento em direção à cena traumática para desestabilizar a fantasia. O analista é um trauma a partir do momento em que, no lugar do sentido, ele faz advir o encontro imprevisto.

A desidentificação e o surgimento do sujeito desvelam a face do despertar em seu laço com o retorno do recalcado e com as revelações do inconsciente. O analista despertará com a condição de saber tomar como modelo o inconsciente em seu caráter de inesperado, de ruptura e de falha do saber já constituído.

Mas o despertar não diz respeito unicamente às formações do inconsciente e aos retornos do recalcado. Outro aspecto do despertar diz respeito à confrontação do sujeito com algo em que falta sentido e significação. O trauma e o pesadelo despertam, mas a interpretação analítica desperta? As falas do analista provocam, ou não, um despertar?

Já podemos entrever que não se trata de uma questão simples. O pesadelo e a intepretação compartilham a mesma estrutura? Sim e não, pois aproximar totalmente a interpretação do pesadelo incorre num contrassenso. Sustentamos, com Freud e Lacan, que o despertar no pesadelo tem a finalidade de interromper a descida rumo ao horror, que leva o sujeito a adormecer novamente na realidade. Nesse sentido, despertar é adormecer imediatamente. Desse ponto de vista, a interpretação não deverá copiar o pesadelo, que não desperta senão para fazer adormecer ainda mais profundamente.

Se a interpretação analítica não pretende ser adormecedora, ela não deve funcionar exatamente como funciona o pesadelo. Contudo, embora o despertar provoque uma desestabilização do lado da realidade homeostática, isso não impede que no âmago de um sonho um elemento estrangeiro ao mundo do *Wunsch* apareça. Sob essa perspectiva, o pesadelo, ainda que muito incômodo para o sujeito, não é um elemento perturbador a ser imediatamente esquecido. A direção do tratamento vai depender de o analista copiar o despertar no sonho, ou seja, que ele desperte para evitar o horror, ou de o analista se aliar ao pesadelo, isto é, que, em vez de promover o esquecimento, o pesadelo e a sua angústia se tornem um instrumento para aproximar o objeto-causa que o sujeito se tornou para o Outro da demanda. Vamos retomar e ampliar a presente discussão.

Ultrapassamento do ponto de angústia

Diante da aproximação de um impossível a suportar no sonho, não é totalmente exato afirmar que a interrupção do sono seja a única consequência ou alternativa. Vários analisantes testemunham o fato de poderem continuar sonhando apesar do aparecimento de um ponto de horror. Algumas vinhetas clínicas enfatizam a ideia de *ultrapassamento*. Psicanalistas, Jacques-Alain Miller, particularmente, sustentam que existe uma correlação direta entre o progresso do tratamento e a possibilidade de o sonhador (sujeito em análise) continuar seu sonho para além do ponto de angústia.[247] Verifica-se, portanto, na clínica ser possível superar ou ultrapassar o ponto de angústia que, a princípio, produzia um despertar como mecanismo de fuga. Além do mais, esse ultrapassamento se torna uma espécie de instrumento de verificação dos avanços de um tratamento.

A perspectiva do ultrapassamento pode correr um risco que desejamos imediatamente abordar. Dois pontos podem ser problemáticos. O primeiro diz respeito à ideia de *revelação*: pode surgir a falsa ideia de que o sonho *revela* alguma coisa ao sujeito. O ultrapassamento do ponto de horror e o evitamento do despertar permitiriam *em si mesmo* que o sujeito tenha acesso a outra dimensão até então esquivada. O segundo ponto problemático é a ideia de *antecipação* que essa perspectiva pode

---

[247] Cf. MILLER. Nous sommes tous ventriloques, p. 22.

dar a entender. Pode acontecer de o analisante apresentar o seu sonho de modo a anunciar ou a antecipar alguma coisa. Assim, o sonho é apresentado não como um pensamento recalcado a ser interpretado, mas como um saber que, em si mesmo, antecipa o desenvolvimento do tratamento, ele diz sem disfarces. O sonho não é mais um *rébus* a ser decifrado, visto que ele porta um saber em si mesmo. Essa é, aliás, uma constatação que existe no cerne do cartel do passe. Marie-Hélène Brousse e Antonio Di Ciaccia evocam o debate em torno dessa questão. Di Ciaccia observa o aumento e a extrema importância dada aos relatos dos sonhos no final da análise. Por sua vez, M.-H. Brousse ratifica essa constatação e acrescenta a relação inversamente proporcional entre a quantidade de relatos de sonhos e a ausência de relatos das interpretações feitas pelo analista. Essa relação a faz concluir que o sonho ocupou o lugar deixado vazio pela interpretação, "ele interpreta, ele não é mais interpretado. [...] o sonho tornou-se o analista".[248] Após sua experiência em cartéis do passe, S. Cottet chega a essa mesma constatação, mas ele dá uma explicação: a transmissão dos sonhos ao final da análise é acompanhada da ideia de um efeito conclusivo e oracular. O sonho fascina porque é considerado "o umbigo do percurso analítico, ao modo de uma verdade transcendente que falaria sozinha e para a qual toda interpretação cessaria de ser útil".[249]

Contudo, em todo sonho a dimensão do trabalho do sonho resta presente de tal maneira que o trabalho de interpretação deve acontecer. É problemático pensar que o final de uma análise revelaria uma verdade e falaria sem disfarces, como se a censura e o recalque não operassem mais. São, portanto, alguns elementos que fazem do ultrapassamento do ponto de angústia uma questão, no mínimo, complexa.

---

[248] BROUSSE, M.-H. Place et fonction de l'interprétation dans la passe. *La Cause Freudienne*, Paris, n. 32, 1996. p. 46-54.

[249] COTTET. Maître de l'interprétation ou gardien du sommeil, p. 98.

A questão do ultrapassamento será examinada a partir de uma vinheta clínica em que o momento de despertar pode ser ultrapassado. Esse caso nos conduzirá a um questionamento sobre a interpretação analítica como "interpretação-pesadelo". Examinaremos em seguida o célebre sonho da injeção de Irma, sonho relido por Lacan em duas lições do seminário de 1954-1955.

"O mingau do amor"

A primeira vinheta clínica corresponde a um pesadelo contado pela psicanalista Monique Kusnierek[250] quando ela estava em um momento avançado de seu tratamento analítico. Ela traz o relato preciso de um sonho repetitivo que, inserido na trama do seu tratamento e da sua posição subjetiva, encontra seu sentido. Seu relato começa pela afirmação: "esse pesadelo encontrou finalmente a sua solução quando ela pode dar prosseguimento a ele para além do ponto de angústia".[251]

Trata-se de um pesadelo repetitivo que varia a partir das elaborações que tiveram lugar na análise. Assim, M. Kusnierek isola três tempos.

1) O pesadelo repetitivo era o seguinte: no enquadre de uma janela a paciente olha uma cena em que a deixam cair. Esse "deixar cair" correspondia ao que ela tinha podido entrever sobre a lógica própria à sua posição subjetiva: uma lógica de amor seguido de abandono. Manifestando-se particularmente na modalidade da transferência analítica, a analisante esperava de seu analista o signo de amor que ele não dava, ela era, então, "deixada cair" (abandonada). Elaboração sob transferência da lógica da vida amorosa.

---

[250] KUSNIEREK, M. Une interprétation sans parole. *In*: MILLER, J.-A. *et al. Qui sont vos psychanalystes?* Paris: Le Seuil, 2002. p. 23-26.

[251] KUSNIEREK, M. Une interprétation sans parole, p. 23.

2) Uma vez elaborada essa lógica, o sonho chega a se prolongar para além de onde, normalmente, a sonhadora despertava: após ter sido deixada cair, ela é reduzida a um mingau, vaporizada. A palavra "mingau" [*bouillie*], cuja ressonância pulsional tem forte caráter oral, permite que a analisante chegue a uma primeira conclusão: ela se deixa cair, ela mesma, na goela do Outro. Em suma, para além desse ponto de horror, a sonhadora encontra dois novos significantes: "mingau" e "goela do Outro". É a pulsão em jogo que se descobre na sessão analítica.

3) Terceiro tempo do sonho: após de ter sido reduzida a mingau, ela chega a escapar, pois o Outro do sonho é castrado. O sujeito escapa, portanto, do Outro que a devora.

O ultrapassamento da angústia (entre os tempos 1 e 2) no sonho permitiu à analisante ver que "mais além da demanda de amor, a pulsão foi descoberta".[252]

Esse sonho, cujo caráter insistente e fixo traz a marca do traumático, modifica-se à medida que uma elaboração linguageira se efetua. Mais precisamente, à elaboração linguageira corresponde a continuação do sonho. A elaboração sob transferência do real em jogo em sua vida amorosa permite suportar o pesadelo. O real abordado no tratamento tem como consequência que o pesadelo perca seu valor de revelador do real, tendo o despertar como consequência imediata.

Esse prolongamento para além do ponto de angústia e o evitamento do despertar permitem ao sujeito entrever o elemento pulsional, elemento contido em sua demanda de amor. O tempo 2 do sonho vem, de algum modo, interpretar o tempo 1 do pesadelo. Uma espécie de sexualização da demanda tem lugar a partir do momento em que ela consegue entrever que seu gozo decorre da voracidade do Outro. Assim, passar de "deixar cair" – caráter de degradação da sua vida amorosa – a

---

[252] KUSNIEREK, M. Une interprétation sans parole, p. 24.

"mingau" permite que ela se dê conta desse gozo contido na fantasia de se fazer "devorar" pelo Outro.

A interpretação-pesadelo

Essa vinheta clínica implica três tempos do sonho: 1. Pesadelo repetitivo em que a cena que desperta pela produção de angústia pode ser reduzida à fórmula: "deixada cair". Elaboração sob transferência da lógica da vida amorosa: da demanda de amor ao abandono; 2. A cena "deixada cair" no sonho não desperta a sonhadora. Para além desse ponto de horror, a sonhadora encontra dois novos significantes: *mingau* e *goela do Outro*. A pulsão é descoberta no tratamento; 3. Um sonho em que o sujeito escapa do Outro que a devora.

Eis a interpretação do analista após esses três tempos:

> A sessão tinha acabado havia pouco tempo. Ela saía do consultório do analista, ela estava no corredor, estava escuro e, de repente, ela ouviu atrás de si um barulho de bicho feroz. Ela não acreditou no que estava ouvindo! Ela se voltou para verificar com seus próprios olhos aquilo que ouvira. Foi então que ela viu seu analista fazendo o gesto de um animal feroz prestes a se jogar sobre a sua presa. Ela ficou surpresa e sorriu.[253]

Essa interpretação sem palavras é uma interpretação que mimetiza alguma coisa, mais especialmente, ela mimetiza uma cena do sonho, aquela do tempo 2: o analista imita esse Outro que devora o sujeito. Sustentamos que uma interpretação que copia, que toma como modelo essa cena do sonho, mostra que, para esse analista, o sonho não fornece, não revela um real graças ao ultrapassamento do ponto de angústia. Por que é que ele refaz a segunda cena do sonho?

---

[253] KUSNIEREK. Une interprétation sans parole, p. 23-24.

1) Para que a devoração se torne uma montagem, uma peça com a qual se joga. Trata-se de uma redução ao semblante do Outro devorador da fantasia. Essa elevação do horror à dignidade de semblante produz um efeito cômico e de alívio na analisante.

2) Para que a cena de devoração no sonho passe à devoração na transferência. No *a posteriori* dessa interpretação, a analisante chega à fórmula: "se não estou à altura, então me coma". Era então no lugar do *não saber* que ela se deixava cair na goela do Outro.

O analista se inspira na cena do sonho para elevar o horror à dimensão de semblante. A verdade não é revelada pelo sonho, o sonho fornece um saber sobre o objeto que ela se faz para o Outro. Mas é preciso que isso possa se jogar na transferência. A consequência maior do sonho e da interpretação analítica é enunciada na fórmula: "se não estou à altura, então me coma": antes se fazer comer pelo Outro do que aceder ao saber. Devorada pelo saber do analista, essa posição a impedia de se autorizar a si mesma a saber alguma coisa. É o ato do analista que mostra que ali onde a analisante crê haver tocado o real era apenas para cair imediatamente no semblante. A verdade que o sonho mascarava era o sonho de transferência. Podemos, portanto, parafrasear a tese de Lacan: se "despertamos para continuar a sonhar", da mesma forma "ultrapassamos o ponto de angústia... para continuar a sonhar".

O sonho não é o real, mas ele indica uma orientação *em direção* ao real. O analista reproduz na sessão o ponto de angústia do sonho porque, apesar da aproximação de um ponto de real, o sonho permanece sendo um misto de verdade escondida e de semblante. O sonho de transferência e a relação que o sujeito mantém com o saber são a verdade que o sonho não revela e que o ato analítico faz surgir através de sua interpretação.

Durante seu seminário *Os quatro conceitos fundamentais da psicanálise*, Lacan mostra que o encontro que acontece no pesadelo não é, de forma alguma, um encontro cativante, ele teria muito mais a ver com o horror e o evitamento. Com o horror, uma vez que, no pesadelo, há um verdadeiro encontro com isso do qual o sujeito nada quer saber; com o evitamento, porque o despertar produz uma fuga desse encontro, interrompendo essa descida rumo ao horror. Mas o interesse principal em pensar a interpretação como um pesadelo reside justamente na dificuldade da fuga. No sonho, o mecanismo de despertar interrompe o sonho, o sujeito sai do horror e continua sonhando na realidade. Essa é uma questão que J.-A. Miller traz em um artigo dedicado à interpretação. Ele se pergunta como pensar uma interpretação como um pesadelo a mais, mais um pesadelo do qual não se despertaria, "do qual não se poderia fugir despertando".[254] Essa é, para ele, a única maneira de articular a *interpretação ao real*.

É, portanto, possível promover o modelo do pesadelo na prática cotidiana da interpretação, com uma nuance. Se no exemplo clínico o ato do analista faz o analisante rir, é porque o ponto de horror foi aproximado, mas a partir do semblante, é por isso que o pesadelo que ele relança para a analisante não a faz fugir, como no sonho. O analista não encarna completamente o Outro devorador da fantasia, mas ele o representa, como no teatro. Na interpretação tomada como exemplo, é a causa do desejo que é tocada, pois é um ato que indica o lugar de objeto do sujeito: fazer-se devorar por um Outro gozador. O objeto-causa que ela se faz para o Outro se desvela. O analista presentifica esse objeto em seu ato: o Outro devorador é reduzido ao seu valor de semblante e, consequentemente, ele repercute no objeto-causa de desejo que o sujeito se dedica a encarnar para ele. A partir do momento que a interpretação visa ao objeto-causa do desejo, e não àquilo que pretende satisfazê-lo, a interpretação se aproxima mais de um pesadelo do que de um sonho bonito.

---

[254] MILLER. Nous sommes tous ventriloques, p. 22.

O sonho da injeção de Irma

Graças à análise do sonho da injeção de Irma, Freud ilustra o deciframento completo de um sonho, estabelecendo, assim, as bases do método interpretativo. Freud sonha com sua paciente Irma na noite do dia 23 para 24 de julho de 1895. Esse sonho se desenvolve em duas partes: 1) Freud recebe convidados e, entre eles, sua paciente Irma. Freud fala com ela em particular e a censura por não ter aceitado a sua *solução*, que se ela ainda tem dores é totalmente por sua própria culpa. Irma lhe fala de suas dores na garganta, na barriga e no estômago. Freud observa a palidez de sua paciente e se pergunta se ele não teria negligenciado um pouco o aspecto orgânico da doença. Ele a conduz até a janela para olhar a sua garganta. Ela se mostra reticente, diz Freud, como as mulheres que usam dentadura. Ela acaba aceitando abrir a boca. Freud olha e encontra uma grande mancha branca e curiosas formações frisadas, como os cornetos nasais, bem como escaras de um branco acinzentado; 2) Freud chama imediatamente o Dr. M., que examina a paciente e confirma as suas impressões. O Dr. M. não está como ele normalmente é, está sem barba, pálido e mancando. O amigo Otto aparece ao lado de Irma, e outro amigo, Léopold, ausculta Irma através do seu corpete e declara que ela tem uma área surda bem embaixo, à esquerda, e uma parte cutânea infiltrada no ombro esquerdo. O próprio Freud o constata. O Dr. M. afirma que se trata de uma infecção sem gravidade. Ele diagnostica uma disenteria a fim de eliminar a toxina. É nesse momento que o grupo de médicos percebe de onde vem a infecção: foi o amigo Otto que lhe administrou uma injeção com uma preparação de: propilo, propileno, ácido propiônico... trimetilamina. A fórmula desta última aparece em negrito diante de Freud. Ele pensa que não se deve fazer essas injeções levianamente, pareceu-lhe também provável que a seringa não estivesse limpa.

O problema do *ultrapassamento* é central nesse sonho, que pode ser dividido em duas partes. O ponto de articulação das duas partes é um encontro com um ponto de horror: a garganta de Irma. Contudo, o encontro com esse ponto de horror não desperta Freud. Por isso a releitura de Lacan é fundamental, pois ele vai justamente se interessar por esse ponto de junção.

O trabalho que Erik Erikson[255] dedicou a esse sonho de Freud recebe uma homenagem de Lacan, pois ele foi um dos únicos autores a ter levantado uma questão crucial: "normalmente, um sonho que vai dar nisso deve provocar o despertar. Por que será que Freud não desperta?".[256] Lacan coloca uma segunda questão: o sonho da injeção de Irma é considerado pelo próprio Freud como sendo o sonho inaugural em sua demonstração do que é um sonho. Mas por que Freud conclui dizendo que o desejo desse sonho é se livrar da responsabilidade do fracasso no tratamento de Irma? Ou seja, ele faz do desejo último desse sonho um desejo pré-consciente, e até mesmo um desejo do qual ele está totalmente consciente. Sendo assim, por que e em que esse sonho é o sonho inaugural da psicanálise?[257]

Para Lacan, ele é inaugural visto que se trata de um sonho de alguém que está se perguntando o que é um sonho, "por detrás disto tudo está Freud que sonha sendo ao mesmo tempo um Freud que procura a chave do sonho".[258] O desejo de saber

---

[255] ERIKSON, E. The Dream Specimen of Psychoanalysis. *Journal of the American Psychoanalytic Association*, v. 2, n. 1, p. 5-56, 1954.

[256] LACAN. *O seminário, livro 2: O eu na teoria de Freud e na técnica da psicanálise*, p. 198.

[257] Lembramos que é sobre esse sonho que Freud escreve a Fließ em 12 de junho de 1900: "Você acredita, de fato, que algum dia haverá na casa uma placa de mármore onde se poderá ler: foi nessa casa que em 24 de julho de 1895 o mistério do sonho foi revelado ao Dr. Sigmund Freud?" (FREUD. *La Naissance de la psychanalyse*, p. 286).

[258] LACAN. *O seminário, livro 2: O eu na teoria de Freud e na técnica da psicanálise*, p. 201.

está, portanto, no centro desse sonho. Freud quer desvendar o mistério do sonho que tem como endereço a comunidade culta e científica.

Na primeira parte do sonho, a figura de Irma é sobredeterminada: ela lhe evoca a sua mulher, grávida no momento do sonho, bem como outra paciente que Freud deseja curar. Freud considera esta última mais inteligente e uma doente melhor, uma vez que Irma não aceita a sua solução, o tratamento pela palavra: Irma não abre a boca. É esse desejo de saber não esclarecido que o conduzirá ao espetáculo terrível no fundo da garganta de Irma. Longe de apreendê-la como meio-dizer, sua paixão demasiadamente apressada pela verdade o levará diretamente ao ponto de horror. Serge Cottet[259] observava a identificação de Freud com Édipo, decifrador de enigmas que acabou pagando o preço de seu desejo de ver e de saber a verdade: ele encontrou o horror derradeiro.

O que Freud vai encontrar é precisamente o que resta normalmente escondido por trás da boa forma do corpo. É precisamente o seu avesso, "a carne que jamais se vê, o fundo das coisas, o avesso da face, do rosto, [...] a carne, dado que é sofredora, informe, que sua própria forma é algo que provoca angústia".[260] Essa imagem da garganta lembra a Freud uma doença grave de sua filha Mathilde, que tinha o mesmo nome de uma paciente morta havia pouco tempo. É a imagem em que tudo termina, em que "as palavras estacam e todas as categorias fracassam", ou seja, "o objeto de angústia por excelência".[261] Essa aparição é, para Lacan, da ordem do real, real que é definido aqui como o *inominável*.

---

[259] COTTET, S. *Freud et le désir du psychanalyste*. Paris: Le Seuil, 1982, p. 68.

[260] LACAN. *O seminário, livro 2: O eu na teoria de Freud e na técnica da psicanálise*, p. 197.

[261] LACAN. *O seminário, livro 2: O eu na teoria de Freud e na técnica da psicanálise*, p. 209.

É precisamente na imagem da garganta de Irma que Freud situa o umbigo do sonho. Sob o nome "umbigo" Freud designa a existência, no sonho, de um mais-além da representação. Há no sonho um ponto obscuro à interpretação, ali onde as interpretações cessam, "ponto central do sonho, o ponto de onde ele mergulha para o desconhecido".[262] É pelo trabalho de interpretação que é possível desvelar um ponto onde o desejo não pode mais ser articulado. Esse desejo que podia facilmente se deslocar de significante em significante encontra um limite. É o termo alemão "*Unerkannt*", "*não reconhecido*", que Lacan isola. *Unerkannt* mantém as relações as mais imediatas com o conceito freudiano de recalcamento primordial. Trata-se de uma hipótese que precisa ser colocada: há alguma coisa "que se especifica por não poder ser dita em hipótese alguma, qualquer que seja a abordagem, pelo fato de estar, se podemos dizer, na raiz da linguagem".[263] A figura empregada, essa do "umbigo", serve para designar isso de que se trata: um furo. Existe um limite para a deriva do sentido. É um "limite na análise"[264] que impõe a ideia de que no inconsciente há algo fechado e opaco à dialética do desejo.

Freud coloca no centro do próprio sonho a marca desse impossível de ser representado. Lacan se opõe à ideia de fazer o umbigo do sonho equivaler ao real pulsional. O umbigo do sonho está em relação com o impossível de dizer e de escrever, ele não é equivalente ao objeto da pulsão.[265] Desse ponto de vista,

---

[262] FREUD. *A interpretação de sonhos (II)*, p. 560.

[263] LACAN, J. Réponse à une question de Marcel Ritter. Introduction aux séances de travail. *Lettres de l'École Freudienne*, Journée des Cartels de l'E.F.P. à Strasbourg, n. 18, 1976. p. 9.

[264] LACAN. Réponse à une question de Marcel Ritter, p. 9.

[265] Uma citação de S. Cottet foi, nesse sentido, muitíssimo esclarecedora: "Assim, não se deve fugir de um perigo para encontrar outro pior ao pretender que o desconhecido do sonho (*unerkannte*), o umbigo

a angústia encontrada no sonho não convida a um franqueamento, mas ao reconhecimento de um limite, de um impossível.

Na carta do dia 8 de janeiro de 1908, Abraham observa a incompletude da interpretação do sonho de Irma e pergunta se a fórmula da trimetilamina não esconderia um sentido sexual a ser relacionado com uma infecção pela sífilis. Em sua resposta, Freud nega a relação com a sífilis, mas, por outro lado, diz: "É um delírio de grandeza sexual que se esconde ali, as três mulheres: Mathilde, Sophie e Anna são as três madrinhas das minhas filhas, e eu tenho todas elas!".

É, portanto, possível reler esse encontro de Freud com a garganta de Irma à luz dos desenvolvimentos de Lacan posteriores aos anos 1950: é o impossível a suportar da castração feminina que Freud encontra. Diante desse "delírio de grandeza sexual", aquele que é suposto trazer a "boa solução", o bom instrumento para Irma, confronta-se diretamente com o enigma da mulher, ou seja, com aquilo que não se deixa, em caso algum, simbolizar.[266]

A profunda ambição de ver a verdade conduz Freud diretamente ao ponto de horror onde todas as palavras se interrompem. Para poder atingi-la, a verdade deve ser abordada de viés, olhada lateralmente ou meio-dita, visto que ela não tem nada de desejável. Freud quer tanto que Irma abra a boca que no fundo da sua garganta ele não encontra senão seu próprio desejo de saber, esse que precisamente impede que Irma fale. A verdade sobre esse desejo de saber se revela por esse objeto informe que ele vê na boca do outro, mas que é da ordem do

---

freudiano, seja o real. Tocaríamos na terra prometida do objeto da pulsão. O sonho só goza do sentido e do não sentido, e de forma alguma a pulsão tira daí uma vantagem. Somente a angústia indica o impossível franqueamento de um limite. Desperta-se, então, para continuar a sonhar ou para ir ter com o analista, para quem se conta os sonhos" (COTTET. Les Limites de l'interprétation du rêve chez Freud, p. 129-130).

[266] FREUD, S; ABRAHAM, K. *Correspondance complète (1907-1925)*. Paris: Gallimard, 2006. p. 51.

mais íntimo, "última revelação do *és isto – és isto, que é o mais longínquo de ti, isto que é o mais informe*".[267] A garganta de Irma olha *para ele* para lhe dizer: "tu és isto", "tu queres a verdade, mas ela nada tem de desejável".

Não há dúvidas de que o eu [*moi*] de Freud se manifesta por esse desejo de saber, inegavelmente bastante premente, mas há também um *mais-além* desse desejo de saber que se abre nesse sonho. O despertar como fuga diante do real não advém. Freud ultrapassa esse momento de angústia, ele não desperta e consegue continuar sonhando. A segunda parte do sonho se abre, portanto, após esse encontro com o real. Assistimos à chegada de um conjunto de personagens, o "congresso de todos aqueles que sabem"[268]: eles não passam de uma série de identificações constitutivas do eu de Freud. É nesse ponto que Lacan se opõe à interpretação de Erikson, que vê aí uma regressão do ego como saída para evitar o despertar.

Para Lacan, não se trata de uma regressão, mas de uma "decomposição espectral da função do eu [*moi*]" ou "decomposição imaginária",[269] em que é o *eu* [*je*] do sonhador que desaparece. Diante desse último real encontrado, o sujeito Freud não desperta, mas responde por essa decomposição do seu eu [*moi*] em que seu *eu penso* [*je pense*] se apaga. Temos aí o primeiro acme do sonho, o imaginário. Voltar à identificação imaginária parece apaziguar o momento de angústia extrema e dar prosseguimento ao estado de sono. Cada personagem não é outra coisa senão o próprio Freud, é um Freud "policéfalo" que fala. É assim que cada um por sua vez vai dar sua opinião

---

[267] LACAN. *O seminário, livro 2: O eu na teoria de Freud e na técnica da psicanálise*, p. 198.

[268] LACAN. *O seminário, livro 2: O eu na teoria de Freud e na técnica da psicanálise*, p. 202.

[269] LACAN. *O seminário, livro 2: O eu na teoria de Freud e na técnica da psicanálise*, p. 210.

sobre Irma, até o aparecimento da fórmula da trimetilamina, segundo acme do sonho, dessa vez simbólico. A fórmula aparece justamente da boca de ninguém, "uma voz que não é senão *a voz de ninguém*",[270] pois se trata aí de uma escrita.

O aparecimento da escrita encerra o sonho e dá a solução do seu enigma. Pois esse final indica o ato inaugural da psicanálise: não há senão a palavra. A solução é a palavra como materialidade, e não como sentido, "essa palavra não quer dizer nada a não ser que ela é uma palavra".[271] É no aparecimento dessa fórmula que Lacan encontra a resposta para sua questão inicial: o verdadeiro desejo inconsciente desse sonho é a busca pela palavra.[272]

Serge Cottet observa o paradoxo da interpretação que Lacan faz desse sonho: por um lado, ele mostra as dificuldades em fazer emergir o desejo inconsciente do sujeito quando o apagamento e a anulação do eu [*moi*] do analista não são efetuados. Por outro lado, ele mostra que é um sonho que inaugura o ato analítico enquanto fundado na presença de um desejo inumano e transgressivo.

Por que Freud não desperta? "Porque ele é durão", diz Lacan. O segundo encontro de Freud, o encontro com a fórmula escrita, não é um achado *ex nihilo*. É o mesmo desejo de saber que, num primeiro momento, o conduz ao horror que vai, num segundo tempo, trazer-lhe a solução. Assistimos nesse sonho à transformação que vai da *paixão pela verdade à paixão pelo significante*. Parece que é com essa condição que ele evita o despertar e consegue continuar sonhando para além do ponto

---

[270] LACAN. *O seminário, livro 2: O eu na teoria de Freud e na técnica da psicanálise*, p. 216.

[271] LACAN. *O seminário, livro 2: O eu na teoria de Freud e na técnica da psicanálise*, p. 216.

[272] É nesse sentido que essa decomposição imaginária do eu (representada pelos colegas de Freud) é o avesso da psicanálise.

de horror. Nesse caso, o ultrapassamento do ponto de angústia não leva a uma revelação, mas a uma *transformação* desse ponto que desperta.

Os dois exemplos clínicos mostram que a elaboração significante vai de encontro com o despertar onírico, que não é senão um evitamento do horror. No sonho de Freud, a garganta de Irma não o desperta, mas com uma única condição: o surgimento da fórmula da trimetilamina, acme simbólico do sonho. No primeiro caso, a construção em análise da lógica da vida amorosa permite que o sonho possa prosseguir. A continuidade do sonho dá, ao analisante, acesso a um novo saber sobre o objeto que ela se faz para o Outro. Além do mais, o percurso do próprio Freud ao longo do sonho de Irma mostra que, para ultrapassar a angústia, há somente uma solução: a busca pela fórmula, pela palavra.

Despertar e fora-do-sentido: sonhos concentracionários e pós-concentracionários

A problemática do trauma e do despertar fez que nossa atenção recaísse sobre sonhos traumáticos. Nessa perspectiva, interessamo-nos de perto por alguns testemunhos de escritores que sobreviveram à Shoah e que relataram os seus sonhos. É preciso enfatizar, de início, que em momento algum esses sonhos foram contados numa perspectiva terapêutica, por essa razão, vamos nos deixar ensinar quanto aos mecanismos de produção dos sonhos e das modificações psíquicas do sono sob o terror. A leitura desses sonhos será feita em duas partes: os sonhos tidos durante o confinamento concentracionário e os sonhos tidos após a saída do campo. Essa maneira de proceder permite buscar a especificidade própria de cada um dos casos.

Os sonhos concentracionários

Preservar o sono: "sonhos-projeto" e "sonhos de redenção"

Os textos de Jean Cayrol são, nessa primeira parte, fundamentais. Seus escritos dão testemunho de uma grande importância atribuída aos sonhos dos prisioneiros que ele mesmo anotou durante o confinamento. Cayrol, nascido em 1911, em Bordeaux, foi poeta, romancista e editor. Durante a Segunda Guerra Mundial, Jean Cayrol entrou para a Resistência. Detido em 1942, foi deportado para o campo de concentração de Mauthausen. Essa experiência nutriu seus poemas *Nuit* e *Brouillard*, texto colocado em cena por Alain Resnais, que, juntamente a *Shoah*, de Claude Lanzmann, constituem as grandes obras cinematográficas sobre os campos da morte.

A escrita de Cayrol é dominada pela figura de Lázaro na origem do cristianismo. Lázaro, no Evangelho segundo São João, é aquele que voltou dos mortos, ele é, assim, a representação do retorno do universo concentracionário. As personagens dos romances de Cayrol são passivas e anônimas, providas de uma lucidez lancinante diante da sonolência de um mundo desprovido de sentido. O vocábulo lazarista é utilizado atualmente para qualificar um estilo literário marcado pela experiência da Segunda Guerra Mundial. Cayrol produz um estilo narrativo: uma literatura do absurdo, do impedimento e da reminiscência.[273] Cayrol escreve sobre a importância dos sonhos noturnos para o prisioneiro. Em face do absurdo e da irrealidade do campo, o preso não tinha senão seus sonhos noturnos como escapatória: o sonho, nesse período de desumanização radical, vinha realizar uma função de defesa contra a realidade: "Essas perspectivas lampejantes da noite se sobrepunham à sua existência cotidiana e lhe davam a possibilidade de *estar em outro lugar*".[274]

Sonhos de paisagens sublimes, os sonhos-evasão, de grandes festins, sonhos coloridos, sonhos de projetos tinham como função a defesa e o domínio. Domínio, pois seus sonhos constituíam o único território onde alguma coisa da ordem do

---

[273] Cf. CAYROL, J. Pour un romanesque lazaréen. *In*: *L'Œuvre lazaréenne*. Paris: Le Seuil, 2007. p. 801-823. (Opus).

[274] CAYROL, J. Les Rêves lazaréens. *In*: *L'Œuvre lazaréenne*. Paris: Le Seuil, 2007. p. 767-797. p. 770. (Opus).

íntimo podia ainda funcionar para o detido: "o prisioneiro era o mestre do seu sono; a SS não tinha poder nem autoridade sobre essas poucas horas".[275] Era uma defesa contra a realidade cotidiana, "uma certa irrealidade se tornava, bem como seu *no man's land* noturno, a melhor defesa da realidade humana em estado puro".[276]

Quanto aos sonhos concentracionários, Cayrol separa o conjunto dos testemunhos em duas espécies de sonhos: "sonhos-projeto" e "sonhos de redenção". Nos "sonhos-projeto", figuram de modo claro e transparente projetos de vida futura após a saída do campo, são sonhos cheios de esperanças. Esses sonhos-projeto não são insensatos, absurdos ou confusos. Depois de Freud, sabemos que o aspecto absurdo, contraditório e atemporal do sonho é o resultado da passagem, pela censura, de um desejo interdito que abre caminho por meio de uma deformação de seu conteúdo inicial. Nos sonhos-projeto, a figuração de um desejo se mostra evidente e explícita. A figuração de uma realização de desejo não encontra oposição, o que faz com que esses sonhos sejam solidários do desejo de dormir. Isso pode parecer muito surpreendente, mas Cayrol faz desse tipo de sonho que diz respeito ao futuro um signo da próxima degradação ou o anunciador de uma morte iminente. Vamos aprofundar mais adiante as razões de uma tal afirmação.

Aos "sonhos-projeto" Cayrol opõe os "sonhos de redenção". É nesse segundo grupo que Cayrol situa o próprio cerne dos sonhos concentracionários. Em que eram eles sonhos "de redenção"? Trata-se de sonhos nos quais o sonhador é ofuscado pela grandeza das imagens em detrimento das frases pronunciadas. Um exemplo típico é aquele dos sonhos de paisagem ou sonhos em que figuram imensos panoramas. Nesse mesmo grupo dos "sonhos de redenção", Cayrol dá uma importância

---

[275] CAYROL. Les Rêves lazaréens, p. 771.

[276] CAYROL. Les Rêves lazaréens, p. 769.

crucial aos sonhos coloridos. Ele descreve como uma cor domina todo o sonho e surpreende o sonhador por sua intensidade. Trata-se, para o autor, de sonhos felizes e redentores, pois, ao despertar, "um sentimento de bem-estar me invadia durante algumas horas".[277] Os "sonhos de redenção" têm várias características: o imaginário do sonho prevalece sobre as expressões linguageiras, a fala está ausente e a imagem é preponderante. Outro elemento importante concerne ao corpo e ao repouso obtido: "um sentimento de bem-estar", "respirava-se melhor, o corpo quase não pesava".[278]

Os "sonhos-projeto" e os "sonhos de redenção" compartilham uma mesma particularidade: o terror efetivo não é sonhado, a vida cotidiana do campo se apaga nesses sonhos. Mas é somente nos "sonhos de redenção" que o sujeito encontra uma verdadeira proteção diante da terrível realidade do campo. Isso se explicaria assim: a dimensão temporal e rememorativa está ausente. Ao negar o tempo e o espaço, o sonhador encontra a "redenção" em uma visão na qual "a cor é o exemplo paradigmático".[279] Os "sonhos-projeto" estão submetidos a um paradoxo, pois, ao figurarem uma existência futura, esses sonhos são submetidos ao mundo da representação no espaço e no tempo. Ainda que esses sonhos neguem a realidade do campo, paradoxalmente essa realidade se presentifica de maneira atroz no momento do despertar. Em revanche, nos "sonhos de redenção" o espaço e o tempo estão completamente abolidos da representação, não encontramos senão uma realidade pura, "a cor tem isso de particular que ela não é nem objeto nem representação: ela tem a força do grito, inarticulado e, no entanto, significante em si mesmo; ela não tem um sentido,

---

[277] CAYROL. Les Rêves lazaréens, p. 790.

[278] CAYROL. Les Rêves lazaréens, p. 784.

[279] GANTHERET, F. Postface. *In*: BERADT, C. *Rêver sous le IIIᵉ Reich*. Paris: Payot, 2002. p. 191.

ela é sentido, abrupto, inquestionável".[280] É num espaço separado de toda representação que remeta a um sentido que seus sonhos traziam um alívio aos presos: um verdadeiro repouso para o corpo e um evitamento completo da realidade do campo sem que o despertar constitua um reforço dessa realidade.

Sonhos de Tântalo

Aos sonhos que acabam de ser descritos acrescenta-se ainda outro tipo, qualificado pelo autor como mais prosaico, mas ainda mais lancinante: o sonho de comida abundante e luxuosa. Primo Levi os chama "sonhos de Tântalo", em referência ao mito que traz o mesmo nome. Ele descreve assim esses sonhos:

> [...] é um sonho cruel; quem criou o mito de Tântalo devia conhecê-lo. Não apenas se vê a comida; sente-se na mão, clara, concreta; percebe-se seu cheiro, gordo e penetrante; aproximam-na de nós, até tocar nossos lábios; logo sobrevém algum fato, a cada vez diferente, e o ato se interrompe [...], e isso sem descanso, para cada um de nós, a cada noite enquanto a alvorada não vem.[281]

Uma grande parte da *Interpretação de sonhos*, de Freud, é dedicada às fontes somáticas do sonho. Contrariamente aos seus contemporâneos, Freud rejeita a ideia segundo a qual a fonte do sonho seria uma estimulação de origem sensorial externa ou interna. Os *stimuli* podem, certamente, introduzir-se na trama do sonho, mas eles não constituem o fundamento do fato de sonhar. O sonho não responde a uma lógica direta entre estímulo e resposta. A inserção dos *stimuli* sensoriais no conteúdo do sonho responde à lógica da conveniência. Isso quer dizer que, para Freud, o fato de a perturbação se introduzir na trama

---

[280] CAYROL. Les Rêves lazaréens, p. 770.

[281] LEVI, P. *É isto um homem?* Rio de Janeiro: Rocco, 1988. p. 86.

do sonho desvela que todo sonho é um sonho de conveniência. Isso ocorre porque todos os sonhos têm a intenção de dar prosseguimento ao sono. O sono sempre busca ser mantido, portanto, ou a intensidade não é muito forte e aquele que dorme negligencia a sensação incômoda, ou o aparelho psíquico interpreta esses *stimuli* e faz do perturbador um elemento de uma situação desejada e compatível com o dormir.

Temos a seguir outro testemunho de um "sonho de Tântalo", o de Charlotte Delbo:

> Há a sede da noite e a sede da madrugada, que é mais atroz. Porque, à noite, eu bebo, eu bebo e a água fica imediatamente seca e sólida em minha boca. E, mais eu bebo, mais minha boca se enche de folhas apodrecidas que endurecem. Ou então é um pedaço de laranja [...]. Esse gosto de laranja e a sensação de frescor que escorre me despertam. O despertar é pavoroso. Contudo, o segundo em que a casca da laranja cede entre meus dentes é tão delicioso que eu gostaria de provocar esse sonho.[282]

Os "sonhos de Tântalo" têm duas partes. Na primeira, a sede e a fome entram na trama do sonho, o aparecimento desses objetos permite que o sono seja prosseguido. Na segunda parte, assistimos ao fracasso da continuação do sono. O despertar parece se produzir no momento mesmo em que se representa a satisfação oral tão desejada. Nos dois casos, o objeto de desejo parece se fazer demasiadamente presente, e o sono é interrompido.

Os três grupos de sonhos, os "sonhos-projeto", os "sonhos de redenção" e os "sonhos de Tântalo", extraídos dos testemunhos dos sobreviventes dos campos, ensinam-nos sobre a função do sonho e do sono em tempos de catástrofes subjetivas. Os

---

[282] DELBO, C. *Aucun de nous ne reviendra: Auschwitz et après I*. Paris: Minuit, 1970. p. 122-123.

sonhos concentracionários parecem ser extremamente solidários do desejo de dormir, eles permitem que o sono realize a sua função – nos termos freudianos – de retirada narcísica da libido investida no mundo externo para o eu [*moi*]. Nessa retirada narcísica de cada noite, o eu se reconstitui do ferimento que a imagem do corpo sofria durante o dia. O que é, portanto, comum a todo sonho se encontra intensificado durante o confinamento. No mundo cotidiano do campo, marcado por um ataque sistemático ao nome próprio (substituído por um número tatuado no braço), à imagem do corpo (uniformes, latrinas comuns), assim como ao real do corpo (os trabalhos forçados, a fome), o único recurso do prisioneiro era o mundo onírico, graças à função do dormir. Durante algumas horas o prisioneiro podia dizer: durmamos, esqueçamos tudo isso.[283]

Desde a entrada no campo o sono se fazia intenso e invasivo. A maioria dos autores relata uma impressão comum a muitos detidos: a impressão permanente, durante a vigília, de viver num sonho. Primo Levi testemunha que desde sua chegada ao campo ele foi assombrado por essa impressão de *devaneio* durante as horas de vigília: "Por outra parte, o processo todo de inserir-se nesta ordem, nova para nós, acontece de forma grotesca e fantástica;[284] "tudo era silêncio, como num aquário e como em

---

[283] Maurice Blanchot, num breve comentário do livro *L'Espèce humaine*, de Robert Antelme, afirma: "Quando o homem é reduzido à extrema nudez da necessidade, quando ele se torna aquele que come as cascas, percebe-se que está reduzido a si mesmo, e o homem se descobre como aquele que não necessita de nada além da necessidade para, negando aquilo que o nega, manter a relação humana em sua primazia. É preciso acrescentar que a necessidade então se transforma, ela se radicaliza no sentido próprio, ela não é mais que uma necessidade árida, sem gozo, sem conteúdo, ela é relação nua com a vida nua e o pão que se come responde imediatamente à exigência da necessidade de viver" (BLANCHOT, M. L'Expérience-limite. *In*: *L'Entretien infini*. Paris: Gallimard, 1969. p. 196).

[284] LEVI. *É isto um homem?*, p. 35.

certas cenas de sonhos".[285] Cayrol, por sua vez, diz: "Nesse clima surpreendentemente transfigurado, desencarnado, em que o corpo era negado, essa sensação de *devaneio* se tornava cada vez mais forte".[286] Que explicação poderia ter tal fenômeno? O encontro com a realidade concentracionária era tão terrível que a própria realidade se torna uma pura contingência. O que era até então impensável e impossível, algo da ordem do real, irrompe. Nesse sentido, esses testemunhos nos colocam imediatamente na via do trauma: essa impressão permanente de sonho que invade a realidade durante a vigília corresponde à efração que destrói o conjunto das significações do sujeito. Habitualmente, para o sujeito imerso em suas representações e referências cotidianas, "a vida é um sonho que se ignora".[287] Um problema se apresenta no momento em que o sujeito tem a impressão de que a vida é um sonho. Se ele cessa de ignorá-lo, é porque o mundo da representação é vivido como sendo uma pura contingência.

A terceira categoria de sonhos feitos durante o aprisionamento concentracionário, os "sonhos de relato", são, contrariamente aos precedentes, sonhos de angústia que culminam no despertar. Esses sonhos já trazem a marca de uma das condições próprias do trauma.

Os sonhos de relato: o Outro se vai

> *Então, pela primeira vez, percebemos que faltam à nossa língua palavras para exprimir este insulto: a demolição de um homem.*
> Primo Levi[288]

---

[285] LEVI. *É isto um homem?*, p. 21.

[286] CAYROL. Les Rêves lazaréens, p. 773.

[287] CASTANET, H. *Un monde sans réel: sur quelques effets du scientisme contemporain*. La Rochelle: Association Himeros, 2006. p. 26.

[288] LEVI. *É isto um homem?*, p. 32.

*E não seria preciso às três tarefas impossíveis
designadas por Freud – educar, governar, analisar –
acrescentar esta quarta: testemunhar?*
Anne-Lise Stern[289]

Os "sonhos de relato" são um tipo de sonho de angústia muito frequentemente encontrado no período concentracionário. Ele é "de relato" porque seu conteúdo se relaciona diretamente com a questão da transmissão do vivido concentracionário e do impossível a dizer que jaz no próprio cerne do esforço em dizer. Primo Levi relata um pesadelo de uma noite no campo:

> Aqui está minha irmã, e algum amigo (qual?), e muitas outras pessoas. Todos me escutam, enquanto conto do apito em três notas, da cama dura, do vizinho que gostaria de empurrar para o lado, mas tenho medo de acordá-lo porque é mais forte do que eu. Conto também a história da nossa fome, e do controle dos piolhos, e do Kapo que me deu um soco no nariz e logo mandou que me lavasse porque sangrava. É uma felicidade interna, física, inefável, estar em minha casa, entre pessoas amigas, e ter tanta coisa para contar, mas bem me apercebo de que eles não me escutam. Parecem indiferentes; falam entre si de outras coisas, como se eu não estivesse. Minha irmã olha para mim, levanta, vai embora em silêncio. Nasce, então, dentro de mim, uma pena desolada, como certas mágoas da infância ficam vagamente em nossa memória; uma dor não temperada pelo sentido da realidade ou a intromissão de circunstâncias estranhas, uma dor dessas que fazem chorar as crianças. Melhor, então, que eu torne mais uma vez à tona, que abra os olhos; preciso estar certo de que acordei, acordei mesmo.[290]

---

[289] STERN, A.-L. *Le Savoir-déporté: camps, histoire, psychanalyse*. Paris: Le Seuil, 2004. p. 113.

[290] LEVI. *É isto um homem?*, p. 60.

Primo Levi garante ter tido esse sonho várias vezes, ele se lembra de que muitos companheiros de detenção diziam ter tido sonhos similares. No momento da liberação do campo, Primo Levi testemunha do imenso sentimento de liberdade que o invadiu. A sensação de ser finalmente um homem entre os homens o leva a dizer: "Tinha uma avalanche de coisas urgentes para contar ao mundo civil: coisas minhas mas de todos, coisas de sangue, coisas que, me parecia, acabariam por fazer tremer toda a consciência e seus fundamentos".[291] Mas um acontecimento vem acabar com essa ilusão. No caminho de volta para a Itália, pedem que ele conte o que tinha acabado de viver. Assim que começa o relato, um estranho sentimento de aniquilamento o invade, e ele vê seus auditores partirem lentamente, um após o outro: "Eu sonhara algo semelhante, nós sonháramos nas noites de Auschwitz: falar e não sermos ouvidos, reencontrar a liberdade e permanecer solitários".[292] Cai a ilusão de poder ser um homem a partir do relato do inumano, e ele conclui esse encontro por: "a guerra não terminara, guerra é sempre. Os meus ouvintes foram-se em pequenos grupos: deviam ter entendido".[293]

Assim como Freud diz que os sonhos vão às vezes mais rapidamente que o tratamento, esse tipo de "sonhos de relato" foi o anunciador do que foi efetivamente a modalidade de recepção social dos testemunhos da Shoah: lembremos rapidamente que Primo Levi escreve *É isto um homem?*, um dos primeiros testemunhos sobre o horror dos campos, em 1947; publicado por uma pequena editora, ele foi reconhecido como obra-prima somente 10 anos mais tarde.

Vários elementos podem ser enfatizados nesse sonho: a crença está no centro da questão. É o próprio Primo Levi que

---

[291] LEVI, P. *A trégua*. São Paulo: Companhia das Letras, 2010. p. 51. (Companhia de Bolso).

[292] LEVI. *A trégua*, p. 51.

[293] LEVI. *A trégua*, p. 51.

não acredita, que gostaria muito de não acreditar no horror do campo. Nós assistimos à verdade mentirosa do sonho: para poder continuar dormindo, ele imputa essa crença à sua irmã, que, obviamente, não é ninguém senão ele mesmo.

Mas esse sonho e a passagem sobre a saída do campo têm ainda outro aspecto em comum: a vontade de dizer, de testemunhar, de contar. De maneira brutal, o sujeito é tomado por uma impressão de desmoronamento e aniquilamento, ele não encontra mais as palavras que convêm para descrever o horror. Podemos, então, compreender o texto desse sonho ao pé da letra: *o Outro se vai*. O sujeito se confronta de maneira abrupta com o fato de que falamos sozinhos, que imaginamos ser ouvidos e compreendidos, mas, no fundo, a fala não serve para comunicar. A ilusão de um Outro consistente, lugar de endereçamento da fala, desvanece.

Há nesse sonho, no próprio cerne de sua encenação, um real que se faz valer: a confrontação do sujeito com a falta de garantia da linguagem. Nesses sonhos, o sonhador se confronta com a própria falha do relato ao transmitir o horror daquilo que se viveu. O sujeito encontra o limite da ilusão de poder tudo dizer sobre o horror vivido unicamente pelo viés da linguagem. É esse real aí que o desperta.

Charlotte Delbo também dá testemunho de um encontro semelhante. Escritora e mulher de teatro nascida em 1913, ela fez parte das juventudes comunistas e participou de uma rede de resistência; em 1942 foi detida juntamente a seu marido, que será fuzilado. Em 1943 foi deportada para Auschwitz, tendo sido liberada em 1945. Ela foi se restabelecer na Suíça onde deu início à sua obra literária.

Charlotte Delbo relata um sonho concentracionário muito emocionante:

> Nada mais resta além do recurso de curvar-se sobre si mesmo e tentar suscitar um pesadelo suportável, talvez aquele em que retornamos à casa, em que voltamos e dizemos: sou eu, eis-me aqui, estou de volta, você está vendo; mas todos

os membros da família que acreditávamos torturados de preocupação viram-se para a parede, ficam mudos, estranhos pela indiferença. Dizemos ainda: sou eu, estou aqui, sei agora que é verdade, que *não estou sonhando*, sonhei tantas vezes que voltava e o despertar era terrível, desta vez é verdade, é verdade porque estou na cozinha, porque toco a pia. Está vendo, mamãe, sou eu, e o frio da bancada da pia me tira do sono. É um tijolo esfarelado da mureta que separa duas lajotas e onde outras larvas dormem e gemem e sonham sob os cobertores [...].[294]

Encontramos nesse relato de sonho a mesma estrutura do sonho de relato descrito por Primo Levi: o retorno à casa e o encontro com os membros da família marcados pelo mutismo, pela indiferença e pela estranheza. Mas observemos que não é diante disso que o sujeito desperta. Charlotte Delbo ainda tenta manter o sono, e, para se proteger da angústia do encontro com a indiferença familiar, ela diz para si mesma, em sonho: "isso não é um sonho!".

Tal como Freud expõe em *A interpretação de sonhos*, diante do aumento da angústia, acontece de o sonhador dizer para si mesmo: "isso não passa de um sonho", a fim de evitar o despertar. Esse é um mecanismo que difere daquele que é próprio da formação do sonho, em que os elementos da censura fazem parte do conteúdo do sonho. A frase: "é apenas um sonho" é uma crítica negativa que procura dar prosseguimento ao sono, é um mecanismo que indica que a censura foi surpreendida e que é tarde demais para remanejar o sonho, a frase "é um exemplo do *esprit d'escalier* por parte da censura psíquica",[295] conclui Freud.

O exemplo de Charlote Delbo aparece, à primeira vista, como um contraexemplo. Contudo, mesmo enunciada sob uma

---

[294] DELBO. *Aucun de nous ne reviendra: Auschwitz et après I*, p. 90-91. Grifo nosso.

[295] FREUD. *A interpretação de sonhos (II)*, p. 523.

forma negativa, a frase "isso não é um sonho" responde exatamente ao mesmo mecanismo descrito por Freud. No exemplo de Freud, como o perigo pulsional não chega a ser suficientemente disfarçado, a instância crítica intervém separando a produção onírica desagradável da realidade que se supõe ser tranquilizadora. No exemplo de Charlotte Delbo, como o pesadelo é a realidade, para poder preservar o sono (e o desejo de retorno que aparece ali), a censura onírica intervém dizendo que "isso não é um sonho". Ao contrário, dizer para si mesmo que "isso não passa de um sonho" levaria o sujeito de volta à barbárie da sua vivência cotidiana.

Charlotte Delbo chamava esse sonho de seu "pesadelo suportável".[296] Pois haveria um pesadelo insuportável: aquele no qual se acredita finalmente no que ela diz, o que significa uma confrontação direta com a realidade do campo. Ela prefere continuar com o "pesadelo suportável", que é esse trabalho incansável de convicção. Ela dará prosseguimento a esse mesmo trabalho após sua saída do campo, pela escrita teatral. É pela ficção que ela o fará, ainda que os papéis se invertam: é o outro que ela faz sonhar e que não pode acreditar.

A experiência do limite da linguagem é uma constante no universo concentracionário e pós-concentracionário, "parecia-nos impossível transpor a distância que descobríamos entre a linguagem da qual dispúnhamos e essa experiência [...] Mal começávamos a contar e já nos sufocávamos. A nós mesmos, o que havíamos a dizer começava a nos parecer inimaginável",[297] afirmava Robert Antelme logo após deixar o campo. Nos testemunhos, os sobreviventes reportavam que "é inimaginável", "inenarrável". Esse furo do simbólico, habitualmente

---

[296] DELBO. *Aucun de nous ne reviendra: Auschwitz et après I*, p. 90-91.

[297] ANTELME, R. Avant-propos. *In*: *L'Espèce humaine*. Paris: Gallimard, 1957. (Tel).

escondido, disfarçado, torna-se o vivido comum, sistemático e repetido do deportado e do sobrevivente.

Um paradoxo insuperável vem ainda se acrescentar: a única prova admissível da verdadeira existência de uma câmara de gás, e da morte por ela provocada, é estar morto. Jorge Semprún, em seu testemunho *L'Écriture ou la vie*, descreve perfeitamente esse aspecto: "Mas não havia, não haverá jamais sobrevivente das câmaras de gás nazistas. Ninguém jamais poderá dizer: eu estava ali. Estava-se em torno, ou antes, ou ao lado [...] Daí a angústia de não sermos credíveis, porque não ficamos ali, precisamente, porque sobrevivemos".[298] Ora, como bem observa Agamben, um aspecto da Shoah é que ela é um "acontecimento sem testemunhas", visto que "é impossível testemunhar a partir do interior – não se testemunha do interior da morte, não há voz para a extinção das vozes – bem como do exterior – o *outsider* está, por definição, excluído do acontecimento".[299] É por essa razão que G. Agamben pensa, com razão, que no próprio cerne do relato do sobrevivente reside um problema crucial, o problema do encontro entre dois impossíveis de testemunhar. Um impossível de dizer próprio ao uso da língua deve, ao mesmo tempo, dar lugar a uma não língua, a da testemunha integral, essa que não poderá jamais testemunhar. Isso constitui uma especificidade do impossível de dizer com qual o sobrevivente é constantemente confrontado:

> Vocês não acreditam no que dizemos
> porque
> se fosse verdade
> o que dizemos
> Não estaríamos aqui para dizê-lo[300]

---

[298] SEMPRUN, J. *L'Écriture ou la vie*. Paris: Gallimard, 1994. p. 72.

[299] AGAMBEN, G. *Ce qui reste d'Auschwitz*. Paris: Rivage Poche, 2003. p. 37. (Petite Bibliothèque).

[300] DELBO. *Mesure de nos jours: Auschwitz et après III*, p. 78.

Nesse sentido, a arte de Claude Lanzmann está intimamente ligada a esse tipo de testemunho que leva em conta esse impossível. Essa perspectiva se distancia bastante do que Anne-Lise Stern chama "a pedagogia do horror",[301] essa das imagens horrorosas dos cadáveres empilhados que acabam por produzir o efeito contrário ao que é buscado pelo esforço de memória: a testemunha desvia o olhar.

Os sonhos pós-concentracionários

> *De fato, este era o nosso desejo: dormir, dormir*
> *durante anos, esquecer de nós mesmos, nascer de novo.*
> *Mas havia alguém que não responderia favoravelmente*
> *ao desejo que tínhamos de nos livrarmos de nós mesmos.*
> Aharon Appelfeld[302]

> *Quando eu estava lá, eu sonhava que estava em casa,*
> *depois que voltei para casa, sonho que estou lá.*
> Charlotte Delbo[303]

Primo Levi intitula o último capítulo de *A trégua*, livro que narra a libertação do campo e a volta à sua terra natal, "O despertar". Em sua volta do campo, ele é assombrado por um sonho terrível que se repete precisamente sem tréguas, sempre o mesmo: num clima calmo e descontraído ele está à mesa com sua família ou com seus amigos ou num lugar campestre e tranquilo, de repente é invadido por uma angústia profunda e esmagado sob o peso de uma ameaça. O sonho continua,

---

[301] STERN. *Le Savoir-déporté: camps, histoire, psychanalyse*, p. 113.

[302] APPELFELD, A. *L'Héritage nu*. Paris: l'Olivier, 2006. p. 39.

[303] DELBO. *Mesure de nos jours: Auschwitz et après III*, p. 201.

e tudo começa a desmoronar à sua volta: o cenário, as pessoas, e a angústia se faz cada vez mais opressiva. O caos sob a forma de um nada cinzento é significado: em sonho ele se diz que ainda está no campo e "nada era verdadeiro fora do Lager".[304] O que ele pensava ser a realidade – o retorno, a família, o calor do lar, a paz – tudo não passava de uma ilusão dissipada. A cada vez é uma palavra que acaba despertando-o, uma palavra pronunciada sem autoritarismo, aquela pronunciada de madrugada em Auschwitz: "levantar", "*Wstawać*", em polonês.

Esse sonho tem as características específicas do sonho traumático que faz parte do que chamamos "síndrome de estresse pós-traumático". Essa síndrome se distingue pelo aparecimento de um conjunto de sintomas que comemoram o acontecimento traumático. Sob a influência da compulsão à repetição, esse sonho "reconduz o doente de volta à situação de seu acidente, da qual ele desperta com um novo susto".[305] A reprodução onírica do acontecimento é precedida do aparecimento de certos elementos que variam segundo a cena: os amigos, a família, o campo etc. Contudo, em certo momento aparece a cena exata do trauma, "o sonho sempre se desenvolve até esse limite, esse ponto em que é interrompido pela ausência de reação que prevalecia no momento do trauma".[306]

Se, durante o período concentracionário, a vigília era um pesadelo absurdo, e certos sonhos, a única saída, os sonhos pós-concentracionários testemunham de uma *inversão*. A vida, que se tornou tranquila para alguns, é constantemente incomodada pela infiltração noturna de um passado que não cessa de aparecer. "Toda a atmosfera mudou. O clima concentracionário infiltrou-se na vida cotidiana dos nossos sonhos, espalhou-se

---

[304] LEVI. *A trégua*, p. 213.

[305] FREUD. *Além do princípio de prazer*, p. 73.

[306] BRIOLE. L'Événement traumatique, p. 115.

ali como uma mancha de óleo, deixando um gosto amargo que reconhecemos e que não podemos esquecer; ele não engana."[307]

O sonho traumático e repetitivo de Primo Levi permanece exemplar. Os sonhos não são mais solidários do desejo de dormir, que, ao contrário, é constantemente minado. Esse sonho paradigmático demonstra que essa memória que só pode se materializar sob a forma de relatos, testemunhos e imagens não cessa de encontrar seus próprios limites. É o limite encontrado que o faz dizer que tudo não passa de ilusão, que, qualquer que seja o conforto encontrado, a vida não passa de um sonho no qual tudo pode, de repente, desmoronar. No próprio cerne da sua tentativa de ligação em palavras, a repetição contínua desse pesadelo, ao mesmo tempo que tenta ligá-lo, não cessa de fazer valer um impossível.

"*Wstawac*" era a palavra de ordem que os detidos ouviam todas as manhãs para acordarem. "*Wstawac*" é um significante sozinho que se repete e que não se liga a nenhum outro, é uma palavra sozinha na beira de um buraco. O sonhador no exemplo citado não vê a cena, não é uma imagem que o desperta, mas o som da palavra estrangeira. É um S1, uma voz que não diz nada, um puro comando fora do sentido, "levantar". Ele não incide sobre nenhum sentido, e, no entanto, a ferocidade da voz que se introduz pelos ouvidos parasita e tortura o sujeito. É o exemplo mesmo da manifestação do significante-mestre em sua arbitrariedade absoluta.

Em *É isto um homem?*, Primo Levi fornece alguns detalhes sobre essa palavra de ordem:

> A palavra estrangeira cai como uma pedra no fundo de cada alma. *Levantar*: a ilusória barreira dos cobertores quentinhos, o tênue invólucro do sono, a evasão, embora tormentosa, da noite, desabam ao redor de nós; estamos irremediavelmente despertos, expostos à ofensa, cruelmente nus e vulneráveis. Vai começar mais um dia igual aos outros, tão longo, que o

---

[307] CAYROL. Les Rêves lazaréens, p. 795.

seu termo é quase inconcebível: quanto frio, quanta fome, quanto cansaço nos separam, ainda, desse termo![308]

Durante a vida no campo, a palavra "*Wstawac*" vinha romper a couraça do sono, essa que protege da realidade atroz, esse escudo do eu [*moi*] que permite figurar a ilusão de uma refeição abundante e quente, ou ainda uma possibilidade de evasão, por meio do que o corpo encontra repouso. Depois do campo, aparentemente, a vida não é mais uma realidade atroz, há como se alimentar, onde poder dormir, e o calor familiar a envolve. Apesar do apaziguamento da realidade, há nos sonhos traumáticos uma infiltração do passado. É dessa inversão que falam Delbo e outros sobreviventes ao afirmarem: quando eu estava lá, eu sonhava que tinha voltado para casa – logo, o sonho como realização do desejo –, e, agora que voltei, sonho que estou lá.

Primo Levi transforma essa inversão em poema:

> Sonhávamos nas noites ferozes
> Sonhos densos e violentos
> Sonhados de corpo e alma:
> Voltar; comer; contar.
> Então soava breve e submissa
> a ordem ao amanhecer:
> "Wstawac";
> E se partia no peito o coração.
>
> Agora reencontramos a casa,
> Nosso ventre está saciado,
> Acabamos de contar.
> É tempo. Logo ouviremos ainda
> o comando estrangeiro:
> "Wstawac".
>
> (11 de janeiro 1946).[309]

---

[308] LEVI. *É isto um homem?*, p. 90.

[309] LEVI. *A trégua*, p. 5.

"*Wstawac*" é uma palavra-dobradiça entre sonho e vigília. *Wstawac* e despertar coincidem. Nos dois casos, no campo e após o campo, é a palavra que se situa sempre nesse limiar. Por meio dessa palavra, outra realidade se faz sentir, a do real do campo. Esse "levantar" é a *voz* do campo que se torna esse caroço impossível de ser dissolvido, que é repetitivo e lembra o sujeito, para sempre, qual é a única realidade que conta.

Abordamos as características próprias do sonho e do mecanismo de despertar durante a situação concentracionária e pós-concentracionária. Não se trata, de forma alguma, de constatar, enumerar e descrever a barbárie cometida. O estudo desses sonhos ajuda-nos a demonstrar certos aspectos que são muito interessantes para a psicanálise. Constatamos, inicialmente, que mesmo nas situações mais extremas encontramos um esforço que tende à preservação da integridade psíquica. No âmago dessa desumanização programada e radical, o desejo não se apaga completamente. Ele está presente de várias maneiras: desde o momento em que o conteúdo do sonho se solidariza, ao máximo, com o desejo de dormir, pela produção de sonhos que se afastam das representações espaço-temporais, ou, ainda, pelo esforço repetitivo de uma ligação em palavras de um impossível a dizer. Como diz magnificamente bem Imre Kertész, "a verdadeira crise é o esquecimento perfeito, a noite sem sonhos".[310]

Por outro lado, os sonhos traumáticos dos detidos nos fazem perceber como um elemento inesperado pode irromper e permanecer inassimilável e impossível de ser absorvido, apesar de todos os esforços de memória mobilizados. O trauma concerne a uma ruptura da cadeia significante, a uma disjunção entre um S1 e um S2. "É inimaginável, é inenarrável" são frases que fazem valer essa ruptura do simbólico e, consequentemente, da produção de um sentido. "*O Outro se vai*", frase extraída do

---

[310] KERTÉSZ, I. *L'Holocauste comme culture*. Paris: Actes Sud, 2009. p. 54.

sonho de P. Levi, ilustra o trauma como um instante em que a inexistência do Outro se revela ao sujeito.

Embora "pesadelo" e "trauma" não sejam termos equivalentes, eles têm um ponto em comum: no pesadelo e no trauma, um real irrompe mostrando ao sujeito, no lapso de um instante, um ponto *fora-do-sentido* que reside no sonho cotidiano de qualquer vida. Esse "lapso de um instante" corresponde à temporalidade de um despertar. O pesadelo e o trauma despertam o sujeito preso na homeostase adormecedora do princípio de prazer. O sonho traumático do Primo Levi permanece paradigmático: o trauma desperta da vida que não passa de um sonho feito de sentido, de fantasia, de desejo e do belo.

Últimas teses sobre o despertar

Redefinição do real

> *As sociedades e a linguagem não cessam de se proteger diante desse transbordamento que as ameaça. A fabulação genealógica tem, nos homens, o caráter involuntário do reflexo muscular; são os sonhos, para os animais homeotermos condenados ao sono cíclico; são os mitos, para as sociedades; são os romances familiares, para os indivíduos. Inventam-se pais, ou seja, histórias, a fim de dar sentido à álea de uma cópula que nenhum de nós – nenhum daqueles que são seus frutos após dez meses lunares obscuros – pode ver.*
>
> Pascal Quignard[311]

O estudo empreendido sobre os sonhos concentracionários e pós-concentracionários abre caminho para uma nova perspectiva. A situação concentracionária mostra como a rede de significações constitutiva da realidade de um sujeito – família, profissão, ideais, o conjunto dos sentidos que se dá à vida – é,

---

[311] QUIGNARD, P. *Le Sexe et l'effroi*. Paris: Gallimard, 1994. p. 12-13.

de um dia para o outro, literalmente varrido. Imerso sem explicações no seio do universo concentracionário, o sujeito se confronta com a separação dos seus, com a fome, com abusos sistemáticos, com a exterminação programada. O real com o qual esses sujeitos estão confrontados não é aquele que retorna sempre ao mesmo lugar. A experiência dos campos de concentração é aquela do real derradeiro, o real sem lei, fora-do-sentido, um real que faz todos os semblantes empalidecerem. Os sonhos feitos durante e após a situação concentracionária testemunham do trauma, mas eles nos conduzem igualmente à última conceitualização do real na obra de Lacan.

Essa nova conceitualização pode ser localizada a partir dos anos 1970, quando Lacan elabora uma definição radical do real. Essa nova definição engloba outras conceitualizações concernentes a esse termo. Na primeira, o real se situa mais além do algoritmo S/s, ele está fora do laço entre um significante e seu significado. O registro do real era isso com o que nos deparávamos na combinatória significante. O que tinha, portanto, função de real era o limite a toda possibilidade de formalização. Era um real que se deduzia do funcionamento simbólico. A partir de 1964, o real aparece conceitualizado, tal como o desenvolvemos, em sua vertente *tiquê*, de um encontro que se produz não fora, mas no cerne da rede de significações. Lacan demonstra com isso a conjunção entre representação e real.

A radicalização da nova definição do real no último ensino de Lacan reside na exclusão completa do sentido. O real se desdobra: há o real próprio ao simbólico e o real fora do simbólico. Este último é fora-do-sentido, ele é estrangeiro ao imaginário e ao simbólico. Vários enunciados dão testemunho disso: "A orientação do real, no território que me concerne, foraclui o sentido";[312] "O real, aquele de que se trata no que é chamado de meu pensamento, é sempre um pedaço, um caroço.

---

[312] LACAN. *O seminário, livro 23: O sinthoma*, p. 117.

É, com certeza, um caroço em torno do qual o pensamento divaga, mas seu estigma, o do real como tal, consiste em não se ligar a nada";[313] "O real, é preciso dizê-lo bem, o real é sem lei. O verdadeiro real implica a ausência de lei. O real não tem ordem",[314] sustenta Lacan em seu seminário *O sinthoma*. No seminário anterior, Lacan sustentava: "O Real, pode-se concebê-lo como o expulso do sentido, é o impossível como tal, é a aversão ao sentido".[315] O real fende (forclui, expulsa) o sentido; ele não segue uma lei nem uma ordem estabelecida; ele não se liga a nada: "o laço desse simbólico em relação ao real, ou desse real em relação ao simbólico, não se sustenta".[316]

Esses enunciados mostram que, contrariamente ao que havia sido elaborado em 1964, Lacan não se coloca mais a questão de como capturar o real pela representação – o que supõe um ponto de conjunção –, mas ele questiona radicalmente toda possibilidade de laço entre real, simbólico e imaginário.

É nesse sentido que nessa nova reflexão o nó borromeano lhe é de grande valia, pois o nó liga os registros do real, do simbólico e do imaginário, porém a partir da não relação entre eles. O nó borromeano testemunha a disjunção entre os registros que, sendo inseparáveis, guardam uma relação de exterioridade entre eles. Portanto, diferentemente da cadeia significante, esse novo tipo de articulação inscreve os elementos como disjuntos e indissociáveis. Cada registro é Um, não há supremacia de um registro sobre o outro. A reflexão borromeana não permite mais sustentar uma supremacia do simbólico sobre os outros

---

[313] LACAN. *O seminário, livro 23: O sinthoma*, p. 119.

[314] LACAN. *O seminário, livro 23: O sinthoma*, p. 133.

[315] LACAN, J. *Le Séminaire, livre XXII: R.S.I.* Inédit. [s.p.]. Lição de 11 de março de 1975.

[316] LACAN, J. *Le Séminaire, livre XXV: Moment de conclure* [1977-1978]. Inédit. [s.p.]. Lição de 15 de novembro de 1977. Publicada com o título "Une pratique de bavardage", em *Ornicar?*, n. 19, 1979. p. 7.

registros. Ao contrário, assistimos antes a um movimento que vai da supremacia ao rebaixamento da palavra e do sentido.

É certo que, desde o início de seu ensino, Lacan preveniu os analistas contra as armadilhas imaginárias do sentido como significado em benefício do significante. A produção do saber como articulação dos significantes fora-do-sentido é uma constante. Se há ruptura radical a partir dos anos 1970, é porque o rebaixamento vai concernir tanto ao próprio saber quanto ao conjunto da linguagem.

A operação de disjunção permite pensar que o sujeito coloca sentido sobre o real, que ele elabora um saber sobre o real. Se o real é o excluído do sentido, tudo aquilo que dá sentido terá valor de elucubração, de ficção. Essa é uma posição radical, pois tudo o que traz sentido não entra mais no conceito de real. Lacan chega até mesmo a fazer da estrutura da linguagem uma ficção. A última lição do seminário *Mais, ainda* constitui um ponto de inflexão, visto que a linguagem se torna uma elucubração de saber, uma ficção coletiva e compartilhada sobre um real: "A linguagem, sem dúvida, é feita de lalíngua. É uma elucubração de saber sobre lalíngua. Mas o inconsciente é um saber, um saber-fazer com lalíngua. [...] o inconsciente, no que aqui eu o suporto com sua cifragem, só pode estruturar-se como uma linguagem, uma linguagem sempre hipotética com relação ao que a sustenta, isto é, lalíngua".[317] A conceitualização anterior, sobre o inconsciente estruturado como uma linguagem, não é, de forma alguma, abolida, ela se torna uma estrutura sobreposta à lalíngua. "Lalíngua"[318] faz referência à língua desprovida de sintaxe. Fora da sintaxe significa que ela não é uma estrutura

---

[317] LACAN. *O seminário, livro 20: Mais, ainda*, p. 149.

[318] O termo "lalíngua", escrito numa só palavra, explica-se por sua homofonia com "lalação", que vem do latim *"lallare"*: os latinos utilizavam *"lala"*, uma espécie de cantilena para adormecer as crianças, equivalente ao *"dodo"* em francês.

nem de linguagem nem de discurso. A passagem da linguagem à lalíngua é uma passagem do simbólico ao real. Haveria, portanto, no final do ensino de Lacan o inconsciente do lado da elucubração, resultado de um deciframento pelo qual o sujeito extrai o sentido de seu sintoma, e um inconsciente pensado a partir do conceito de lalíngua: um inconsciente real feito de "uns", fora-do-sentido, fora da cadeia significante, mas que afetam o corpo.

As duas teses sobre o despertar

Essa conceitualização da relação, ou melhor, da não relação entre o real e o sentido, é concomitante de uma nova tese sobre o despertar sustentada por Lacan próximo ao final de seu ensino: *não se desperta nunca*. É uma posição radical e desencantada que surpreende por sua determinação. Isso contrasta com as variações e o uso desse mesmo termo em contextos muito diversos, tal como fizemos até agora. O despertar é claramente exaltado como o resultado da desidentificação, um ponto de despertar pode ser tocado pelo aparecimento repentino do sujeito do inconsciente, ou ainda o encontro com o acontecimento traumático pode constituir uma forma de despertar. Nessa perspectiva e até os anos 1960, a principal tese lacaniana é que *despertamos para continuar a dormir na realidade*. Desse modo, o despertar não dura senão um breve momento, ele tem o estatuto de uma ruptura que ocasiona, em seguida, a continuidade do sonho. Esse despertar, certamente sempre parcial, leva-nos a dizer que despertamos um pouco, justo um instante para recairmos imediatamente na homeostase do princípio de prazer. Quando, no pesadelo, aproximamo-nos demasiadamente do ponto de horror, o sonho nos desperta para que continuemos a dormir sob outra forma. Isso não impede que haja encontro, via o imaginário do sonho, com um ponto forcluído do simbólico. O sujeito paga com sua angústia.

A segunda grande tese sobre o despertar não exclui a primeira. No entanto, é uma tese que sustenta um postulado mais contundente, em que o despertar é da ordem do impossível, vários enunciados o testemunham: "não se desperta jamais: os desejos alimentam os sonhos";[319] "ele [o homem] não desperta jamais";[320] "a ideia de um despertar é, propriamente falando, impensável";[321] "não há despertar em hipótese alguma".[322] Esses postulados levam, portanto, a concluir que se não se desperta nunca, está-se sempre a dormir. Isso explicaria por que, a partir dos anos 1970, à problemática do despertar se acrescenta aquela do desejo de dormir. A partir de agora, o desejo de despertar é interrogado da mesma forma que o desejo de dormir. Esse desejo, Lacan o designa como o maior enigma da descoberta de Freud sobre o sonho.[323] Não a necessidade biológica de dormir, mas o fato de que dormir tenha o estatuto de um desejo para o ser falante.

Tanto o despertar quanto o adormecer sempre estiveram presentes como termos inseparáveis, mas, por volta do final do seu ensino, Lacan não produz nenhuma espécie de exaltação ou de valorização de um dos dois termos. Isso converge, assim, com o que a perspectiva borromeana estabelece, a saber, nenhuma estratificação de um registro sobre o outro, não há

---

[319] LACAN, J. Improvisation: Désir de réveil, désir de mort. *L'Âne*, n. 3, 1981. p. 3.

[320] LACAN, J. Propos sur l'hystérie: Intervention de Jacques Lacan à Bruxelles en 26 février 1977. *Quarto*, Bruxelles, n. 2, 1981. Supplément belge de *La lettre mensuelle* de l'École de la Cause Freudienne. p. 3.

[321] LACAN, J. *Le Séminaire, livre XXV: Moment de conclure* [1977-1978]. Inédit. [s.p.]. Lição de 15 de novembro de 1977. Publicada com o título "Une pratique de bavardage", em *Ornicar?*, n. 19, 1979. p. 9.

[322] LACAN, J. *Le Séminaire, livre XXIV: L'Insu que sait de l'une-bévue s'aile à mourre*. Inédit. [s.p.]. Lição de 17 de maio de 1977. Publicada com o título "Un signifiant nouveau", em *Ornicar?*, n. 17-18, 1979. p. 21.

[323] Cf. LACAN. *O seminário, livro 17: O avesso da psicanálise*, p. 54.

mais, portanto, supremacia do simbólico. Nessa perspectiva, a palavra de ordem para o analista em sua prática não é mais "é preciso despertar!", nem para o analisante "Desperte!". A essa desidealização do despertar e a esse interesse intensificado pelo desejo de dormir devem corresponder uma direção do tratamento e uma nova reflexão sobre a interpretação.

Um conjunto de questões surge, então: por que, após haver sustentado que um despertar, sempre parcial e instantâneo, pode acontecer, Lacan parece de repente desencantado a ponto de afirmar que não há despertar em hipótese alguma? Trata-se de um desencantamento? Se o despertar não é mais um ideal a ser alcançado, podemos considerar um tratamento em que um sujeito se instale comodamente no desejo de dormir sem que o analista vá além dessa solução? A que se deve essa queda da crença no despertar? É a clínica que o demonstra? Foi a experiência do final de análise que veio provar o fato de que não se desperta jamais? Enfim, tentaremos responder por que ao final de seu ensino Lacan sustenta que *não se desperta jamais*. A que corresponde essa definição tão radical? O que é que não desperta?

Tentaremos responder a essas questões a partir de uma distinção entre uma "psicanálise que começa" e uma "psicanálise que dura".[324] Menos propagada que a distinção entre "psicanálise aplicada à terapêutica" e "psicanálise pura", essa distinção entre um começo e uma durabilidade permite abordar de maneira compreensível a perspectiva do despertar no último ensino de Lacan. Distinguir uma "psicanálise que começa" e uma "psicanálise que dura" permite incluir o *tempo* no tratamento do sintoma. Pensamos que a última tese de Lacan, "não se desperta jamais", não pode ser compreendida sem que a relacionemos à problemática do *devir* de um sintoma analítico em uma psicanálise que dura.

---

[324] Cf. MILLER, J.-A. *Perspectivas dos* Escritos *e* Outros escritos *de Lacan: entre desejo e gozo.* Rio de Janeiro: Zahar, 2011. p. 104.

A psicanálise que começa

Do despertar como revelação do inconsciente

Como considerar o binário despertar-adormecimento na análise de alguém que busca colocar fim à insistência nociva de um sintoma?

Um caso clínico permitirá a entrada nesse debate.[325] Trata-se de uma mulher, S., que vem se consultar dominada pela angústia e pelo pressentimento de ser novamente deixada pelo companheiro. Largada e à mercê do Outro, suas relações amorosas a faziam mergulhar numa inércia recorrente: ela esperava um homem que acabaria por abandoná-la. Espera, imobilidade e tédio definiam o seu sofrimento. A formação do sintoma começa com associações que levam aos significantes familiares, mais particularmente à raiva em relação à sua mãe: uma família vivendo na miséria, uma mãe trabalhadora, mas rebaixada num emprego degradante, esperando de sua filha a realização de seus próprios sonhos de êxito social; um pai amado, porém terrível, uma irmã mais velha ciumenta e violenta. Sua infância – período em que todo o dinheiro era poupado na esperança de um retorno ao país de origem – se resumia numa frase que ecoava com o sintoma atual: "esperar para poder viver". A paciente, por meio de estudos brilhantes, quis escapar dessa constelação familiar, o que explica o sentimento de impostura que a acompanhava. Especialista em luta de classes, uma teoria sociológica explicava o seu mal-estar sintomático ao mesmo tempo que lhe dava um nome: "a filha de imigrantes". Em oposição, a paciente detestava "as burguesas" com seu modo de vestir, "saia e salto alto", à imagem das patroas que haviam outrora explorado a sua mãe. Para ela, portanto, era impossível ser uma mulher, uma "mulher de verdade", visto que isso equivalia a se fantasiar de

---

[325] CHIRIACO, S. Le Bruit des talons. *La Cause Freudienne*, Paris, n. 73, p. 50-52, 2009.

burguesa. Um paradoxo então se evidenciava, pois S. adorava usar "salto alto" para dançar tango. O tempo da dança fazia desaparecer a angústia, e a teoria da luta de classes se dissiparia, bem como o tédio e a inércia. Nesse espaço, ela se sentia viva.

A direção do tratamento havia desfeito a identificação com a "filha de imigrantes". O ódio em relação à mãe, depois de ter sido deslocado para os parceiros masculinos, tinha vacilado e deixado um resto difuso sem objeto concreto, a não ser sua própria dificuldade em consentir com o amor de um homem. Um impasse se apresentou então no tratamento sob a forma de uma escolha impossível: deixar seu novo companheiro, que nunca preenchia a sua demanda insaciável de amor, ou aceitar viver com ele. Pela primeira vez, um homem não a abandonava. Esse impasse reforçava o seu sintoma. As sessões eram o lugar de uma queixa infinita sobre o tédio e a inércia diante dessa escolha impossível. A analista insiste, então, sobre uma associação quanto a "esse momento de suspense eternizado".[326] Ela relata, então, uma cena infantil: ela está imóvel e em silêncio, está entediada enquanto espera a volta da mãe para a casa. O barulho dos saltos da mãe rompe o silêncio e a espera, fazendo aumentar a angústia à medida que a mãe se aproxima, "eu espreitava o barulho dos saltos da minha mãe no buraco da escada". A analista retorquiu imediatamente: "os saltos não pertenciam então somente à burguesia!".[327] Essa intepretação em que a burguesia é descartada permite religar os "saltos" do tango àqueles da sua mãe. O significante "saltos", até então desconectado, liga-se ao sintoma do sujeito. Como explica muito bem Sonia Chiriaco, os saltos eram uma mentira quando quem os calçava era uma burguesa, mas diziam uma verdade sobre o gozo do sujeito quando, ao calçá-los, ela rompia o tédio e a espera na dança. O gozo dos saltos para dançar era a outra face de um gozo mortífero da menina abandonada que espreitava o

---

[326] CHIRIACO. Le Bruit des talons, p. 51.

[327] CHIRIACO. Le Bruit des talons, p. 51.

barulho dos saltos da mãe. Esse objeto fálico lhe dava uma versão do semblante feminino. Essa cena se encadeia a outra que lhe fora contada: do seu nascimento até a sua entrada na escola, ela passava horas imóvel em sua cama com sua irmã, elas esperavam a volta da mãe do trabalho. Por meio dessa cena, uma fantasia se constituiu: "duas menininhas abandonadas, deitadas, esperam o retorno à vida".[328] A analisante fizera dessa cena o trauma da sua vida e a causa do ódio pela mãe. Mais tarde e a partir da sua entrada na escola, essa mesma espera de ver a mãe havia se invertido e tomado a forma de uma angústia da sua volta. Seu sintoma, feito de espera entediante e inércia, uma vez conectado ao significante "barulho dos saltos", desvelava o núcleo de gozo do sintoma. Os saltos vinham no lugar de um impossível de dizer, tamponando uma falta por sua manifestação ou por sua recusa. O trajeto da análise permitiu uma queda do semblante da figura da burguesa e da mãe má, deixando somente esse "real do silêncio à espera do barulho. Gozo bruto, indecifrável".[329] "Não há nada mais a dizer, a não ser esse barulho", concluiu a analisante. As associações puderam fazer ressoar o "barulho", mas ainda fazem perdurar o gozo da espera com uma nova inversão: pela primeira vez ela faz o Outro esperar.

O que caracteriza frequentemente uma *análise que começa* é a perplexidade do sujeito diante de uma repetição inexplicável. Diante da insensatez do seu sintoma, o sujeito procura um sentido a partir das suas associações. A prática da associação livre institui uma "histerização do discurso",[330] em que um sujeito dividido se endereça ao significante-mestre para produzir um saber. O inconsciente é o que designa esse saber que escapa ao ser falante.

O exemplo clínico demonstra que, na perspectiva de uma "análise que começa", um sofrimento leva o sujeito a se consultar

---

[328] CHIRIACO. Le Bruit des talons, p. 52.

[329] CHIRIACO. Le Bruit des talons, p. 52.

[330] LACAN. *O seminário, livro 17: O avesso da psicanálise*, p. 31.

com um analista. Este último tenta, desde o início do tratamento, localizar e dar forma ao sintoma para além da queixa. Esse sintoma deve ser considerado em todas as suas vertentes: na vertente propriamente freudiana, essa de ser uma mensagem que contém um sentido, *der Sinn*, aquilo que o sintoma quer dizer e que escapa ao saber consciente. Pelo viés da transferência ao analista, há a suposição de um saber cifrado no sintoma que permite o início do trabalho de deciframento com os efeitos de verdade que surgem então. A outra vertente do sintoma é aquela da sua insistência. Com o conceito de gozo, Lacan esclarece essa outra faceta obscura do sintoma que Freud havia apontado: a da satisfação que um sintoma pode proporcionar, apesar do sofrimento que ele provoca. De maneira geral, o sujeito chega incomodado pela insistência de um sintoma, e esse começo de análise parte de uma deposição de um "isso não cessa", próprio da repetição. Da mesma forma, a chegada de um sujeito à analise pode se dar a partir do encontro com algo que o tenha precisamente despertado: um acontecimento às vezes da ordem do traumático que abriu um buraco no conjunto das significações da sua realidade.

O trabalho de elucidação significante do sintoma ou o trabalho de elaboração em torno da brecha aberta por um mau encontro comporta uma correlação entre um significante-mestre, um S1 encontrado na fala do sujeito, com um S2, o saber produzido a partir do movimento de deciframento.

Tudo indica, portanto, que a oposição entre *consciente e inconsciente* é a principal oposição em jogo nesse período do tratamento. Tal oposição se joga entre um sujeito que acredita saber o que pensa, o que diz e o que deseja e um sujeito que não consegue explicar as razões do seu sintoma, dos seus sonhos, dos seus atos falhos: "O inconsciente é o testemunho de um saber, no que em grande parte ele escapa ao ser falante",[331] resume muito simplesmente Lacan.

---

[331] LACAN. *O seminário, livro 20: Mais, ainda*, p. 149.

O trabalho analítico começa com o desenvolvimento das coordenadas familiares que encontram ressonância com o sintoma. O discurso analisante lança mão do conjunto constitutivo do Outro (enunciados fundamentais dos pais, anedotas infantis, lembranças encobridoras, sonhos sob transferência), em que se produz o surgimento de um saber não sabido. Todas as *variantes do despertar* que repertoriamos são aí convocadas: o efeito de *surpresa* que produz um achado na hiância constitutiva do inconsciente, o efeito de *iluminação* produzido pelo distanciamento de uma identificação até então ignorada pelo sujeito, o efeito de *lampejo* próprio do surgimento evanescente do sujeito do inconsciente, ou ainda, como o caso mostra muito bem, o despertar que pode acontecer quando o analista busca substituir a significação de uma repetição fantasmática pelo significante de um encontro que tem estatuto *traumático* para o sujeito.

Tudo parece indicar que é a hora da *revelação* para um tratamento que começa. Isso pressupõe operar sob a lógica do recalque. Desde Freud, o recalque é o mecanismo que explica o fenômeno clínico segundo o qual aquilo que se acreditava saber não era sabido, ou, inversamente, aquilo que se acreditava ignorar completamente era sabido. Isso supõe a existência de um aparelho psíquico dividido em instâncias diferenciadas. O recalque caracteriza, para Freud, as relações que as instâncias psíquicas mantêm entre si (consciente e inconsciente, segundo a primeira tópica). Isso explica por que a satisfação de uma pulsão (representante pulsional), suposta produzir prazer, produz desprazer a partir do momento em que é submetida à ação do recalque. O desprazer se produz a partir do momento em que essa pulsão é inconciliável com os interesses conscientes do sujeito. Recalque e inconsciente são termos "correlativos", pois a emergência das formações do inconsciente atesta o retorno do recalcado.

A *"revelação"*, termo muito presente no início do ensino de Lacan, constitui nos anos 1950 o objetivo último da experiência analítica, "a revelação é o móvel último daquilo que procuramos na experiência analítica".[332] Contrariamente à palavra "expressão", a revelação leva a um retorno autêntico à obra de Freud, "toda a obra de Freud se desdobra no sentido da revelação".[333] O inconsciente não se exprime senão por uma distorção que a palavra sofre nas formações do inconsciente. O exemplo do lapso ou do ato falho mostra que o tropeço equivale à confissão de uma verdade, não se trata, portanto, de um erro, mas de uma equivocação [*méprise*], "se a descoberta de Freud tem um sentido, é este – a verdade pega o erro pelo cangote, na equivocação".[334] A revelação determina um tipo de orientação do tratamento em que as formações do inconsciente, inclusive o sintoma, devem ser consideradas como uma mensagem na qual o desejo em jogo é o signo do "ser que espera se revelar".[335] A ideia de revelação está também presente em "Função e campo da fala e da linguagem em psicanálise",[336] em que o inconsciente e as suas formações são o produto de uma opacidade da história do sujeito que deve ser restaurada. A interpretação busca uma reestruturação do sujeito a partir de uma retroação do sentido da história, o que teria como efeito a redução da sua opacidade. Sob a perspectiva da revelação, um despertar pode acontecer.

Revelações, emergência, retorno do recalcado, surpresas, iluminações, estupefação são efeitos que têm lugar num tratamento considerado a partir de uma oposição entre consciente e inconsciente. O retorno do recalcado e os efeitos de verdade estão, nesse sentido, à frente da cena analítica.

---

[332] LACAN, J. *O seminário, livro 1: Os escritos técnicos de Freud* [1953-1954]. Rio de Janeiro: Zahar, 1986. p. 62.

[333] LACAN. *O seminário, livro 1: Os escritos técnicos de Freud*, p. 61-62.

[334] LACAN. *O seminário, livro 1: Os escritos técnicos de Freud*, p. 303.

[335] LACAN. *O seminário, livro 1: Os escritos técnicos de Freud*, p. 307.

[336] LACAN, J. Função e campo da fala e da linguagem em psicanálise [1953]. *In: Escritos*. Rio de Janeiro: Zahar, 1998. p. 238-324.

A tese lacaniana "desperta-se para continuar a dormir" tem aqui todo o seu peso: se despertamos no sentido da revelação do inconsciente, voltamos a dormir na fantasia. A fantasia não é uma formação do inconsciente, mas uma matriz que faz o enquadre da realidade ligando um sujeito marcado pela divisão significante a um objeto mais-de-gozar de onde o sujeito extrai uma satisfação sexual. É nesse sentido que o enunciado freudiano segundo o qual o sonho protege o sono é uma verdade, porém parcial, visto que se sonha acordado na fantasia. Seguindo Lacan e se referindo à fantasia, Jacques-Alain Miller afirma que "uma verdade mais completa se enunciaria assim: o sonho protege em cada um o seu gozo, ao qual não há acesso senão particular a cada um".[337]

Desse ponto de vista, uma interrupção da repetição acompanhada de um benefício terapêutico deve ser duplamente considerada. Do ponto de vista do despertar, o eterno e repetitivo retorno do mesmo se interrompe, alguma coisa cessa de voltar sempre ao mesmo lugar. Do lado do adormecimento, o sujeito pode querer interromper o tratamento após o benefício terapêutico durável ou depois de uma melhora do efeito nocivo de um sintoma. Sem dúvida, de um ponto de vista terapêutico, o analista não se oporia à satisfação proporcionada pelo adormecimento de um sujeito irritado pela repetição do sintoma. O sujeito pode muito bem querer ir embora com uma nova relação regulada com o Outro, porém um resto de gozo vai permanecer intocado. Ele pode decidir partir mantendo sua modalidade de gozo, sem querer ir mais além de uma nova elucidação.

"Não se deve despertar os cães adormecidos"

O analista deveria levar o analisante mais além dessa escolha? Essa questão foi abordada por Freud em 1937, em seu

---

[337] MILLER, J.-A. Un Rêve de Lacan. *In*: *Le Réel en mathématiques*. Paris: Agalma, 2004. p. 107-133.

artigo "Análise terminável e interminável", como uma resposta póstuma a dois artigos de Ferenczi, de 1928.[338] Ferenczi censura Freud por ter negligenciado sua transferência negativa em relação a ele, que era seu analista, e por não tê-lo conduzido a uma análise completa. Freud responde a esse reproche de Ferenczi argumentando que na época da análise a face negativa da transferência não tinha aparecido, acrescentando sua ideia desfavorável quanto a "ativar" um "complexo" que não é atual no analisante. Para Freud, "ativá-lo teria certamente exigido, na realidade, um comportamento inamistoso por parte do analista",[339] o que lhe parecia inaceitável.

Duas grandes questões são colocadas nesse texto. A primeira concerne à "domesticação da pulsão": "Seria possível liquidar durável e definitivamente um conflito pulsional?".[340] Ainda que a análise procure uma liquidação durável de uma reivindicação pulsional, isso não significa, de modo algum, um desaparecimento completo, "em geral isso é impossível e tampouco seria desejável".[341] É claro que o tratamento psicanalítico não repousa sobre a ética da harmonia, e tampouco o seu desfecho.

A segunda questão é a seguinte: é possível proteger o paciente contra os conflitos pulsionais futuros? Ou seja, pode-se despertar um conflito pulsional não manifesto, torná-lo atual a fim de resolvê-lo na relação transferencial? Freud responde com

---

[338] FERENCZI, S. Le Problème de la fin de l'analyse. *In: Psychanalyse IV: Œuvres complètes, 1927-1933*. Paris: Payot, 1982. p. 43-52; FERENCZI, S. Élasticité de la technique psychanalytique. *In: Psychanalyse IV: Œuvres complètes, 1927-1933*. Paris: Payot, 1982. p. 53-65.

[339] FREUD, S. Análise terminável e interminável [1937]. *In: Moisés e o monoteísmo, Esboço de psicanálise e outros trabalhos (1937-1939)*. Rio de Janeiro: Imago, 1969. p. 239-287. p. 253. (Edição Standard Brasileira das Obras Psicológicas Completas de Sigmund Freud, XXIII).

[340] FREUD. Análise terminável e interminável, p. 240.

[341] FREUD. Análise terminável e interminável, p. 240.

uma recusa clara. O analista não pode ter influência sobre um conflito que ainda não se exteriorizou. Freud recorre, então, à frase popular: "não se deve despertar os cães adormecidos",[342] que resume a posição a ser mantida pelo analista nesse debate, "pois, se as pulsões causam perturbações, é uma prova de que os cães não estão dormindo, e se eles parecem de fato dormir, não está em nosso poder despertá-los".[343]

"Não se deve despertar os cães adormecidos" visa afastar do campo da psicanálise todo desejo de profilaxia ou de prevenção. Isso é bem diferente da exacerbação do conflito pulsional, buscada pelo analista, que tem como objetivo seja o aumento da força da pulsão a fim de resolvê-la na transferência, seja o conforto ou a inércia encontrados num paciente para que não haja, de modo algum, liquidação do conflito. Para Freud, porém, essas situações hipotéticas são bem diferentes de uma prevenção antecipada.

Em suma: 1) Um tratamento bem-sucedido não preserva para sempre da eclosão tardia de uma nova neurose com base na mesma raiz pulsional; 2) A psicanálise não resolve definitivamente um conflito pulsional (entre a pulsão e o eu [*moi*]); 3) Que um conflito pulsional possa encontrar um apaziguamento não significa que outro conflito não possa surgir mais tarde; 4) A análise não tem o "poder de despertar"[344] um conflito pulsional com o objetivo de um tratamento psicanalítico preventivo.

Esse ponto de vista sustentado por Freud em 1937 permite pensar que certos tratamentos se interrompam após uma

---

[342] FREUD. Análise terminável e interminável, p. 246. Encontramos em francês a expressão "Não se deve despertar o cão adormecido", utilizada para dizer que é preciso evitar reativar uma fonte de perigo quando esta se encontra adormecida; não se deve despertar uma história desagradável, uma ameaça adormecida. [Diríamos, em português: "não cutucar a onça com vara curta". (N.T.)]

[343] FREUD. Análise terminável e interminável, p. 246.

[344] FREUD. Análise terminável e interminável, p. 238.

melhora da sintomatologia inicial. Como diz Freud, não haverá resolução do conflito entre o eu [*moi*] e a pulsão, mas diminuição da intensidade pulsional. Por não causar mais sofrimento, a antiga modalidade de gozo é mantida. Se a pulsão não causa mais perturbações, os cães estão dormindo, e, para Freud, não se deve tentar despertá-los.[345]

Nesse texto tardio, Freud adverte o analista quanto ao seu próprio desejo de despertar. Se um conflito pulsional não se manifesta, o analista não está em condições de impedir o sujeito de voltar a dormir e encontrar nisso uma satisfação. Freud não buscava ir contra o desejo de dormir de um sujeito.

Em alguns textos tardios, assistimos à desvalorização de um pretenso desejo de despertar do lado do analista. Lacan acentua a alegria de viver. A continuação de uma análise para além de certa satisfação não é encorajada: "Posso testemunhar somente daquilo que minha prática me fornece. Uma análise não deve ser levada muito longe. Quando o analisante pensa estar feliz em viver, isso basta".[346] Como acabamos de enfatizar, não deve haver nenhuma espécie de imperativo visando despertar quem dorme tranquilamente ou quem acaba de adormecer, se é o sujeito quem decide assim. Lacan enfatiza a escolha do analisante que se conforma com o efeito benéfico obtido, mas ele não ignora os limites quanto à durabilidade dos efeitos: "Cada um sabe que a análise tem bons efeitos, que duram somente um tempo. Isso não impede que seja uma trégua, e isso é melhor que fazer nada".[347]

---

[345] No fundo, Freud responde a Ferenczi: não há reparação nem reconciliação com o Outro, não há saída do conflito pulsional nem da neurose, há o rochedo da castração, ou seja, uma falha real no Outro. Essa recusa da prevenção é uma recusa de fazer do tratamento analítico um lugar que buscaria a harmonia total e completa do sujeito com o Outro.

[346] LACAN, J. Yale University, Kanzer Seminar. *Scilicet*, n. 6-7, p. 7-31, 1975.

[347] LACAN. *Le Séminaire, livre XXII: R.S.I.*, [s.p.]. Lição de 8 de abril de 1975.

Esses tipos de enunciado do último ensino de Lacan poderiam ser resumidos assim: "deixar dormir quando for preciso". Isso não equivale a exaltar o efeito puramente terapêutico da experiência analítica, principal preocupação do mestre atual, mas a considerar, a partir da psicanálise pura, o grau de verdade que um sujeito pode suportar e os limites daí decorrentes. Concluamos com Nietzsche: "pode ser que a existência fosse feita de tal modo que não pudéssemos senão perecer por conhecê-la inteiramente, de tal forma que a força de um espírito se mediria pela dose de 'verdade' que ele seria capaz de suportar, no grau que lhe fosse *necessário* diluí-la, dissimulá-la, suavizá-la, velá-la ou falseá-la".[348]

A psicanálise que dura

"*Não se desperta jamais*" é a última tese de Lacan sobre o despertar. O despertar é um impossível, e o adormecimento, a inclinação natural do sujeito. Mas o que resta impossível de despertar? Quais são as novas conceitualizações e remanejamentos que levam Lacan a sustentar uma posição de tamanha contundência?

Pensamos que essa última tese só pode ser sustentada a partir do momento em que se leva em conta o devir de um sintoma em uma análise que dura no tempo.

Sobre isso, o que diz Lacan em 1967, no texto em que ele expõe seu projeto do passe? Da travessia da fantasia resulta um novo saber sobre o ser como ser de desejo,[349] que se pode escrever assim:

---

[348] NIETZSCHE, F. *Par-delà bien et mal*. In: *Par-delà bien et mal; La Généalogie de la morale*. Paris: Gallimard, 1971. p. 56-57. (Œuvres Philosophiques Complètes, VII).

[349] "Nessa reviravolta em que o sujeito vê soçobrar a segurança que extraía da fantasia em que se constitui, para cada um, sua janela para o real, o que se percebe é que a apreensão do desejo não é outra senão a de um des-ser"

$$\frac{a}{-phi}$$

Isso se efetua de maneira simultânea: a função fálica é marcada por um menos no complexo de castração, e *a* aparece como o objeto que havia obturado essa hiância. Por um lado, o sujeito descobre que o desejo só pode surgir de um des-ser, e, por outro, que esse ser se encontra no nível da causa, e não do objeto a que o desejo visava. O sujeito se sabe alguma coisa, ganha um saber: esse de seu "ser que eclipsa", mas que se encontra, desde então, profundamente modificado, transformado: "pois ele rejeitou o ser que não sabia a causa da sua fantasia no momento mesmo em que, finalmente, esse saber suposto, ele se o tornou".[350] Nesse movimento de rejeição do ser que ignora a causa de seu desejo emerge um ser novo, marcado por um saber sobre o seu desejo e sobre a sua causa. Assim, o ser de desejo e o ser de saber se unem, "o ser do desejo se une ao ser do saber para daí renascer".[351]

Vemos que em 1967 o saber obtido é suposto produzir uma modificação profunda no sujeito, de tal forma que Lacan fala em "renascimento". Haveria, então, um sujeito novo que renasce, mas que faz também o luto de seu ser anterior, esse ser que desconhecia a causa de seu desejo. Num testemunho de passe que concentra o percurso analítico e seu final em torno da travessia da fantasia, um despertar pode muito bem acontecer. Aliás, o termo "renascimento", utilizado por Lacan, permite conceber o final de análise como um despertar: não se é mais o

---

(LACAN. Proposição de 9 de outubro de 1967 sobre o psicanalista da Escola, p. 259).

[350] LACAN. Proposição de 9 de outubro de 1967 sobre o psicanalista da Escola, p. 259.

[351] LACAN. Proposição de 9 de outubro de 1967 sobre o psicanalista da Escola, p. 259.

que se era, houve uma *ruptura radical,* um antes e um depois, e um novo ser nasceu.

A doutrina do passe concebida como travessia da fantasia leva à ideia de um instante de despertar: há um franqueamento do que se apresentava como obstáculo, rasgadura de um véu e efeito de renascimento subjetivo. Nessa mesma via, um aforisma de Heráclito, comentado por Heidegger, levava Lacan, em 1973, a comparar o passe ao lampejo.[352] O sentido da frase de Heráclito – "Mas todas as coisas (presentes), o lampejo as governa (levando-as à presença)"[353] – é duplo para Heidegger. Por um lado, o lampejo faz referência à noção do Um que governa sobre a multiplicidade, poderíamos acrescentar, a multiplicidade dos significantes. O Um esclarece a partir do momento em que se coloca como mestre diante da multiplicidade. Por outro lado, para Heidegger, "o lampejo governa o mundo" significa que é preciso abordar o mundo a partir desse lampejo, habitar o mundo a partir do Um. Eric Laurent lembra que não se trata de habitar o mundo a partir do Um como mestre, mas de habitá-lo como se habita a linguagem, incluindo a perda. Isso significa colocar em jogo nossa própria causalidade na nossa maneira de habitar o mundo.

É nesse sentido que a experiência do final de análise é da ordem do lampejo: o sujeito percebe, por um lado, as regras que ordenam o conjunto dos significantes, por outro lado, ele se dá conta disso que cai entre os significantes. Ter esclarecido sua relação com a causa, saber do que é feita a causa do seu desejo dá ao sujeito uma margem, um espaço para "inventar uma nova aplicação da regra do gozo da qual ele provém".[354]

---

[352] LACAN, J. Intervention dans la séance de travail "Sur la passe" du samedi 3 novembre 1973. *Lettres de l'École Freudienne,* n. 15, 1975. p. 190.

[353] Cf. tradução de HEIDEGGER, M. Logos. *In*: *Essais et conférences.* Paris: Gallimard, 1958. p. 249-278. p. 269.

[354] LAURENT, É. Vers un affect nouveau. *Lettre Mensuelle: Bulletin de l'ECF,* n. 149, maio 1996. p. 9.

Mas as perspectivas de 1967 e de 1973 não foram as últimas palavras ditas sobre o passe. Essa experiência foi repensada por Lacan à medida que ela se desenvolvia. E uma mudança radical pode ser constatada: no lugar dos termos presentes no projeto inicial, como "lampejo", "renascimento", "franqueamento", "despertar", "travessia", vemos aparecer, em meados dos anos 1970, fórmulas como: "não se desperta jamais", "o despertar é impensável". O que explica tal desencantamento? O que se revelou na experiência do passe, levando Lacan à constatação do impossível de todo despertar?

O sinthoma: *rumo a uma clínica sem revelação*

Na última parte do ensino de Lacan, questiona-se o conceito de sintoma como uma formação que se supõe dissolver, desaparecer, abolir. São os restos sintomáticos e seu devir que são incluídos nessa nova conceitualização. A escrita *sinthoma* busca retomar a conceitualização freudiana do sintoma que inclui os restos sintomáticos, ou seja, aquilo que não muda quando tudo muda. Em suma, trata-se de fazer valer o incurável do sintoma, "a chamada nova clínica psicanalítica é uma teoria do incurável".[355]

É muito provável que a experiência inicial do passe tenha levado Lacan a constatar que, apesar do despertar produzido pela travessia da fantasia, apesar do lampejo do passe, apesar do saldo do novo saber e da modificação subjetiva que o acompanha, sempre haverá um resto constante, um modo de gozar que não muda.

Incluir o incurável do sintoma permite deduzir que a saída não será aquela do deciframento do inconsciente, pois o *sinthoma* não é, propriamente falando, uma formação do

---

[355] MILLER. *Perspectivas dos* Escritos *e* Outros escritos *de Lacan: entre desejo e gozo*, p. 11.

inconsciente. O *sinthoma* não é eliminado, tampouco desaparece, como o sintoma, visto que ele inclui aquilo que não mudará, isto é, um gozo refratário aos deciframentos sucessivos de uma análise. Nesse sentido, não há saída nem franqueamento, mas, antes, um novo arranjo, sempre singular, com esse resto.

O raciocínio não pode ser esse do franqueamento, do despertar, do lampejo, do renascimento, das revelações – em suma, uma ruptura radical com alguma coisa que fazia obstáculo –, mas o de uma mutação do desprazer causado pelo gozo em certa forma de satisfação. Isso não é da ordem da revelação do objeto-causa em jogo na travessia da fantasia. Jacques-Alain Miller observava que na ideia de revelação do objeto-causa "a relação com o gozo é concebida como um *insight*, é concebida segundo o modelo da relação com a verdade".[356] Assim, essa revelação do objeto *a* seria a verdade do gozo.

A nova perspectiva fora-do-sentido do último Lacan é bem outra: os analistas que testemunham de seu tratamento analítico sob a perspectiva do *sinthoma* não esclarecem somente o desaparecimento de seus sintomas e a travessia de suas fantasias; eles esclarecem também sobre um saber-fazer com o incurável. Há, portanto, o isolamento de um modo de gozar sempre invariante, mas há [algo] *melhor*: "A questão é então de saber como o *melhor* se inscreve no invariante".[357] O desafio não é a ruptura de uma ilusão nem o franqueamento de um véu para se chegar a um despertar; o final de análise sob a perspectiva da insistência constante de um resto pulsional não permite considerar uma travessia da pulsão, nem um mais-além da pulsão".[358]

---

[356] MILLER. *Perspectivas dos* Escritos *e* Outros escritos *de Lacan: entre desejo e gozo*, p. 158.

[357] MILLER, J.-A. Ouverture, contingence et perspective du sinthome. *La Cause Freudienne*, Paris, n. 75, 2010. p. 10.

[358] Cf. MILLER, J.-A. La Théorie du partenaire. *Quarto*, Bruxelles, n. 77, p. 6-33, 2002.

Na perspectiva do último Lacan, o *sinthoma* permite pensar uma clínica que se interessa menos pelas grandes revelações do que pelo destino do incurável do sintoma, ali onde jaz o gozo refratário ao sentido que sempre insiste. Como Ferenczi, e com Lacan, é possível responder: como prometer uma felicidade para todos se o sujeito já é feliz? "Feliz" no sentido que Lacan utiliza em "Televisão"[359]: na medida em que a pulsão se satisfaz de maneira constante e insistente. Não se trata talvez de esperar uma revelação, mas de ir às últimas consequências do saber sobre o gozo.

Detalhamos as duas perspectivas do final de análise. Na primeira, o despertar designa o renascimento do sujeito que, por um movimento de ruptura radical, rejeita para sempre o ser que ignora a causa de seu desejo e permite a emergência de um novo saber sobre seu desejo e sua causa. O fim de análise conceitualizado a partir da travessia da fantasia remete ao véu que se rasga, graças ao qual o sujeito acede ao real de seu gozo. Se esse momento é correlato a um despertar, é porque, numa lógica do *a posteriori*, o sujeito vê seu antigo sofrimento como ilusório. É um final de análise que se aproximaria da alegoria da caverna de Platão, em que um sujeito que vive na ilusão passa por uma experiência por meio da qual ele acede à verdade. A "Proposição de 9 de outubro sobre o passe" corresponde a essa perspectiva do final de análise como despertar ou renascimento.

A psicanálise "ponto de capitonê" se oporia, então, à psicanálise "série sem fim" do último ensino de Lacan.[360] O ponto de capitonê é o resultado de uma ressignificação ou de uma ressubjetificação de uma trajetória que se reordena repentinamente na trama de um discurso. É nesse sentido que o ponto de capitonê

---

[359] LACAN, J. Televisão [1973]. *In: Outros escritos*. Rio de Janeiro: Zahar, 2003. p. 508-543.

[360] Cf. MILLER, J.-A. Psychanalyse pure, psychanalyse appliquée et psychothérapie. *La Cause Freudienne*, Paris, n. 48, 2001. p. 17.

é o traço distintivo de um fenômeno de sentido: é o reino da revelação e dos retornos do recalcado, tal como o caso clínico nos permitiu compreender. O final de análise que Lacan propõe em 1967 se caracterizaria igualmente por um "acontecimento de saber"[361]: um sonho conclusivo, uma interpretação do analista, um pensamento etc. podem indicar ao analisante o encontro com um ponto de interrupção de seu tratamento. Interrupção que é acompanhada de um ganho de saber.

Por outro lado, no final de análise que Lacan propõe nove anos após a "Proposição", o desafio é outro. Em 1967 podemos ler: "Por que, sendo assim, não submeter essa profissão à prova da verdade com que sonha a chamada função inconsciente, na qual ela fuxica? A miragem da verdade, da qual só se pode esperar a mentira, não tem outro limite senão a satisfação que marca o fim da análise".[362]

Essa passagem indica, já de início, a mudança profunda sofrida pelo inconsciente: é um sonho de verdade, o inconsciente sonha com o acesso à verdade. Se o inconsciente é reduzido a um sonho, ele é um *Wunsch*. Mas haveria uma relação entre esse *Wunsch* de verdade e o real?

Falar do inconsciente em termos de sonho parece ser, em parte, a consequência da inclusão do nó borromeano na reflexão clínica: uma disjunção entre os registros R.S.I., que, mesmo sendo inseparáveis, mantêm uma relação de exterioridade entre si. Não há relação entre os registros, nenhum laço une o simbólico e o real. Essa inadequação que o último ensino de Lacan faz valer entre, de um lado, o simbólico (o sentido como o saldo e o ponto de fuga entre S1-S2, o saber como produto da cadeia significante, e a verdade como efeito

---

[361] MILLER. Psychanalyse pure, psychanalyse appliquée et psychothérapie, p. 26.

[362] LACAN, J. Prefácio à edição inglesa do *Seminário 11* [1976]. *In: Outros escritos*. Rio de Janeiro: Zahar, 2003. p. 567-569. p. 568.

do retorno do recalcado) e, de outro lado, o real coloca imediatamente em questão a confiança feita ao saber no real. Há um questionamento radical de toda relação entre o que faz sentido e o real. Lacan não pensa existir um saber no real, mesmo que a relação transferencial induza necessariamente a tal suposição. Isso explica a mudança de estatuto que o inconsciente parece sofrer nos anos 1970: extrapolação, hipótese, elucubração.

Disso decorre que só podemos dizer falso sobre o real, que só podemos mentir a partir do momento em que o abordamos pelo simbólico. É por isso que no passe de 1976 ainda podemos ler: "Deixei-o à disposição daqueles que se arriscam a testemunhar da melhor maneira possível sobre a verdade mentirosa".[363] Existe, portanto, uma distância entre "testemunhar na medida do possível da verdade mentirosa" e toda ideia de despertar. O testemunho não incide mais sobre o antes e o depois, sobre o novo sujeito que se tornou, sobre o lampejo que o iluminou, ele incide sobre a hiância entre o verdadeiro e o real. Se durante o tratamento o sujeito se esforça em dizer a verdade, no passe tratar-se-ia de testemunhar sobre a falha dessa verdade, que não passa de um sonho em relação ao real. "Mensurar o verdadeiro ao real"[364] no testemunho implica, portanto, devolver à verdade encontrada na análise seu status de história, de elucubração, de miragem. Mostrar de que modo o conjunto daquilo que fez função de verdade veio velar o real. Trata-se, em suma, de testemunhar como o sujeito produziu sentido com o real.

Dito isso, a psicanálise não poderá, ela mesma, ser poupada: "A psicanálise notadamente não é um progresso: é uma maneira prática de se sentir melhor. E esse sentir-se melhor – é

---

[363] LACAN. Prefácio à edição inglesa do *Seminário 11*, p. 569.

[364] MILLER, J.-A. La Passe bis. *La Cause Freudienne*, n. 66, Paris, 2007. p. 209.

preciso dizê-lo – não exclui o embrutecimento".[365] Esse embrutecimento é o nome de quê? Seria ele o testemunho do fato de que na última conceitualização do real não existem mais revelações? Que não há mais ponto de capitonê que venha dar um sentido ao sintoma? É muito provável que esse "embrutecimento" seja o nome do "dormir" numa clínica que não considera, de forma alguma, a possibilidade do despertar. Se não se sai do lugar, pois sobre o real não se pode senão mentir, se não há mais grandes acontecimentos de saber que venham esclarecer o encontro com o real, a porta nos é então aberta à última tese, segundo a qual "não se desperta jamais", na qual "a ideia de um despertar seja, propriamente falando, impensável".[366]

Não se desperta jamais

A partir do momento em que nos situamos numa oposição entre consciente e inconsciente, a possibilidade de despertar pode ser considerada na esfera da revelação. A lógica das profundezas está aí em obra. Os efeitos de verdade são o resultado desse retorno do recalcado: as surpresas, as estupefações inesperadas, as iluminações repentinas devem ser atribuídas à variedade das manifestações do inconsciente. Tudo parece indicar que a questão prínceps em *um tratamento que começa* é: "O que isso quer dizer?". O inconsciente é, então, o resultado de uma articulação entre um S1 e um S2, entre uma emergência absurda e insensata (ato falho, sonho, *lapsus*, sintoma) e a restituição de um sentido. Para o analisante, há espera de um saber que se manifesta sob a forma de uma espera de sentido, ele quer dar sentido ao insensato.

---

[365] LACAN. *Le Séminaire, livre XXIV: L'Insu que sait de l'une-bévue s'aile à mourre*, [s.p.]. Lição de 14 de dezembro de 1976.

[366] LACAN. *Le Séminaire, livre XXV: Moment de conclure*, [s.p.]. Lição de 15 de novembro de 1977. Publicada com o título "Une pratique de bavardage", em *Ornicar?*, n. 19, 1979. p. 9.

Mas sempre haverá um descompasso entre a espera de um saber e o resultado: uma verdade que só pode ser meio-dita e um sentido que só faz escapar entre as palavras. Isso se enquadra no que J.-A. Miller pode definir em seu curso como sendo da ordem do inconsciente transferencial.

Ao passo que numa *psicanálise que dura* todo o desafio consiste na busca por um arranjo melhor com aquilo que não muda, a problemática do gozo se torna o centro da questão. A principal questão em jogo numa análise que dura é: "A que isso satisfaz?". Então, a lógica que sustenta a *psicanálise que está começando* se torna muito diferente numa *psicanálise que dura*, visto que a oposição entre consciente e inconsciente não é a questão mais importante. A partir do momento que o destino do gozo está no centro do problema, a tensão se joga entre o inconsciente como saber e o gozo.

> – Psicanálise que está começando: Consciente // Inconsciente (revelações, retornos do recalcado)
> – Psicanálise que dura: Inconsciente (saber) // Gozo (sem revelações)

Essa nova oposição é coerente com os últimos desenvolvimentos de Lacan, em que o termo "elucubração" produz uma mudança radical: a ordem simbólica e o conjunto da linguagem têm uma estrutura de ficção. A ideia de disjunção entre o real e o sentido resulta no fato de que a linguagem produz ficções sobre o real do gozo, que, por sua vez, não tem estrutura de ficção. Assim, a oposição se joga entre tudo que o sujeito pôde produzir como saber articulado em torno de sua fantasia e de seu sintoma e aquilo que, ainda assim, permanece invariável quanto ao seu modo de gozo. A construção de uma ficção é impulsionada pelo próprio dispositivo (pela instalação do sujeito-suposto-saber) em uma psicanálise que está começando. Mas, numa psicanálise que dura, trata-se de desfazer essa ficção. O objetivo de uma psicanálise que dura é que o analisante possa se dar conta de que a ficção permanece inadequada em relação ao real, "nela a ficção é posta à prova de sua impotência em resolver a opacidade do real".[367] Podemos ver claramente como a oposição entre consciente e inconsciente não tem aqui o mesmo alcance que em uma psicanálise que está começando.

Quando a oposição se dá entre o saber e o gozo, o consciente e o inconsciente estão muito mais numa continuidade diante de um gozo opaco e refratário ao sentido e ao saber que se tornaram ficções. O estatuto do inconsciente muda, ele é real: "Quando o esp de um laps já não tem nenhum impacto de sentido (ou interpretação), só então temos certeza de estar no inconsciente".[368] No instante em que se produz um tropeço [*bévue*], um significante, um S1 faz intrusão no discurso do sujeito e ocupa o lugar de outra palavra a que o sujeito tinha visado. Mas o que quer dizer espaço do lapso?: "Nada mais do que aquilo que lhe incorporamos: a extensão das associações pelas quais o sujeito tenta dar sentido a esse significante incongruente".[369] O sujeito tenta, então, reduzir a equivocação [*méprise*] a partir do efeito de verdade. Mas esse lapso permanece o que ele é: uma palavra sozinha, uma emergência fora-do-sentido, uma pura facticidade desconectada de toda articulação que testemunhe que o inconsciente produz gozo num trabalho fora-do-sentido. Sobre esse inconsciente do qual o sentido permanece excluído, a interpretação não tem mais alcance, e é através da ficção que se chega a fazê-lo falar.

Retomemos, então, o enunciado de Lacan "não se desperta jamais", que equivale a dizer: "está-se sempre dormindo". Ele o explicita assim: "O inconsciente é muito precisamente a hipótese

---

[367] MILLER. *Perspectivas dos* Escritos *e* Outros escritos *de Lacan: entre desejo e gozo*, p. 123.

[368] LACAN. Prefácio à edição inglesa do *Seminário 11*, p. 567.

[369] SOLER, C. *Lacan, l'inconscient réinventé*. Paris: PUF, 2009. p. 47.

de que não se sonha apenas quando se está dormindo",[370] visto que ele é considerado o responsável, como acrescenta Lacan em certas lições precedentes: "é ele que dizemos ser o responsável por todos esses tropeços [*bévues*] que o fazem sonhar".[371] Essa frase ressoa, por um lado, com a conceitualização do inconsciente propriamente lacaniano de 1964, como equivalente a uma mancada, ao tropeço, à ruptura, à falha. Mas, no contexto atual, Lacan faz referência ao título escolhido para o seu seminário XXIV, *L'Insu que sait de l'une-bévue s'aile à mourre*, em que essa "*une-bévue*" não tem a mesma significação que em 1964.

"*Une-bévue*" equivoca com "*Unbewusst*", "inconsciente" em alemão. Lacan não sustenta que o inconsciente seja o tropeço, mas que há inconsciente *com a condição* de que nos coloquemos a sonhar (pensar, buscar um sentido, fantasiar, evocar lembranças, em suma, praticar a associação livre) em relação a um tropeço [*bévue*] que antecede a suposição de que isso quer dizer alguma coisa, de que há ali uma significação. Na passagem do tropeço [*bévue*] ao inconsciente transferencial, um sentido é acrescentado. Dizer que o inconsciente é uma hipótese é sustentar que há somente tropeços aos quais o sujeito acrescenta uma intencionalidade. Lacan o explicita assim: "Não há intenção possível do inconsciente. O inconsciente se limita a uma *atribuição*, a uma substância, a alguma coisa que é suposta *estar sob*. A psicanálise enuncia que isso não é senão uma *dedução*. Dedução suposta, e nada mais".[372]

---

[370] LACAN, J. *Le Séminaire, livre XXV: Moment de conclure* [1977-1978]. Inédit. [s.p.]. Lição de 15 de novembro de 1977. Publicada com o título "Une pratique de bavardage", em *Ornicar?*, n. 19, 1979. p. 5.

[371] LACAN. *Le Séminaire, livre XXIV: L'Insu que sait de l'une-bévue s'aile à mourre*, [s.p.]. Lição de 10 de maio de 1977. Publicada com o título "L'Impossible à saisir", em *Ornicar?*, n. 17-18, 1979. p. 18.

[372] LACAN. *Le Séminaire, livre XXIV: L'Insu que sait de l'une-bévue s'aile à mourre*, [s.p.]. Lição de 10 de maio de 1977. Publicada com o título

Logo, não há despertar para o inconsciente, ele é a hipótese de que se sonha acordado. "Não se desperta jamais" deve, então, ser ouvido como: *o inconsciente não desperta jamais*. Assim, como dito anteriormente, ele está em continuidade, e não em oposição à consciência, visto que só se pode apreender do inconsciente a mancada, o tropeço: "Tropeço [*bévue*] é precisamente o único sentido que nos resta para essa consciência. A consciência não tem outro suporte senão permitir um tropeço. Isso é inquietante, porque essa consciência se parece muito com o inconsciente".[373]

Qual é, então, a finalidade de abordar a clínica não por uma equivalência, mas por uma separação entre o tropeço [*bévue*] e o inconsciente transferencial? Podemos estabelecer uma correspondência entre os pares *bévue-inconsciente* e *acaso-destino*.[374] Fazer dos acasos um destino é um ato de atribuição de uma intencionalidade ao que não é senão encontro contingente: "São os acasos que nos fazem ir a torto e a direito, e dos quais fazemos nosso destino, pois somos nós que o trançamos como tal [...]. Somos falados e, por causa disso, fazemos, dos acasos que nos levam, alguma coisa de tramado".[375]

A doença mental está aliada a esse inconsciente transferencial, o da continuidade do sonho de sentido, "a doença mental, que é o inconsciente, não desperta".[376] Assim, um tratamento

---

"L'Impossible à saisir", em *Ornicar?*, n. 17-18, 1979. p. 19. Grifo nosso.

[373] LACAN. *Le Séminaire, livre XXIV: L'Insu que sait de l'une-bévue s'aile à mourre*, [s.p.]. Lição de 10 de maio de 1977. Publicada com o título "L'Impossible à saisir", em *Ornicar?*, n. 17-18, 1979. p. 18.

[374] Cf. MILLER, J.-A. Le Tout dernier Lacan. *In*: *L'Orientation lacanienne*. Cours du Département de Psychanalyse, Université de Paris VIII, 2006-2007. Inédit. Lição de 14 de março de 2007.

[375] LACAN. *O seminário, livro 23: O sinthoma*, p. 58-159.

[376] LACAN. *Le Séminaire, livre XXIV: L'Insu que sait de l'une-bévue s'aile à mourre*, [s.p.]. Lição de 17 de maio de 1977. Publicada com o título "Un signifiant nouveau", em *Ornicar?*, n. 17-18, 1979. p. 21.

orientado pelo real tende à redução do sentido, ele iria no sentido contrário que vai do tropeço ao inconsciente, em direção, portanto, dos enunciados desprovidos de sentido.

Na última parte de seu ensino, Lacan tenta reduzir o conjunto constitutivo do Outro – enunciados fundamentais dos pais, histórias da infância, lembranças encobridoras – ao Um, significante sem conexão com o Outro, um S1 cortado de seu diálogo com um S2, um significante que não poderia ser substituído por outro. O sujeito teria então acesso ao fato de que não há destino onde tudo já esteja escrito, que há somente acasos. Deve-se precisar que não há destino, mas um encontro acidental que culmina num acontecimento de corpo. Ou seja, um lugar de encontro entre o verbo e o gozo. Através da suposição de saber e do trabalho de associação, o tratamento busca uma redução em direção desse encontro-acontecimento.

A célebre definição do "real sem lei" encontraria aqui a sua explicação. É um "sem lei" em relação à lei da cadeia significante: um S1 que faz surgir imediatamente um S2. Enunciar que o real é sem lei é afirmar um real fora do saber e fora da sintaxe. Trata-se de uma mudança profunda em que Lacan reprova o que ele mesmo havia fundado nos anos 1950, isto é, o saber como resultado do encadeamento entre significantes. No seminário intitulado *Les Non-Dupes errent* nós podemos ler:

> A linguagem é um efeito disto: há um significante *um*. Mas o saber não é a mesma coisa. O saber é a consequência de que há um outro. Com o qual se faz dois – *aparentemente*. Pois este segundo deve seu estatuto justamente a isto: não há relação alguma com o primeiro, eles não fazem cadeia, ainda que eu tenha dito em algum lugar, nos meus rabiscos [...] em 'Função e campo' talvez eu tenha dito que isso fazia cadeia. É um erro.[377]

---

[377] LACAN. *Le Séminaire, livre XXI: Les Non-Dupes errent*, [s.p.]. Lição de 11 de dezembro de 1973.

O que está aqui em questão é fundamental, pois pensar a clínica a partir do Um, orientar a prática em direção ao Um permite desfazer as ligações. Isso quer dizer que entre o primeiro significante e o segundo não há lei, "aquilo que vocês vão fixar e articular como determinações e como leis vai depender das construções que vocês empilharão sobre o real sem lei".[378] A partir de então, a sequência que o sujeito dará ao S1, a elucubração que ele vai forjar sobre esse S1 é de sua responsabilidade. Toda ideia determinista desaba. Como observávamos anteriormente, isso equivale a separar o tropeço [*bévue*], ou o acaso, do inconsciente transferencial. Este último é o resultado do acréscimo de uma intencionalidade a um encontro contingente. Dessa forma, o sujeito poderá se dar conta de que ele fez uma trama a partir de um acaso, que ele contou, para si mesmo, histórias sobre um elemento fora-do-sentido.

Prática e perspectiva: um impossível

Em 1977, Lacan expressa certo pessimismo em relação à psicanálise: Freud não constitui um acontecimento histórico, não menos do que ele próprio. O que é que faria "acontecimento"? A partir do momento em que a psicanálise é orientada pelo real e tenta agarrá-lo, ela só pode fracassar. O fracasso se explica pela impossibilidade de agarrar esse real a partir do sentido. Aliás, não é a palavra "fracasso" [*échec*] que Lacan utiliza para indicar o acontecimento que não sobreveio, mas a palavra "ratear" [*ratage*], "seu tiro falhou [*a raté*], assim como o meu",[379] afirma Lacan ao falar de Freud. Agarrar um pedaço de real seria o acontecimento que Lacan espera da psicanálise? Mas esse ratear

---

[378] MILLER, J.-A. Le Réel est sans loi. *La Cause Freudienne*, Paris, n. 49, 2001. p. 15.

[379] LACAN. Propos sur l'hystérie: Intervention de Jacques Lacan à Bruxelles en 26 février 1977, p. 4.

demonstra alguma coisa para ele: "é claro que o homem passa seu tempo a sonhar, que ele não desperta jamais".[380]

Não se desperta jamais devido a um ratear que concerne tanto ao analisante quanto ao analista, e que consiste em tentar agarrar o real a partir do que o analisante conta em análise, seus sonhos, seus devaneios, seus pensamentos, suas ficções, "o que nos fornecem os pacientes [...] eles não nos fornecem senão os seus sonhos".[381] A mesma coisa para o analista: "O sentido é isso por meio do qual operamos em nossa prática: a interpretação".[382]

O real está, então, para Lacan, "no extremo oposto da nossa prática", visto que ele é definido como "uma ideia, uma ideia limite do que não tem sentido [...] o real é esse ponto de fuga".[383] Por haver alguma coisa que escapa sem cessar, sendo impossível de ser agarrada, o sujeito passa de sentido em sentido para agarrar o que escapa e, paradoxalmente, ele só aumenta o ponto de fuga. Se o real é o que volta sempre ao mesmo lugar, a fuga do sentido é o real próprio à linguagem. Surge, então, a interrogação maior do final do ensino de Lacan, a saber, como se pode colocar um termo ao fluxo linguageiro, ao blá-blá-blá analítico que, sob transferência, tende a uma decifração ao infinito?

Esse fracasso, esse ratear, Lacan o qualificou de escroqueria. O termo "escroqueria" só pode ser compreendido a partir do momento em que a prática analítica não recusa, não nega, não anula esse ponto de fuga, mas, ao contrário, inclui-o, leva-o em

---

[380] LACAN. Propos sur l'hystérie: Intervention de Jacques Lacan à Bruxelles en 26 février 1977, p. 4.

[381] LACAN. Propos sur l'hystérie: Intervention de Jacques Lacan à Bruxelles en 26 février 1977, p. 4.

[382] LACAN. Propos sur l'hystérie: Intervention de Jacques Lacan à Bruxelles en 26 février 1977, p. 1.

[383] LACAN. Propos sur l'hystérie: Intervention de Jacques Lacan à Bruxelles en 26 février 1977, p. 1.

conta. Em 15 de março de 1977, Lacan justifica a designação da psicanálise enquanto escroqueria: "A psicanálise talvez seja uma escroqueria, mas não qualquer uma – é uma escroqueria que cai muito bem em relação ao que é o significante".[384] O que constitui, então, uma escroqueria é o próprio efeito da linguagem em que, a partir do momento em que aparece um S1, ele "parece prometer um S2",[385] esse segundo significante permite que o primeiro se instale e que um sentido se produza. A psicanálise é, então, uma escroqueria a partir do momento que a sua prática ocasiona o fato de "blefar, fazer as pessoas se emocionarem, deslumbrá-las com palavras que são blefes",[386] blefe é definido mais adiante, no mesmo texto, como sendo da ordem do Belo.

Então, "não se desperta jamais, os desejos alimentam os sonhos"[387]: passamos nosso tempo a sonhar, a pensar, a fantasiar, em suma, a produzir sentido, o belo ou, para sermos freudianos, produzir desejo. Vemos claramente, então, o despertar situado do lado do real, assim como o sonho situado do lado do sentido. A psicanálise é, assim, uma escroqueria que cai bem, ou seja, ratear o real a partir do sentido – resultante da própria estrutura da linguagem – não acontece à sua revelia.

J.-A. Miller pensa que essa abordagem do último ensino de Lacan não deveria ser considerada através do binário otimismo

---

[384] LACAN. *Le Séminaire, livre XXIV: L'Insu que sait de l'une-bévue s'aile à mourre*, [s.p.]. Lição de 15 de março de 1977. Publicada com o título "Vers un signifiant nouveau: l'escroquerie psychanalytique", em *Ornicar?*, n. 17-18, 1979. p. 8.

[385] LACAN. *Le Séminaire, livre XXIV: L'Insu que sait de l'une-bévue s'aile à mourre*, [s.p.]. Lição de 15 de março de 1977. Publicada com o título "Vers un signifiant nouveau: l'escroquerie psychanalytique", em *Ornicar?*, n. 17-18, 1979. p. 8.

[386] LACAN. Propos sur l'hystérie: Intervention de Jacques Lacan à Bruxelles en 26 février 1977, p. 1.

[387] LACAN. Improvisation: Désir de réveil, désir de mort, p. 3.

ou pessimismo em Lacan. Para ele, trata-se de uma *antinomia lógica* interna à própria psicanálise entre *perspectiva* e *prática*.

Isso vem ao encontro da questão de como conciliar uma orientação para o real com a produção de sentido, dois elementos que são disjuntos. A perspectiva é a do real como separado do sentido, ao passo que a prática, como acabamos de ver, opera com o sentido. Lacan explicita claramente essa antinomia: "quero dizer que chegar à ideia de que não há real senão o que exclui toda espécie de sentido é exatamente *o contrário* de nossa prática".[388] A escroqueria seria, então, "a psicanálise como perspectiva julgando a psicanálise como prática"[389]:

> *real // sentido (perspectiva)*
> *real <> sentido (prática)*

Como *perspectiva*, temos uma exclusão do real e do sentido, ao passo que, na *prática*, supomos uma relação. Se o sentido é o resultado da conexão entre um significante e outro significante, a orientação para o real supõe então a sua desconexão: S1//S2. É assim que compreendemos a indicação de Lacan na primeira lição do seminário *R.S.I.*: "O que é essa história de sentido, sobretudo se vocês introduzem aí o que me esforço para lhes fazer sentir? É que, no que diz respeito à prática analítica, é de lá que vocês operam, mas que, por outro lado, esse sentido, vocês não operam senão para reduzi-lo".[390]

Essa é uma orientação que busca a depuração dos principais significantes em jogo no sintoma, que não se deixa fascinar pelo determinismo familiar, pelo que o Outro disse ou fez, o

---

[388] LACAN. Improvisation: Désir de réveil, désir de mort, p. 12. Grifo nosso.

[389] MILLER. Le Tout dernier Lacan, [s.p.]. Lição de 21 de março de 2007.

[390] LACAN. *Le Séminaire, livre XXII: R.S.I.*, [s.p.]. Lição de 10 de dezembro de 1974.

contrário, então, de toda prática psicoterapêutica. Orientar-se pela separação, e não pela conexão entre significantes, implica passar pelo sentido a fim de reduzi-lo.

Os avanços do último Lacan permitem tomar o saber e o sentido por um semblante, um *sens-blant*,[391] como ele chegou a escrever. A prática supõe a relação entre o sentido e o real, a perspectiva supõe as suas desconexões. Não esquecer a "perspectiva" permite orientar a "prática".

A prática analítica deve, assim, passar pelo saber e pelo sentido a fim de desconstruí-los. Não se trata, de forma alguma, de denunciar a sua ineficácia diante do real. Denunciar o reino do sonho, o seu semblante, em benefício do despertar é inadequado e até mesmo perigoso para o futuro da psicanálise.

No final do texto "Joyce, o Sintoma",[392] Lacan diz que a publicação de *Finnegans Wake* "deixa toda a literatura com o flanco à mostra", e acrescenta que "despertá-la é atestar justamente que ele queria o seu fim. Joyce corta o alento do sonho". Joyce procurou despertar a literatura do sono no qual ela repousava, essa literatura que só durava por se sonhar bela, harmoniosa, estruturada em histórias. Com Joyce, ela é reconduzida ao seu fundamento: não ser mais do que uma construção a partir de uma matéria verbal primeira, feita do rumorejar de lalíngua. Lugar de cruzamento das vozes múltiplas, das línguas diversas, dos murmúrios. Joyce despertou a literatura a partir de uma obra que mostra do que é feita toda literatura por trás do muro da linguagem. Mas o risco é justamente o da morte da literatura.

Lacan não quer a morte da psicanálise. Por essa razão, o despertar permanece para ele um impossível. Todo enunciado

---

[391] LACAN. *Le Séminaire, livre XXIV: L'Insu que sait de l'une-bévue s'aile à mourre*, [s.p.]. Lição de 10 de maio de 1977. Publicada com o título "L'Impossible à saisir", em *Ornicar?*, n. 17-18, 1979. p. 18.

[392] LACAN, J. Joyce, o Sintoma [1979]. *In: Outros escritos*. Rio de Janeiro: Zahar, 2003. p. 560-566. p. 566.

participa do sonho, querer despertar é um desejo, logo, um sonho de despertar. A vida está, para Lacan, "para além de todo despertar", pois são "os desejos que alimentam os sonhos", assim, o despertar absoluto seria a morte. Mas, a partir do momento em que é concebido por um ser falante, esse despertar não passa de um sonho, um sonho de despertar absoluto: "A morte é um despertar que ainda participa do sonho na medida em que o sonho está ligado à linguagem".[393]

Na lição do dia 19 de março 1974, durante o seminário *Les Non-Dupes errent*, Lacan forja um neologismo: a "*rêve-olution*". Nesse termo "*rêve-olution*" estão condensadas as palavras "sonho" [*rêve*] e "revolução" [*révolution*], em que se percebe a ideia lacaniana do que é uma revolução. Lacan não é um revolucionário, como a palavra indica, para ele a revolução participa menos do despertar do que do sonho. Em toda revolução, há certamente um momento de questionamento e de ruptura com as ideologias dominantes, mas, para Lacan, toda revolução segue o modelo das órbitas: isso acaba voltando ao mesmo lugar.[394] A revolução é uma *rêve-olution*, porque ela funciona como o sonho, desperta-se para adormecer imediatamente:

> Mas como fazer, se despertar é, eventualmente, voltar a dormir, se no Imaginário há alguma coisa que obriga o sujeito a dormir? Sonhar não tem apenas, na língua, lalíngua da qual me sirvo, essa surpreendente propriedade de estruturar o despertar. Ele estrutura também a *rêve-olution*, e a revolução, se percebemos bem, isso vai mais longe que o sonho. Algumas vezes é o readormecimento, mas cataléptico.[395]

---

[393] LACAN. Improvisation: Désir de réveil, désir de mort, p. 3.

[394] "Já falei da ambiguidade deste termo revolução, que pode significar, no emprego que lhe é dado em mecânica celeste, retorno ao ponto de partida" (LACAN. *O seminário, livro 17: O avesso da psicanálise*, p. 52).

[395] LACAN. *Le Séminaire, livre XXI: Les Non-Dupes errent*, [s.p.]. Lição de 19 de março de 1974.

Vemos reaparecer a tese lacaniana amplamente comentada que pode ser resumida por: "despertar é voltar a dormir", pois, diz ele, há no imaginário alguma coisa que obriga o sujeito a dormir. Aqui, Imaginário e sono são termos quase equivalentes: o imaginário é de ouro [*est d'or*], a "se ouvir que ele dorme".[396] Jogos de palavras que remetem ao número de ouro, ou seja, à boa forma do corpo que caracteriza a relação do ser falante com a imagem. O imaginário é, então, a proporção, a boa forma, a homeostase, a quietude. Mas o imaginário participa igualmente do sonho, é pela alucinação que há acesso à realização do desejo. Mas o que é esse "alguma coisa" que obriga a dormir? A questão do trauma considerada do ponto de vista do despertar parece indicar a resposta. Esse "alguma coisa" que o imaginário deve adormecer é o real: o sujeito confrontado com o perpétuo retorno da cena traumática só pede para poder dormir, ou seja, dormir diante do retorno insistente do real.

O neologismo "*rêve-olution*" leva Lacan a concluir: "Convém, portanto, que todo enunciado cuide, justamente porque ele *rêve*-oluciona, de manter o reino do que desperta".[397] Convém, portanto, que o analista, partindo do fato de que todo enunciado adormece (pois o sentido adormece), saiba, nesse mesmo enunciado, manter certa orientação. Todo enunciado participa, portanto, do sonho compartilhado. É fato: não há despertar possível e, no entanto, apesar desse impossível, o que o analista enuncia deveria orientar na direção de um real.

Se o inconsciente é a hipótese de que se dorme acordado, em 19 de abril de 1977 Lacan toma uma posição ainda mais radical, pois o adormecimento se torna a natureza mesma de

---

[396] LACAN. *Le Séminaire, livre XXI: Les Non-Dupes errent*, [s.p.]. Lição de 19 de março de 1974.

[397] LACAN. *Le Séminaire, livre XXI: Les Non-Dupes errent*, [s.p.]. Lição de 19 de março de 1974.

todo discurso: "Todo discurso tem um efeito de sugestão. Ele é hipnótico. A contaminação do discurso pelo sono merece ser enfatizada".[398] O efeito natural e inerente do discurso sobre o ser falante é a sugestão. O adormecimento generalizado é o efeito mínimo da ação de um discurso, logo, de todo laço social. Isso leva Lacan a dizer algumas linhas mais à frente que "o despertar é o real sob seu aspecto de impossível, que só se escreve à força ou sem força – é o que se chama contra a natureza".[399]

"Não se desperta jamais", pois a inclinação *natural* é dormir embalado pelos discursos que nos determinam, o despertar é, então, um impossível. A partir desse impossível – o que não cessa de não se escrever –, que alguma coisa possa, apesar de tudo, encontrar uma escrita é da esfera de um contra a natureza, o que quer dizer que a prática analítica depende de um esforço que vai contra a inclinação natural para onde todo discurso se inclina.

Isso dá uma indicação sobre o que se torna uma interpretação no final do ensino de Lacan: uma prática contra a natureza.

A interpretação: uma prática contra a natureza

Não temos, de forma alguma, a pretensão de esgotar a vasta questão da interpretação no último ensino de Lacan, tarefa que mereceria um desenvolvimento que ultrapassa este livro. Escolhemos dois exemplos: distinção entre interpretação selvagem e interpretação ponderada e a prática da sessão curta. Nesses exemplos clínicos, a interpretação é um meio de ir contra o estado sempre sonolento do falasser. Trata-se, no fundo,

---

[398] LACAN. *Le Séminaire, livre XXIV: L'Insu que sait de l'une-bévue s'aile à mourre*, [s.p.]. Lição de 19 de abril de 1977. Publicada com o título "La Varité du symptôme", em *Ornicar?*, n. 17-18, 1979. p. 15.

[399] LACAN. *Le Séminaire, livre XXIV: L'Insu que sait de l'une-bévue s'aile à mourre*, [s.p.]. Lição de 19 de abril de 1977. Publicada com o título "La Varité du symptôme", em *Ornicar?*, n. 17-18, 1979. p. 15.

de uma prática que, partindo do despertar como impossível, toma-o, contudo, como seu fim.

◢ Interpretação selvagem e interpretação ponderada

Três indicações clínicas são apresentadas no "Compte rendu avec interpolations du Séminaire de l'Éthique" ("Relatório com interpolações do Seminário da Ética"), em que a interpretação está diretamente associada à ideia de *despertar*.

1) Do inconsciente pelo sonho vem somente "o sentido incoerente que ele fabula para revestir o que ele articula em matéria de frase".[400] Essa é uma indicação sobre a modalidade de recepção do sonho e o procedimento de extração de uma *frase* no conjunto incoerente da sua apresentação.

2) A segunda indicação distingue dois tipos de interpretação: "o que lhe vem por meio disso [do sonho] já é uma interpretação que se pode dizer selvagem, e a interpretação ponderada que a substitui só vale para fazer aparecer a falha que a frase denota".[401]

Lacan qualifica todo sonho como já sendo uma interpretação *selvagem*. Se o sonho já é interpretação, o que faz o analista ao substituir essa interpretação *selvagem* por outra, chamada *ponderada*? O sonho é, em si mesmo, uma interpretação porque, por um lado, sua formação culmina na criação de um sentido novo. Por outro lado, sabemos, desde Freud, que o sonho é um *rébus*, ou seja, uma tradução imajada dos termos significantes. Se o sonho é interpretação *selvagem* – na medida em que ele cria um sentido novo –, pode-se deduzir que a interpretação dita *ponderada* deve visar outra coisa que não a produção de sentido.

---

[400] LACAN, J. Compte rendu avec interpolations du Séminaire de l'Éthique. *Ornicar? Revue du Champ Freudien*, n. 28, 1984. p. 18.

[401] LACAN. Compte rendu avec interpolations du Séminaire de l'Éthique, p. 18.

Para Lacan, à escuta do relato do sonho, a questão do analista não é tanto "o que isso quer dizer?", mas "o que é que, ao dizer, isso quer?". O deciframento do sonho está a serviço da busca do desejo que impele à sua formação.

Não é o *sentido* da frase principal de um sonho que vem em primeiro plano, mas a *falha*: "Não se trata [na interpretação ponderada] de nada além de uma frase reconstituída, e perceberão o ponto de falha em que, como frase, e não, em absoluto, como sentido, ela permite ver o que claudica. E o que claudica é o desejo".[402] É na falha de significação que o desejo é apreendido.

3) Terceira indicação clínica: "O desejo do sonho nada mais é do que o desejo de fazer sentido, e é a isso que a interpretação analítica satisfaz. *Mas essa não é a via de um verdadeiro despertar* para o sujeito. Freud enfatizou o fato de que a angústia interrompe o sono quando o sonho vai levar ao real do desejado. Portanto, o sujeito só desperta para continuar a sonhar".[403]

Uma vinheta clínica da análise de um sonho permite compreender o que associa a interpretação "ponderada" ao despertar. O relato do sonho é sucinto: o paciente sonha com uma sessão de análise difícil e cansativa, ao fim da qual seu analista diz: *Você quer repousar? Então deite-se*. Serge Cottet lembra ao leitor como um psicanalista, submetido à ortodoxia freudiana, teria procedido diante de um evidente sonho de transferência. Esse sonho teria podido ser interpretado como uma representação ao contrário (essa é, aliás, a maneira como o próprio paciente interpreta seu sonho): o sonho representa um paciente cumprimentado pelo seu analista por ter bem trabalhado, quando, na realidade, o trabalho analítico avança muito lentamente, com sessões em que predominam historinhas e

---

[402] LACAN. *O seminário, livro 16: De um Outro ao outro*, p. 193.

[403] LACAN. Compte rendu avec interpolations du Séminaire de l'Éthique, p. 18. Grifo nosso.

falação. Então, esse sonho diz o contrário do que o analista tem realmente vontade de lhe dizer: "desperte, você não está cansado demais".

Mas o analista intervém com uma pontuação que retoma quase literalmente a frase central do sonho: "deite-se", acrescentando logo em seguida: "mas você já está deitado!". Essa intervenção que o analista acrescenta ao texto do sonho mostra a falha da frase do sonho. Se esse sonho "cria um pleonasmo com a própria experiência",[404] é na medida em que ele representa uma sessão que se multiplica ao infinito. O sonho ilustra claramente a tese lacaniana segundo a qual "só se desperta para continuar a sonhar", pois o sonho, ele mesmo, contradiz e elide o impasse do tratamento.

A frase prínceps do sonho é plurívoca. Ela é sobredeterminada pela profissão médica do paciente, que o leva a dizer aos seus pacientes "deite-se". O sujeito está, portanto, no sonho, no lugar de seus pacientes. S. Cottet propõe ler o sonho como apresentando duas sequências invertidas no tempo: não é como no sonho, uma sessão seguida de um relaxamento como recompensa, mas um relaxamento muito prolongado que tende à entrada em análise.

Essa leitura invertida em relação à interpretação feita pelo inconsciente corresponde à posição de gozo do paciente: o analista nos informa que, após um período de laxismo sexual (sem por isso se permitir a fazer o que sonha), esse paciente recorreu a uma autoridade que veio aliviá-lo de um trabalho de defesa cujo objetivo era adiar ao máximo o seu gozo, "ele apaga o seu gozo para não despertar a cólera de seu mestre".[405] Esse sonho pode ser lido como uma ironia, mas que indica o real da pulsão em jogo: é bem verdade que ele trabalha

---

[404] COTTET, S. Allongez-vous, rallongez-vous. *La Cause Freudienne*, Paris, n. 51, 2002. p. 63.

[405] COTTET. Allongez-vous, rallongez-vous, p. 64.

muitíssimo, "que fica esgotado tentando dizer o mínimo possível sobre a fantasia que o atormenta. Os trabalhos forçados pelo sintoma obsessivo bem merecem uma recompensa".[406] Se a interpretação proposta pelo analista é orientada para o real, é porque ela se extrai do Nome-do-Pai",[407] ou seja, ela visa passar da transferência à pulsão.

O inconsciente interpreta *selvagemente*: no sonho, ele dá ao analista o lugar do pai (interditor indulgente) que ele sempre teve na transferência, posicionando o sujeito na vida num entre dois, entre angústia e culpa. A indicação da falha na frase do sonho "mas você já está deitado" não reforça o lugar do analista na transferência. Ao contrário, essa interpretação permite ao sujeito o reconhecimento da permissão para gozar que ele procura obter do Outro. O real de seu sintoma, sua fobia da relação sexual, estava mascarado por essa permissão atrelada ao Nome-do-Pai, que se revela, finalmente, não passar de uma ficção. Da transferência à pulsão, essa passagem permitiu que o paciente pudesse se endereçar à mulher nos mesmos termos da sua enunciação: "deite-se".

O desejo do sonho está em busca do sentido. O analista pode aderir a isso ao acompanhar, com sua intepretação, o movimento inconsciente. É a interpretação psicanalítica proposta em "Função e campo da fala e da linguagem em psicánálise": o inconsciente e suas formações são o produto de uma opacidade da história do sujeito que se trata de restituir.[408] A interpretação visa a uma retroação do sentido que reduza essa opacidade e restabeleça a história, ação que teria como efeito uma reestruturação do sujeito. A tese do inconsciente estruturado como uma linguagem dá ao inconsciente o estatuto de ser interpretável. A

---

[406] COTTET. Allongez-vous, rallongez-vous, p. 64.

[407] COTTET. Allongez-vous, rallongez-vous, p. 65.

[408] LACAN. Função e campo da fala e da linguagem em psicanálise, p. 260-261.

interpretação se aparelha à estrutura do inconsciente e se torna claramente significante.

Porém, no "Compte rendu avec interpolations du Séminaire de l'Ethique", Lacan indica que essa não é a via para um despertar. Esse despertar não é alcançado pela via da interpretação selvagem, ou seja, própria ao funcionamento do inconsciente. Podemos inferir que haja uma oposição entre funcionamento do inconsciente e despertar. A interpretação que desperta se aproximaria da interpretação ponderada, que não busca descobrir um novo sentido até então desconhecido e opaco.

No sonho tomado como exemplo, a interpretação que acompanha o inconsciente teria autentificado o lugar do analista na transferência, esse do pai que gratifica ou castra de acordo com a ocasião. Ao interpretar o sonho assim, o analista se faria solidário do ciclo infinito do sonho perpetuado na frase: "deite-se". Nada vem subverter o enunciado do sonho, a não ser essa segunda pontuação: "mas você já está deitado!", em que se ouve uma *falha* na frase do sonho. Interrompendo toda possibilidade de aderir à autoridade paterna para resolver o enigma do sonho, o sujeito é convidado a ir além da permissão sempre demandada ao Outro. É esse ultrapassamento que permite abordar sua posição diante do gozo sexual.

A sessão curta

A distinção entre a interpretação selvagem efetuada pelo inconsciente e a interpretação ponderada do analista permite opor o trabalho do inconsciente à via do despertar. Tudo parece indicar que a via do despertar não é aquela do deciframento do inconsciente, lugar da sonolência e da continuidade do sonho.

Partindo daí, o que poderá interromper o fluxo das palavras que, sob transferência, levam à infinitude do deciframento? Lacan tenta abordar essa questão em seus últimos seminários: "tento introduzir alguma coisa que vá mais longe que o inconsciente",[409] pois é, claro, que *o inconsciente fala, mas ele não conclui.*

O inconsciente não desperta, ele tem, desde sempre, um laço muito estreito com o sonho, com o devaneio, com o pensamento. Esse inconsciente, que, desde Freud, não conhece o tempo nem a contradição, não desperta; ao contrário, ele participa do *sonho de eternidade*. O deciframento contínuo do inconsciente, atividade condensada na frase "uma prática da tagarelice", não conhece o tempo: "A ausência de tempo é uma coisa com a qual se sonha, é o que se chama eternidade, e esse sonho consiste em imaginar que se desperta".[410]

Lacan é muito freudiano nessa afirmação. Desde muito cedo, Freud havia observado que se sonha com o despertar quando não se quer despertar, sonhar com despertar é o melhor cúmplice do desejo de dormir. A esse sonho de eternidade Lacan opõe o *dizer*: "*Dizer* tem alguma coisa a fazer com o tempo".[411] Se a prática da tagarelice participa da ausência do tempo e do sonho de eternidade, esse *dizer*, enquanto ato, vem justamente fazer as vezes de corte, pois ele introduz o tempo. O dizer demove a eternidade da tagarelice e introduz num instante isso que se insinua desde que falamos, isto é, o presente. Assim, esse *dizer* é um ato que vai de encontro ao sonho eterno do inconsciente e sua tagarelice. A partir dessa perspectiva, como introduzir esse *dizer* na sonolência do inconsciente? Que prática iria, então, na contracorrente da tagarelice?

---

[409] LACAN. *Le Séminaire, livre XXIV: L'Insu que sait de l'une-bévue s'aile à mourre*, [s.p.]. Lição de 16 de novembro de 1976.

[410] LACAN. *Le Séminaire, livre XXV: Moment de conclure*, [s.p.]. Lição de 15 de novembro de 1977. Publicada com o título "Une pratique de bavardage", em *Ornicar?*, n. 19, 1979. p. 5.

[411] LACAN. *Le Séminaire, livre XXV: Moment de conclure*, [s.p.]. Lição de 15 de novembro de 1977. Publicada com o título "Une pratique de bavardage", em *Ornicar?*, n. 19, 1979. p. 5.

A prática lacaniana da sessão curta responde a essa visada, pois ela se opõe à inclinação sonolenta do discurso analisante. J.-A. Miller se pergunta por que Lacan praticava sessões tão breves, e propõe uma resposta: inspirar alguma impaciência em um paciente que só demanda continuar sendo o *paciente* que ele sempre foi, "inspirar-lhe o duro desejo de despertar, que não tem nada de natural, e que é até mesmo contra a natureza".[412]

Essa prática do corte foi valorizada por alguns analisantes de Lacan: "Mal começamos a falar e Lacan já se levanta de repente e declara terminada a sessão. E ele o faz sem nenhuma consideração, com uma total falta de boas maneiras, essas com as quais estamos acostumados. Quando acaba, acaba, irremediavelmente, sem volta atrás, sem revisão. Aquilo que queremos dizer terá de esperar. O final da sessão era como um despertar abrupto, como se ele nos arrancasse de um sonho".[413]

> Nessa brevidade, nós, pacientes, éramos privados de alguma coisa. Essas sessões não permitiam encontrar satisfação nas palavras e elas nos recusavam o prazer confortável de desenhar estéticas arabescas. A rapidez impedia esse benefício habitual da fala: o Outro, em sua poltrona, tinha pressa.[414]

Esses testemunhos curtos indicam, já de início, uma função do corte: "aquilo que se quer dizer tem de esperar"; "éramos privados de alguma coisa". Como se esse ato contrariasse qualquer convite para falar, para conversar, para desenvolver

---

[412] MILLER. Réveil, p. 49.

[413] SCHNEIDERMAN, S. *Lacan: la muerte de un héroe intelectual*. Barcelona: Gedisa, 1986. p. 139. Citado por Anna Aromi em: L'Analyste Lacan et la séance courte. *La Cause Freudienne*, Paris, n. 56, p. 140-142, 2004.

[414] GODIN, J.-G. *Jacques Lacan, 5 rue de Lille*. Paris: Le Seuil, 1990. p. 49.

os conteúdos das formações do inconsciente em seus mínimos detalhes. S. Cottet observa que a prática da sessão curta é acompanhada de certo desamor pelo inconsciente enquanto saber. Se o analisante compara essas sessões com um despertar abrupto, com uma saída repentina do sonho, é porque a sessão curta visa menos ao conteúdo do inconsciente do que sua modalidade de eclosão: ruptura, surpresa, uma irrupção que faz valer um impossível a dizer.

O corte vai contra a tagarelice. Na oposição prática/perspectiva, o corte é um ato que deve ser situado na dimensão da perspectiva, ou seja, na dimensão daquilo que recusa a relação entre o real e o sentido. Assim, mesmo que ela aconteça numa psicanálise aplicada à terapêutica, a prática do corte é baseada, sustentada e orientada pela psicanálise pura.

Nessas condições, a interpretação reduzida ao corte não é criacionista, ela não propõe um novo sentido, ela não procura revelar o que está escondido. Pelo corte, desfaz-se a articulação entre significantes e se afasta o sujeito de toda compreensão. Quando Lacan afirma que: "Um discurso é sempre adormecedor, salvo quando não se o compreende – que é, então, quando ele desperta",[415] ele indica uma oposição entre o *despertar* e a *compreensão*. A compreensão, diretamente ligada ao acréscimo de sentido, deve antes ser oposta a um termo que aparece nos últimos seminários de Lacan, a *sideração*.[416]

A sessão curta corta o sentido e a tagarelice ao infinito. Se pelo corte o ato se torna um *dizer* que incide sobre à enunciação, a sessão está longe de sustentar a ilusão da comunicação

---

[415] LACAN. *Le Séminaire, livre XXIV: L'Insu que sait de l'une-bévue s'aile à mourre*, [s.p.]. Lição de 19 de abril de 1977. Publicada com o título "La Varité du symptôme", em *Ornicar?*, n. 17-18, 1979. p. 15.

[416] LACAN. *Le Séminaire, livre XXIV: L'Insu que sait de l'une-bévue s'aile à mourre*, [s.p.]. Lição de 17 de maio de 1977. Publicada com o título "Un signifiant nouveau", em *Ornicar?*, n. 17-18, 1979. p. 21.

intersubjetiva. Ao contrário, pelo corte, introduz-se um elemento de inquietude, visto que ele faz valer a redução, o imprevisível e o inesperado de um encontro. Lacan promove a sessão curta como resposta à sua tentativa de introduzir alguma coisa que vá mais longe que o inconsciente, mais longe que o pensamento.

J.-A. Miller observava que no título "Uma prática da tagarelice", do seminário *Le moment de conclure* [O momento de concluir], há um rebaixamento da palavra em Lacan. Tal rebaixamento presente no final de seu ensino se explicita, por exemplo, na lição do dia 11 de abril 1978, em que Lacan compara o pensamento à debilidade mental: "Quero dizer que permanecemos no [nível] dos pensamentos, e agir por meio do pensamento é algo que confina à debilidade mental. Seria preciso existir um ato que não fosse débil mental".[417] O pensamento é o que se desenvolve na prática da associação livre, é o que confinaria à debilidade mental. Esta última não seria outra coisa além das circunvoluções infinitas da produção de sentido. Porém, não há saída: o falasser não pode fazer outra coisa senão introduzir sentido, e é por isso que não se desperta jamais. A debilidade mental é o nome do sonho eterno, que é irremediável, do qual não há cura possível. Somente um ato poderia cortar, imediatamente, essa debilidade.

Algumas linhas mais adiante podemos ler: "Alçar a psicanálise à dignidade da *cirurgia*, por exemplo, seria muito desejável. Mas é fato que o fio do pensamento não basta para isso".[418] A evocação da cirurgia se refere diretamente ao corte.[419]

---

[417] LACAN. *Le Séminaire, livre XXV: Moment de conclure*, [s.p.]. Lição de 11 de abril de 1978.

[418] LACAN. *Le Séminaire, livre XXV: Moment de conclure*, [s.p.]. Lição de 11 de abril de 1978.

[419] Lembremo-nos de passagem que em 1912 Freud comparava o psicanalista ao cirurgião. Cf. FREUD, S. Recomendações aos médicos que

A sessão analítica reduzida à escansão se torna o modelo mesmo da interpretação analítica no final do ensino de Lacan. Nenhum despertar acontece com base no pensamento, que confina à debilidade, mas num ato que corta o pensamento.

Isso atribuiria uma função bem diferente ao analista, que estaria, então, menos na função de interpretar o sentido liberado no caos aparente das formações do inconsciente do que em posição de saber cortar, um *analista-cirurgião*: "O analista, ele corta. O que ele diz é corte".[420] Se o analisante fala, o analista, por sua vez, não está confinado à mesma tarefa: o analista está ali para cortar, ou seja, despedaçar, cortar, selecionar, separar. "O que ele diz é corte": o que o analista tem a dizer se reduz ao próprio corte.

Acabamos de expor a radicalidade da última perspectiva sobre o despertar. Na primeira tese de Lacan, *desperta-se* (pelas formações do inconsciente, pelo trauma, pela irrupção da angústia) e *volta-se a dormir* na fantasia, portanto, em sua própria modalidade de gozo. Na segunda tese, ao contrário, não há nenhuma possibilidade de despertar, pois não se desperta da pulsão nem mesmo do inconsciente. Ele é um sonho da verdade, uma atribuição de sentido a um simples tropeço [*bévue*]. Isso não é sem consequências, pois um tratamento assim orientado faz surgir o encontro contingente e fora-do-sentido no lugar do destino já escrito. Mas um tratamento poderia ser assim orientado com uma única condição: que o analista não seja identificado com o sujeito-suposto-saber, lugar onde o analisante o confina.

---

exercem a psicanálise [1912]. *In*: *O caso Schreber, artigos sobre técnica e outros trabalhos (1911-1913)*. Rio de Janeiro: Imago, 1969. p. 147-159. p. 153. (Edição Standard Brasileira das Obras Psicológicas Completas de Sigmund Freud, XII).

[420] LACAN. *Le Séminaire, livre XXV: Moment de conclure*, [s.p.]. Lição de 20 de dezembro de 1977.

Essa identificação culminará em querer interpretar e produzir sentido ao infinito. Os exemplos com os quais concluímos – a interpretação ponderada e a prática da sessão curta – são, entre outras coisas, meios dos quais o analista dispõe para se opor à inclinação dormitiva do ser falante. Nessas intervenções o analista não está identificado com o inconsciente, mas ele "atesta com sua presença o encontro com o real".[421]

O despertar, mesmo reconhecido como um impossível, não faz cair na impotência, e, embora o despertar para o real seja impossível, a sessão analítica pode se inspirar nele e tomá-lo como seu objetivo. Uma tensão encontra-se instalada no cerne da experiência analítica entre a "perspectiva" do real como disjunto do sentido e a "prática", que só pode operar a partir do sentido. Não se trata de resolver essa contradição, ela deve ser mantida como tal. O despertar é um impossível que permanece no centro da prática analítica e que não deveria ser anulado, pois é desse impossível que a psicanálise extrai a sua continuidade e a sua busca.

Essa última ideia relança uma nova reflexão: pensamos que esse impossível que Lacan enfatiza no final de seu ensino está associado ao seu próprio desejo de despertar. E esse desejo de despertar em Lacan deixou na psicanálise uma marca que leva a muitas consequências.

---

[421] MILLER. Réveil, p. 51.

Conclusão
Lacan e o desejo de despertar

Em 1974, durante a conferência "A terceira", Lacan confia aos seus auditores: "esse é um dos meus sonhos. Tenho, assim como Freud, o direito de lhes falar dos meus sonhos. Contrariamente aos sonhos de Freud, os meus não são inspirados pelo desejo de dormir. É antes o desejo de despertar que me agita. Mas, enfim, isso é particular".[422]

Certamente Freud nos falou de seus sonhos. A maioria deles testemunha de uma das grandes descobertas da psicanálise: o sonho representa a realização de um desejo. Se, como indica Lacan, os sonhos de Freud são inspirados pelo desejo de dormir, é porque a realização do desejo inconsciente que o sonho representa é indissociável do desejo de dormir. Eles são um só: "Há um *único desejo* que o sonho sempre procura realizar [...] o de dormir! Sonha-se para não ser obrigado a despertar, porque se quer dormir. *Tanto barulho!...*".[423] Freud demonstra que o sujeito *quer* dormir, que ele *quer* continuar seu sonho e, de modo algum, despertar. A prova disso é que, num sonho,

---

[422] LACAN, J. La Troisième. *La Cause Freudienne*, Paris, n. 79, 2011. p. 24.

[423] FREUD. *La Naissance de la psychanalyse*, p. 251.

no momento em que se aproxima demasiadamente de uma verdade insuportável, o sujeito desperta. Esse despertar para a realidade lhe serve justamente para evitar o despertar para a sua própria verdade.

A tese lacaniana "só se desperta para continuar a dormir na realidade" é, portanto, freudiana. Contudo, em 1974, Lacan afirmava que, contrariamente a Freud, que quer dormir, seus sonhos eram inspirados pelo desejo de despertar. Por que e de que forma esse "desejo de despertar" é uma linha de demarcação de Lacan em relação ao desejo de Freud? Qual é esse último sonho que adormecia Freud, mas para o qual Lacan teria despertado?

Em 11 de março 1970, Lacan declarava que o complexo de Édipo era o grande sonho de Freud. Lacan considera que o recurso ao complexo de Édipo no tratamento das histéricas impediu Freud de ouvir a dimensão inédita de seus discursos: "por que ele substitui o saber que recolheu de todas essas bocas luminosas, Ana, Emmie, Dora, por esse mito, o completo de Édipo?".[424] Se o Édipo é um sonho, trata-se, então, de um desejo que Freud tenta realizar, talvez o sonho de manter articulados a lei do pai e o gozo, não havendo gozo fora do regime do pai. "Isso nos conduz, como veem, ao sonho – ligeiramente, é o caso de dizer", comenta Lacan. "Só faço isso para despertá-los. Disse que o que Freud elucubrou [...] é um sonho de Freud, porque o analista deveria, a meu ver, se desprender um pouquinho do plano do sonho".[425]

Fora do sonho edipiano, Lacan pode ler diversamente o sonho "Pai, não vês que estou queimando?". Ele sustenta que Freud "protege o pai", pois, se esse sonho realiza o desejo de ver o filho em vida, a função do pai resta intacta e preservada. Lacan não vê aí uma realização de desejo, mas um encontro inassimilável com "o ponto mais cruel do objeto". Então, se

---

[424] LACAN. *O seminário, livro 17: O avesso da psicanálise*, p. 92.

[425] LACAN. *O seminário, livro 17: O avesso da psicanálise*, p. 120.

o regime freudiano é aquele da filiação como única satisfação, o regime lacaniano é este do encontro contingente, da *tiquê*, do despertar.

Lacan afirma, diferentemente de Freud, que seus sonhos não são inspirados pelo desejo de dormir, mas pelo desejo de despertar. Durante o seu ensino, Lacan não procede como Freud, que fornece exemplos clínicos que lhe concernem. É, portanto, muito surpreendente que, nesses momentos raros em que Lacan comunica ao público os seus sonhos, ele conte sonhos que representam um despertar.

Tomemos como primeiro exemplo o sonho das batidas na porta, descrito durante o *Seminário 11*.[426] Se esse sonho se forma em torno das batidas, o interesse de Lacan concerne ao instante do despertar, momento em que o barulhinho chega não à percepção, mas à consciência. Isso que bate e leva ao despertar é a representação forjada em torno das batidas.

Alguns anos mais tarde, Lacan expõe não o relato de um sonho, mas disso que normalmente acontece com ele nesse espaço entre o sonho e o retorno à realidade determinado pelos discursos: um breve lampejo de lucidez.

> O despertar é uma das minhas invenções, é um lampejo. Ele se situa para mim [...] no momento em que efetivamente eu saio do sono, tenho nesse momento um breve lampejo de lucidez, isso não dura, claro, e, como todo mundo, volto para o sonho que se chama realidade, a saber, os discursos

---

[426] "Outro dia, não fui despertado de um curto sono em que procurava repouso, por alguma coisa que batia à minha porta desde antes que eu não me despertasse? É que, com essas batidas apressadas, eu já formava um sonho, um sonho que me manifestava outra coisa que não essas batidas. E quando me desperto, essas batidas – essa percepção – se delas tomo consciência, é na medida em que, em torno delas, reconstituo toda a minha representação" (LACAN. *O seminário, livro 11: Os quatro conceitos fundamentais da psicanálise*, p. 58).

dos quais faço parte, e entre os quais tento abrir caminho para o discurso psicanalítico.[427]

Ao final de uma conferência na Unesco, em 1978, Lacan expõe mais um sonho inspirado pelo desejo de despertar: "Eu falei do despertar. Acontece que sonhei recentemente que o despertador tocava. Freud afirma que quando se sonha com o despertador é porque não se quer, de modo algum, despertar. [...] Que eu alucine em meu sonho com o despertador tocando, considero isso como um bom sinal, visto que, contrariamente ao que diz Freud, no meu caso, eu desperto. Ao menos, nesse caso, eu despertei".[428]

Sonhar com despertador, como Freud havia indicado outrora, é um bom cúmplice do desejo de dormir. Despertar em *ato* opõe-se, portanto, ao *sonho de despertar*. Mas justamente Lacan, que sonha frequentemente estar despertando, considera bom sinal que um sonho com despertador o desperte! Isso acontece porque um sonho com despertador que desperta não realiza o desejo de continuar dormindo. O desejo de despertar prevalece sobre o desejo de dormir, pondo fim ao sonho. Trata-se, portanto, de uma variante do despertar onírico que não está ligada à angústia.

Porém, o desejo de despertar em Lacan não é redutível aos seus sonhos noturnos. Lacan sonhava com despertar, mas sobretudo com acabar com o adormecimento generalizado. Esse desejo está presente no questionamento contínuo desse termo durante todo o seu ensino. Como ele indicava, a partir dos anos 1970, o despertar absoluto é a morte, ele é, portanto, um impossível, pois, uma vez que habitamos a linguagem, a morte

---

[427] LACAN. *Le Séminaire, livre XXII: R.S.I.*, [s.p.]. Lição de 11 de fevereiro de 1975.

[428] LACAN, J. Un rêve d'Aristote. Conférence à l'Unesco. Colloque pour le 23è centenaire d'Aristote, Unesco Sycomore, 1978. p. 24.

não passa de um sonho, "mesmo no despertar absoluto ainda há uma parte de sonho que é, justamente, sonho de despertar".[429] Sonhar com o despertar absoluto não deixa de ser um sonho alimentado por um desejo.

A prática analítica tal como Lacan soube transmitir ao longo de seu ensino é tomada nas redes desse desejo. A prática do corte, a sessão curta, a interpretação pelo equívoco, a promoção da ruptura com o senso comum, a travessia da fantasia teste-munham, entre outras coisas, do esforço de Lacan em buscar uma porta de saída para o adormecimento generalizado. Mesmo que continue sendo um impossível, isso não deixa de ser um ponto de visada. Embora o despertar seja impossível, a sessão analítica pode se inspirar nele e tomá-lo como sua finalidade. Nenhum objetivo deve ser alcançado, mas sim uma ética visando a que a psicanálise possa "manter o reino disso para o qual ela desperta".[430] Como soube tão bem dizer o poeta René Char: "não alcançamos o impossível, mas ele nos serve de lanterna".

---

[429] LACAN. Improvisation: Désir de réveil, désir de mort, p. 3.

[430] LACAN. *Le Séminaire, livre XXI: Les Non-Dupes errent*, [s.p.]. Lição de 19 de março de 1974.

Referências

ABRAHAM, K. Contribution à la psychanalyse des névroses de guerre. *In*: *Œuvres complètes*. Paris: Payot, 2000. t. II. p. 56-63.

AGAMBEN, G. *Ce qui reste d'Auschwitz*. Paris: Rivage Poche, 2003. (Petite Bibliothèque.)

ANTELME, R. *L'Espèce humaine*. Paris: Gallimard, 1957. (Tel.)

APPELFELD, A. *L'Héritage nu*. Paris: l'Olivier, 2006.

ARISTOTE. *La Vérité des songes: de la divination dans le sommeil*, Paris: Payot; Rivages, 1995.

AROMI, A. L'Analyste Lacan et la séance courte. *La Cause Freudienne*, Paris, n. 56, 2004.

BLANCHOT, M. L'Expérience-limite. *In*: *L'Entretien infini*. Paris: Gallimard, 1969.

BORGES, J. L. *L'Autre, Le Même*. *In*: *Œuvres complètes*. Paris: Gallimard, 1999. t. II. (La Pléiade.)

BORGES, J. L. Lewis Carroll. *In*: *Livre de préfaces, suivi de: Essais d'autobiographie*. Paris: Gallimard, 1980. (Folio.)

BRIOLE, G. L'Événement traumatique. *Mental: Revue Internationale de Santé Mentale et Psychanalyse Appliquée*, n. 1, 1996.

BROUSSE, M.-H. La Formule du fantasme? *In*: MILLER, G. (dir.). *Lacan*. Paris: Bordas, 1987. p. 105-122. (Philosophie Présente.)

BROUSSE, M.-H. Père, ne vois-tu pas que je brûle? *Carnets Cliniques de Strasbourg*, n. 1, 1999.

BROUSSE, M.-H. Place et fonction de l'interprétation dans la passe. *La Cause Freudienne*, Paris, n. 32, 1996.

BROUSSE, M.-H. Variations sur le cogito. *Horizon*, 2004. Hors-série: Des Philosophes à l'Envers.

BRUNSWICK, R.-M. Supplément à "Extrait de l'histoire d'une névrose infantile" de Freud [1928]. *In*: GARDINER, M. (Org.). *L'Homme aux loups par ses psychanalystes et par lui-même*. Paris: Gallimard, 1981. p. 268-316.

CALDERÓN DE LA BARCA, P. *La Vie est un songe*. Paris: Flammarion, 1992.

CARROLL, L. *De l'autre côté du miroir*. Paris: Gallimard, 1994. (Folio Classique.)

CARROY, J.; OHAYON, A.; PLAS, R. *Histoire de la psychologie en France au XIX-XXe siècles*. Paris: La Découverte, 2006.

CASTANET, H. *Un monde sans réel: sur quelques effets du scientisme contemporain*. La Rochelle: Association Himeros, 2006.

CASTEL, P.-H. *Introduction à l'interprétation du rêve de Freud*. Paris: PUF, 1998.

CAYROL, J. Les Rêves lazaréens. *In*: *L'Œuvre lazaréenne*. Paris: Le Seuil, 2007. p. 767-797. (Opus.)

CAYROL, J. Pour un romanesque lazaréen. *In*: *L'Œuvre lazaréenne*. Paris: Le Seuil, 2007. p. 801-823. (Opus.)

CHIRIACO, S. Le Bruit des talons. *La Cause Freudienne*, Paris, n. 73, p. 50-52, 2009.

COTTET, S. Allongez-vous, rallongez-vous. *La Cause Freudienne*, Paris, n. 51, 2002.

COTTET, S. *Freud et le désir du psychanalyste*. Paris: Le Seuil, 1982.

COTTET, S. Les Limites de l'interprétation du rêve chez Freud. *La Cause Freudienne*, Paris, n. 32, p. 125-130, 1996.

COTTET, S. Maître de l'interprétation ou gardien du sommeil. *L'Essai: Revue Clinique Annuelle*, n. 3, 2000.

COTTET, S. Wo Es war? *La Petite Girafe: Revue de l'Institut du Champ Freudien*, 2009.

DELBO, C. *Aucun de nous ne reviendra: Auschwitz et après I*. Paris: Minuit, 1970.

DELBO, C. *Mesure de nos jours: Auschwitz et après III*. Paris: Minuit, 1971.

DESCARTES, R. *Méditations métaphysiques*. Paris: Flammarion, 1992.

DESSAL, G. Le Livre des instructions trompeuses: histoire d'une psychose extraordinaire. *La Cause Freudienne*, Paris, n. 73, 2009.

EISSLER, K. R. *Freud sur le front des névroses de guerre*. Paris: PUF, 1992.

ERIKSON, E. The Dream Specimen of Psychoanalysis. *Journal of the American Psychoanalytic Association*, v. 2, n. 1, p. 5-56, 1954.

EY, H. *Neurologie et psychiatrie*. En collaboration avec Julien de Ajuriaguerra et Henri Hécaen. Paris: Hermann, 1998.

EY, H. *Traité des hallucinations*. Paris: Masson et Cie Editeurs, 1973. t. I.

FERENCZI, S. Deux types de névrose de guerre (hystérie). *In*: *Psychanalyse II: Œuvres complètes, 1913-1919*. Paris: Payot, 1970. p. 238-252.

FERENCZI, S. Élasticité de la technique psychanalytique. *In*: *Psychanalyse IV: Œuvres complètes, 1927-1933*. Paris: Payot, 1982. p. 53-65.

FERENCZI, S. Le Problème de la fin de l'analyse. *In*: *Psychanalyse IV: Œuvres completes, 1927-1933*. Paris: Payot, 1982. p. 43-52.

FERENCZI, S. Science qui endort, science qui éveille. *In*: *Psychanalyse III: Œuvres complètes, 1919-1926*. Paris: Payot, 1974. p. 245-247.

FREUD, S. A censura dos sonhos. Conferência IX. *In*: *Conferências introdutórias sobre psicanálise (Partes I e II) (1915-1916)*. Rio de Janeiro: Imago, 1969. p. 165-178. (Edição Standard Brasileira das Obras Psicológicas Completas de Sigmund Freud, XV.)

FREUD, S. A dissecção da personalidade psíquica. Conferência XXXI. *In*: *Novas conferências introdutórias sobre psicanálise (1932-1936)*. Rio de Janeiro: Imago, 1969. p. 75-102. (Edição Standard Brasileira das Obras Psicológicas Completas de Sigmund Freud, XXII.)

FREUD, S. *A interpretação de sonhos (I)* [1900]. Rio de Janeiro: Imago, 1969. (Edição Standard Brasileira das Obras Psicológicas Completas de Sigmund Freud, IV.)

FREUD, S. *A interpretação de sonhos (II)* [1900]. *In*: *A interpretação de sonhos (II) e Sobre os sonhos (1900-1901)*. Rio de Janeiro: Imago, 1969. p. 361-793. (Edição Standard Brasileira das Obras Psicológicas Completas de Sigmund Freud, V.)

FREUD, S. A perda da realidade na neurose e na psicose [1924]. *In*: *Neurose, psicose, perversão*. Belo Horizonte: Autêntica, 2016. p. 279-284. (Obras Incompletas de Sigmund Freud.)

FREUD, S. A sexualidade na etiologia das neuroses [1898]. *In*: *Primeiras publicações psicanalíticas (1893-1899)*. Rio de Janeiro: Imago, 1969. p. 287-312. (Edição Standard Brasileira das Obras Psicológicas Completas de Sigmund Freud, III.)

FREUD, S. *Além do princípio de prazer [Jenseits des Lustprinzips]* [1920]. Belo Horizonte: Autêntica, 2020. Edição crítica bilíngue. (Obras Incompletas de Sigmund Freud.)

FREUD, S. Algumas notas adicionais sobre a interpretação de sonhos como um todo [1925]. *In*: *O ego e o id e outros trabalhos (1923-1925)*. Rio de Janeiro: Imago, 1969. p. 155-167. (Edição Standard Brasileira das Obras Psicológicas Completas de Sigmund Freud, XIX.)

FREUD, S. Análise terminável e interminável [1937]. *In*: *Moisés e o monoteísmo, Esboço de psicanálise e outros trabalhos (1937-1939)*. Rio de Janeiro: Imago, 1969. p. 239-287. (Edição Standard Brasileira das Obras Psicológicas Completas de Sigmund Freud, XXIII.)

FREUD, S. Ansiedade e vida instintual. *In*: *Novas conferências introdutórias sobre psicanálise e outros trabalhos (1932-1936)*. Rio de Janeiro: Imago, 1969. p. 103-138. (Edição Standard Brasileira das Obras Psicológicas Completas de Sigmund Freud, XXII.)

FREUD, S. "Bate-se numa criança": contribuição para o estudo da origem das perversões sexuais [1919]. *In*: *Neurose, psicose, perversão*.

Belo Horizonte: Autêntica, 2016. p. 123-156. (Obras Incompletas de Sigmund Freud.)

FREUD, S. Cartas e manuscritos dirigidos a Fließ. Carta 139 [69], de 21 de setembro de 1897. *In: Neurose, psicose, perversão*. Belo Horizonte: Autêntica, 2016. p. 47-50. (Obras Incompletas de Sigmund Freud.)

FREUD, S. Como se origina a ansiedade. Rascunho E [s.d.]. *In: Publicações pré-psicanalíticas e esboços inéditos (1886-1889)*. Rio de Janeiro: Imago, 1969. p. 261-269. (Edição Standard Brasileira das Obras Psicológicas Completas de Sigmund Freud, I.)

FREUD, S. *Compêndio de psicanálise e outros escritos inacabados* [1940]. Belo Horizonte: Autêntica, 2014. (Obras Incompletas de Sigmund Freud.)

FREUD, S. Complemento metapsicológico à teoria dos sonhos (1917 [1915]). *In: Introdução ao narcisismo, ensaios de metapsicologia e outros textos (1914-1916)*. São Paulo: Companhia das Letras, 2010. p. 151-169. (Obras Completas, 12.)

FREUD, S. *Conferências introdutórias sobre psicanálise (Partes I e II) (1915-1916)*. Rio de Janeiro: Imago, 1969. (Edição Standard Brasileira das Obras Psicológicas Completas de Sigmund Freud, XV.)

FREUD, S. (1915) Considerações contemporâneas sobre a guerra e a morte. In: *Obras Incompletas de Sigmund Freud*. Belo Horizonte: Autêntica, 2020. p. 99-135.

FREUD, S. Delírios e sonhos na *Gradiva* de Jensen (1907 [1906]). *In: Gradiva de Jensen e outros trabalhos (1906-1908)*. Rio de Janeiro: Imago, 1969. p. 13-98. (Edição Standard Brasileira das Obras Psicológicas Completas de Sigmund Freud, IX.)

FREUD, S. Dificuldades e abordagens iniciais. Conferência V. *In: Conferências introdutórias sobre psicanálise (Partes I e II) (1915-1916)*. Rio de Janeiro: Imago, 1969. p. 105-123. (Edição Standard Brasileira das Obras Psicológicas Completas de Sigmund Freud, XV.)

FREUD, S. Formulações sobre os dois princípios do curso dos acontecimentos psíquicos [1911]. *In: O caso Schreber, artigos sobre técnica e outros trabalhos (1911-1913)*. Rio de Janeiro: Imago, 1969. p. 277-290. (Edição Standard Brasileira das Obras Psicológicas Completas de Sigmund Freud, XII.)

FREUD, S. Inibições, sintomas e ansiedade (1926 [1925]). *In: Um estudo autobiográfico, Inibições, sintomas e ansiedade/Análise leiga e outros trabalhos (1925-1926)*. Rio de Janeiro: Imago, 1969. p. 95-200. (Edição Standard Brasileira das Obras Psicológicas Completas de Sigmund Freud, XX.)

FREUD, S. Introdução à psicanálise das neuroses de guerra [1919]. *In: Uma neurose infantil e outros trabalhos (1917-1918)*. Rio de Janeiro: Imago, 1969. p. 257-263. (Edição Standard Brasileira das Obras Psicológicas Completas de Sigmund Freud, XVII.)

FREUD, S. *Introdução ao narcisismo, ensaios de metapsicologia e outros textos (1914-1916)*. São Paulo: Companhia das Letras, 2010. (Obras Completas, 12.)

FREUD, S. *La Naissance de la psychanalyse*. 7ᵉ éd. Paris: PUF, 1996.

FREUD, S. Lettre 58 du 8 février 1897. *In: La Naissance de la psychanalyse*. Paris: PUF, 1956. p. 168-170.

FREUD, S. Lettre du 20-2-1918 publiée sous le titre de *Correspondance inédite avec Simmel* (1918). *Psychanalyse à l'Université*, Paris, t. IX, n. XXXIII, 1983.

FREUD, S. O interesse científico da psicanálise [1913]. *In: Totem e tabu e outros trabalhos (1913-1914)*. Rio de Janeiro: Imago, 1969. p. 199-226. (Edição Standard Brasileira das Obras Psicológicas Completas de Sigmund Freud, XIII.)

FREUD, S. *O mal-estar na cultura e outros escritos*. Belo Horizonte: Autêntica, 2020. (Obras Incompletas de Sigmund Freud.)

FREUD, S. O poeta e o fantasiar [1908]. *In: Arte, literatura e os artistas*. Belo Horizonte: Autêntica, 2015. p. 38-46. (Obras Incompletas de Sigmund Freud.)

FREUD, S. Os caminhos da formação dos sintomas. Conferência XXIII. *In: Conferências introdutórias sobre psicanálise (Parte III) (1915-1916)*. Rio de Janeiro: Imago, 1969. p. 419-439. (Edição Standard Brasileira das Obras Psicológicas Completas de Sigmund Freud, XVI.)

FREUD, S. Observações sobre a teoria e a prática da interpretação de sonhos (1923 [1922]). *In: O ego e o id e outros trabalhos (1923-1925).* Rio de Janeiro: Imago, 1969. p. 139-152. (Edição Standard Brasileira das Obras Psicológicas Completas de Sigmund Freud, XIX.)

FREUD, S. *Primeiras publicações psicanalíticas (1893-1899).* Rio de Janeiro: Imago, 1969. (Edição Standard Brasileira das Obras Psicológicas Completas de Sigmund Freud, III.)

FREUD, S. Projeto para uma psicologia científica (1950 [1895]). *In: Publicações pré-psicanalíticas e esboços inéditos (1886-1889).* Rio de Janeiro: Imago, 1969. p. 381-554. (Edição Standard Brasileira das Obras Psicológicas Completas de Sigmund Freud, I.)

FREUD, S. Psicologia das massas e análise do Eu [1921]. *In: O mal-estar na cultura e outros escritos.* Belo Horizonte: Autêntica, 2020. p. 137-232. (Obras Incompletas de Sigmund Freud.)

FREUD, S. Realização de desejo. Conferência XV. *In: Conferências introdutórias sobre psicanálise (Partes I e II) (1915-1916).* Rio de Janeiro: Imago, 1969. p. 255-271. (Edição Standard Brasileira das Obras Psicológicas Completas de Sigmund Freud, XV.)

FREUD, S. Recomendações aos médicos que exercem a psicanálise [1912]. *In: O caso Schreber, artigos sobre técnica e outros trabalhos (1911-1913).* Rio de Janeiro: Imago, 1969. p. 147-159. (Edição Standard Brasileira das Obras Psicológicas Completas de Sigmund Freud, XII.)

FREUD, S. Revisão da teoria dos sonhos. *In: Novas conferências introdutórias sobre psicanálise (1932-1936).* Rio de Janeiro: Imago, 1969. p. 17-43. (Edição Standard Brasileira das Obras Psicológicas Completas de Sigmund Freud, XXII.)

FREUD, S. Sobre alguns mecanismos neuróticos no ciúme, na paranoia e na homossexualidade [1922]. *In: Neurose, psicose, perversão.* Belo Horizonte: Autêntica, 2016. p. 193-207. (Obras Incompletas de Sigmund Freud.)

FREUD, S. Sobre os sonhos [1901]. *In: A interpretação de sonhos (II) e Sobre os sonhos (1900-1901).* Rio de Janeiro: Imago, 1969. p. 667-725. (Edição Standard Brasileira das Obras Psicológicas Completas de Sigmund Freud, V.)

FREUD, S; ABRAHAM, K. *Correspondance complète (1907-1925)*. Paris: Gallimard, 2006.

GAFFIOT, F. *Dictionnaire latin-français*. Paris: Hachette, 1934.

GANTHERET, F. Postface. *In*: BERADT, C. *Rêver sous le IIIe Reich*. Paris: Payot, 2002.

GODIN, J.-G. *Jacques Lacan, 5 rue de Lille*. Paris: Le Seuil, 1990.

HEIDEGGER, M. Logos. *In*: *Essais et conférences* Paris: Gallimard, 1958. p. 249-278.

JOUVET, M. *Le Sommeil et le rêve*. Paris: Odile Jacob, 1992.

KERTÉSZ, I. *L'Holocauste comme culture*. Paris: Actes Sud, 2009.

KUSNIEREK, M. Une interprétation sans parole. *In*: MILLER, J.-A. *et al. Qui sont vos psychanalystes?* Paris: Le Seuil, 2002. p. 23-26.

LACAN, J. A direção do tratamento e os princípios de seu poder [1958]. *In*: *Escritos*. Rio de Janeiro: Zahar, 1998. p. 591-652.

LACAN, J. A instância da letra no inconsciente ou a razão desde Freud [1957]. *In*: *Escritos*. Rio de Janeiro: Zahar, 1998. p. 496-533.

LACAN, J. Compte rendu avec interpolations du Séminaire de l'Éthique. *Ornicar? Revue du Champ Freudien*, n. 28, 1984.

LACAN, J. Da psicanálise em suas relações com a realidade [1967]. *In*: *Outros escritos*. Rio de Janeiro: 2003. p. 350-358.

LACAN, J. Discurso na Escola Freudiana de Paris [1967]. *In*: *Outros escritos*. Rio de Janeiro: Zahar, 2003. p. 265-287.

LACAN, J. Função e campo da fala e da linguagem em psicanálise [1953]. *In*: *Escritos*. Rio de Janeiro: Zahar, 1998. p. 238-324.

LACAN, J. Improvisation: Désir de réveil, désir de mort. *L'Âne*, n. 3, 1981.

LACAN, J. Intervention dans la séance de travail "Sur la passe" du samedi 3 novembre 1973. *Lettres de l'École Freudienne*, n. 15, 1975.

LACAN, J. Introdução à edição alemã de um primeiro volume dos *Escritos* [1973]. *In*: *Outros escritos*. Rio de Janeiro: Zahar, 2003. p. 550-556.

LACAN, J. Joyce, o Sintoma [1979]. *In: Outros escritos.* Rio de Janeiro: Zahar, 2003. p. 560-566.

LACAN, J. La Troisième. *La Cause Freudienne*, Paris, n. 79, 2011.

LACAN, J. *Le Séminaire, livre XIV: La Logique du fantasme.* Inédit.

LACAN, J. *Le Séminaire, livre XXI: Les Non-Dupes errent* [1973]. Inédit.

LACAN, J. *Le Séminaire, livre XXII: R.S.I.* Inédit.

LACAN, J. *Le Séminaire, livre XXIV: L'Insu que sait de l'une-bévue s'aile à mourre.* Inédit.

LACAN, J. *Le Séminaire, livre XXV: Moment de conclure* [1977-1978]. Inédit.

LACAN, J. Meu ensino, sua natureza e seus fins. *In: Meu ensino.* Rio de Janeiro: Zahar, 2006. p. 67-100.

LACAN, J. *O seminário, livro 1: Os escritos técnicos de Freud* [1953-1954]. Rio de Janeiro: Zahar, 1986.

LACAN, J. *O seminário, livro 2: O eu na teoria de Freud e na técnica da psicanálise* [1954-1955]. Rio de Janeiro: Zahar, 1985.

LACAN, J. *O seminário, livro 3: As psicoses* [1955-1956]. Rio de Janeiro: Zahar, 1985.

LACAN, J. *O seminário, livro 5: As formações do inconsciente* [1957-1958]. Rio de Janeiro: Zahar, 1999.

LACAN, J. *O seminário, livro 8: A transferência* [1960-1961]. Rio de Janeiro: Zahar, 1992.

LACAN, J. *O seminário, livro 10: A angústia* [1962-1963]. Rio de Janeiro: Zahar, 2005.

LACAN, J. *O seminário, livro 11: Os quatro conceitos fundamentais da psicanálise* [1964]. Rio de Janeiro: Zahar, 1985.

LACAN, J. *O seminário, livro 16: De um Outro ao outro* [1968-1969]. Rio de Janeiro: Zahar, 2008.

LACAN, J. *O seminário, livro 17: O avesso da psicanálise* [1969-1970]. Rio de Janeiro: Zahar, 1992.

LACAN, J. *O seminário, livro 20: Mais, ainda* [1972-1973]. Rio de Janeiro: Zahar, 2008. Novo projeto.

LACAN, J. *O seminário, livro 23: O sinthoma* [1975-1976]. Rio de Janeiro: Zahar, 2007.

LACAN, J. Posição do inconsciente [1964]. *In: Escritos.* Rio de Janeiro: Zahar, 1998. p. 843-864.

LACAN, J. Prefácio à edição inglesa do *Seminário 11* [1976]. *In: Outros escritos.* Rio de Janeiro: Zahar, 2003. p. 567-569.

LACAN, J. Propos sur l'hystérie: Intervention de Jacques Lacan à Bruxelles en 26 février 1977. *Quarto*, Bruxelles, n. 2, 1981. Supplément belge de *La lettre mensuelle* de l'École de la Cause Freudienne. p. 3.

LACAN, J. Proposição de 9 de outubro de 1967 sobre o psicanalista da Escola. *In: Outros escritos.* Rio de Janeiro: Zahar, 2003. p. 248-264.

LACAN, J. Réponse à une question de Marcel Ritter. Introduction aux séances de travail. *Lettres de l'École Freudienne*, Journée des Cartels de l'E.F.P. à Strasbourg, n. 18, 1976.

LACAN, J. Situação da psicanálise e formação do psicanalista em 1956. *In: Escritos.* Rio de Janeiro: Zahar, 1998. p. 461-495.

LACAN, J. Subversão do sujeito e dialética do desejo no inconsciente freudiano [1960]. *In: Escritos.* Rio de Janeiro: Zahar, 1998. p. 807-842.

LACAN, J. Televisão [1973]. *In: Outros escritos.* Rio de Janeiro: Zahar, 2003. p. 508-543.

LACAN, J. Un rêve d'Aristote. Conférence à l'Unesco. Colloque pour le 23e centenaire d'Aristote, Unesco Sycomore, 1978.

LACAN, J. Yale University, Kanzer Seminar. *Scilicet*, n. 6-7, p. 7-31, 1975.

LAURENT, É. L'Envers du trauma. *Ornicar Digital*, n. 204, 2002.

LAURENT, É. Symptôme et nom propre. *La Cause Freudienne*, Paris, n. 39, 1998.

LAURENT, É. Vers un affect nouveau. *Lettre Mensuelle: Bulletin de l'ECF*, n. 149, maio 1996.

LEVI, P. *A trégua*. São Paulo: Companhia das Letras, 2010. (Companhia de Bolso.)

LEVI, P. *É isto um homem?* Rio de Janeiro: Rocco, 1988.

MALEVAL, J.-C.; SAUVAGNAT, F. Des rêves d'angoisse aux déliriums névrotiques. *Frénésie, Histoire, Psychiatrie, Psychanalyse*, Paris, n. 3, 1987.

MATET, J.-D. Le Psychotique n'est pas un rêveur. *Actes de l'École de la Cause Freudienne*: L'Expérience Psychanalytique des Psychoses, Paris, n. 13, 1987.

MILLER, J.-A. La fuga del sentido. *In*: *Lo real y el sentido*. Buenos Aires: Diva, 2003. p. 7-23.

MILLER, J.-A. Le Réel est sans loi. *La Cause Freudienne*, Paris, n. 49, 2001.

MILLER, J.-A. Cause et consentement. *In*: *L'Orientation lacanienne*. Cours du Département de Psychanalyse, Université de Paris VIII, 1987-1988. Inédit.

MILLER, J.-A. De la surprise à l'énigme. *In*: *Conciliabule d'Anger, effets de surprise dans la psychose*. Paris: Agalma, 1997. p. 9-22. (Le Paon.)

MILLER, J.-A. Introduction à la lecture du Séminaire de l'*Angoisse* de Jacques Lacan. *La Cause Freudienne*, Paris, n. 58, 2004.

MILLER, J.-A. L'Interprétation à l'envers. *La Cause Freudienne*, Paris, n. 32, 1996.

MILLER, J.-A. La Passe bis. *La Cause Freudienne*, Paris, n. 66, 2007.

MILLER, J.-A. La Théorie du partenaire. *Quarto*, Bruxelles, n. 77, p. 6-33, 2002.

MILLER, J.-A. Le Tout dernier Lacan. *In*: *L'Orientation lacanienne*. Cours du Département de Psychanalyse, Université de Paris VIII, 2006-2007. Inédit.

MILLER, J.-A. Nous sommes tous ventriloques. *Filum: Bulletin de l'ACF*, Dijon, n. 8-9, 1996.

MILLER, J.-A. Ouverture, contingence et perspective du sinthome. *La Cause Freudienne*, Paris, n. 75, 2010.

MILLER, J.-A. *Perspectivas dos* Escritos *e* Outros escritos *de Lacan: entre desejo e gozo*. Rio de Janeiro: Zahar, 2011.

MILLER, J.-A. Psychanalyse pure, psychanalyse appliquée et psychothérapie. *La Cause Freudienne*, Paris, n. 48, 2001.

MILLER, J.-A. Quand les semblants vacillent. *La Cause Freudienne*, Paris, n. 47, 2000.

MILLER, J.-A. Réveil. *Ornicar? Revue du Champ Freudien*, Paris, n. 20-21, 1980.

MILLER, J.-A. Trio de Mélo. *La Cause Freudienne*, Paris, n. 31, 1995.

MILLER, J.-A. Un Rêve de Lacan. *In*: *Le Réel en mathématiques*. Paris: Agalma, 2004. p. 107-133.

MILNER, J.-C. *L'Œuvre claire: Lacan, la science, la philosophie*. Paris: Le Seuil, 1995.

NERVAL, G. *Aurélia ou le rêve et la vie*. *In*: *Aurélia (précédé des Illuminés et de Pandora)*. Paris: Le Livre de Poche, 1999.

NIETZSCHE, F. *Par-delà bien et mal*. *In*: *Par-delà bien et mal; La Généalogie de la morale*. Paris: Gallimard, 1971. (Œuvres Philosophiques Complètes, VII.)

PACHET, P. *La Force de dormir*. Paris: Gallimard, 1988.

PACHET, P. "La Vie est un songe". Émission du 26 déc. 2008. Les nouveaux chemins de la connaissance, par R. Enthoven, France Culture, 2008.

PINDARE. *Pythiques*. Texte établi et traduit par Aimé Puech. Paris: Les Belles Lettres, 1977. t. II. (Collection des Universités de France, Série Grecque.)

PLATON. *Timée*. Paris: Flammarion, 1995.

QUIGNARD, P. *Le Sexe et l'effroi*. Paris: Gallimard, 1994.

REGNAULT, F. *Parva clinica*. Séminaire de recherche au Département de psychanalyse, Université de Paris VIII, 2003-2004.

ROBERT. *Le Grand Robert de la langue française*. Paris: Les Dictionnaires Le Robert, 2001. t. II.

SCHNEIDERMAN, S. *Lacan: la muerte de un héroe intelectual.* Barcelona: Gedisa, 1986.

SCHREBER, D.-P. *Mémoires d'un névropathe.* Paris: Le Seuil, 1975. (Essais.)

SEMPRUN, J. *L'Écritureou la vie.* Paris: Gallimard, 1994.

SHAKESPEARE, W. *Hamlet.* Porto Alegre: L&PM, 1988.

SHAKESPEARE, W. *La Tempête.* Paris: Gallimard, 1997. (Folio Théâtre.)

SOLANO-SUAREZ, E. Les Stigmates du trauma. *Quarto*, Bruxelles, n. 63, 1997.

SOLER, C. Sur le rêve. *Actes de l'École de la Cause Freudienne*: De l'Inconscient au ça: Incidences Cliniques, Paris, n. 7, oct. 1984.

SOLER, C. *Lacan, l'inconscient réinventé.* Paris: PUF, 2009.

STERN, A.-L. *Le Savoir-déporté: camps, histoire, psychanalyse.* Paris: Le Seuil, 2004.